70

枣庄学院
纪念抗日战争胜利70周年
研究丛书

总主编　胡小林　曹胜强

抗战英雄孙伯龙
与运河支队

Kangzhan Yingxiong Sunbolong yu Yunhe Zhidui

邓兴珍　陈炜晗　黄友龙　著

中国社会科学出版社

图书在版编目（CIP）数据

抗战英雄孙伯龙与运河支队/邓兴珍，陈炜晗，黄友龙著 . —北京：中国社会科学出版社，2016.7

（枣庄学院纪念抗日战争胜利70周年研究丛书）

ISBN 978 – 7 – 5161 – 8615 – 2

Ⅰ.①抗…　Ⅱ.①邓…　②陈…　③黄…　Ⅲ.①孙伯龙—生平事迹　②抗日斗争—史料—山东省　Ⅳ.①K825.2　②K265.06

中国版本图书馆 CIP 数据核字（2016）第 170624 号

出 版 人	赵剑英	
责任编辑	李庆红	
责任校对	周晓东	
责任印制	王　超	

出　　版	中国社会科学出版社
社　　址	北京鼓楼西大街甲 158 号
邮　　编	100720
网　　址	http://www.csspw.cn
发 行 部	010 – 84083685
门 市 部	010 – 84029450
经　　销	新华书店及其他书店

印刷装订	三河市君旺印务有限公司
版　　次	2016 年 7 月第 1 版
印　　次	2016 年 7 月第 1 次印刷

开　　本	710×1000　1/16
印　　张	13
插　　页	2
字　　数	188 千字
定　　价	49.00 元

枣庄学院纪念抗日战争胜利70周年研究丛书

编 委 会

总　序

　　历史总是在回顾中才显露它的厚重。第二次世界大战是人类迄今为止所经历的最残酷的战争。从亚洲到欧洲，从太平洋到大西洋，世界先后有61个国家和地区、20亿以上的人口被卷入战争，伤亡人数达9000余万，壮美河山被践踏得满目疮痍。在这场战争中，战争与和平、野蛮与文明、邪恶与正义、杀戮与救赎、侵略与反侵略展开了殊死对决，人类面临着空前危机。所幸，"二战"在带来巨大灾难的同时，也向世人证明了和平、文明、正义、救赎和反侵略比它们的敌人更有力量，这是我们今天纪念"二战"意义之所在。

　　中国是世界反法西斯战争的东方主战场，中国人民对这场战争的胜利做出了突出贡献。对枣庄人民来说，枣庄地区的抗战在中国抗战史上具有值得珍视的特殊价值。这是因为，无论在正面战场还是在敌后战场，枣庄都谱写了抗日传奇。在正面战场上，台儿庄大捷狠狠打击了日军不可战胜的嚣张气焰，鼓舞了全国人民的抗日斗志；而在敌后战场上，铁道游击队纵横驰骋，打得鬼子闻风丧胆。它们已成为全民族抗战的标志性符号。两支抗战力量汇聚一地，在正面战场和敌后战场均写下抗战历史浓重的一笔，这在全国抗战史上也不多见。这是值得枣庄人民特别骄傲的地方。

　　在国人心目中，枣庄早就是一座抗战名城。中国人民抵御外侮的坚强决心和钢铁意志，在枣庄抗战史上得到最集中的体现。抱犊崮山坳里一一五师的猎猎红旗，津浦线上游击队员扒飞车、搞机枪、炸桥梁的矫健身姿，台儿庄巷间中惊心动魄的拼死肉搏，运河两岸地方武装的长途奔袭，均绘就中华民族抗战史上最美画卷。让更多的人来了解这段由鲜血和生命铸就的历史，牢记中国人民为维护民族独立和自由、捍卫祖国主权和尊严而建立的伟大功勋，是我们义不容辞的责任。

　　人类历史的进程是客观的，但历史的的确确是由人来书写的。日本长期以来对侵略历史的否认及歪曲告诉我们，历史书写的的确确存在着对抗与竞赛。在抗战胜利 70 周年的今天，我们必须还历史以本来面貌。我们坚信，枪炮声写就的历史终将战胜谎言的鼓噪。这里呈上"枣庄学院纪念抗日战争胜利 70 周年研究丛书"，就是希望为读者提供真实的抗战历史，并以此来告慰那些在战场上英勇拼杀、为国捐躯的英灵，纪念那些在战争劫难中无辜死去的万千同胞，继承和弘扬伟大的抗战精神。2015 年 7 月 30 日，中共中央政治局就中国人民抗日战争的回顾和思考进行第二十五次集体学习。习近平总书记在主持学习时强调，深入开展中国人民抗日战争研究，必须坚持正确历史观、加强规划和力量整合、加强史料收集和整理、加强舆论宣传工作，让历史说话，用史实发言，着力研究和深入阐释中国人民抗日战争的伟大意义、中国人民抗日战争在世界反法西斯战争中的重要地位、中国共产党的中流砥柱作用是中国人民抗日战争胜利的关键等重大问题。习总书记的相关论断，使我们深受鼓舞，也为我们研究抗战史指明了方向。

　　铭记苦难历史，弘扬抗战精神，续写民族大义是时代赋予国人的神圣使命。枣庄学院一直以应有的文化自觉和责任担当致力于枣庄地区抗战史的挖掘、整理和研究工作，通过寻访抗战老兵、遗孤，追寻抗战足迹，查阅海内外文史资料，使得发生在枣庄的民族抗战史愈发清晰地呈现出来。在专家学者和社会各界的共同努力下，终于编著成册。这套丛书一共九本，包括《枣庄抗战通史》《台儿庄大战史》《铁道游击队史》《台儿庄血战记》《名人与台儿庄大战》《枣庄黄埔人与中国大抗战》《抗战英雄孙伯龙与运河支队》《枣庄抗战文艺研究》《台儿庄大战诗词选》，其中既有对枣庄地区抗战历史的全景式扫描，也有对局部战场的细致刻画；既有对不同抗战力量丰功伟绩的深度挖掘，也有对英雄人物的大力讴歌。我们希望通过编著者的努力，能够全方位、多层次、多维度的复原和再现枣庄地区那段不屈不挠、驱逐倭寇的光辉岁月。

　　为学养和水平所囿，丛书还存在种种不足，尚祈有识之士指谬。

胡小林

2015 年 8 月 7 日

目　录

第一章 运河支队组建前的孙伯龙

学生时代的孙伯龙，自觉接受进步思想的影响，积极寻求救国之路，是一名民主革命的追求者；供职于峄县县党部时的孙伯龙，全力组织农民批斗恶霸地主，大力支持枣庄煤矿的工人运动，是一名民主革命的践行者；弃政从教时的孙伯龙，对日本帝国主义的侵略无比愤慨，愤怒声讨日军罪行，是一名民主革命的宣传者；弃教从戎时的孙伯龙，为保家卫国组织了一支抗日队伍，并多次侧击侵略者，是痛击日军的革命者；联合抗战时的孙伯龙，积极赞同共产党的抗日统一战线主张，为"山外抗日军联合委员会"的成立做出了重要贡献，是一名抗日民族统一战线的拥护者。

一 苦求学探寻民主路，闹革命参加黄埔军

孙伯龙（1903—1942 年），名景云，字伯龙，后以字代名。生于山东省峄县四区（现属枣庄市薛城区周营镇）中李庄村的一个富裕家庭。其曾祖辈系农民兼手工业者，祖父孙承绳开始经营土地，至其父孙茂金时，家有土地 500 亩，生活富裕。孙伯龙兄妹六人，本人居长。

孙伯龙自幼聪慧，颇受父母喜爱。为了培养他，其父母经常跟他讲岳飞、文天祥、戚继光等民族英雄的故事，"负薪挂角"、"头悬梁锥刺股"等古人好学以及富人如何欺压穷人的故事。这些故事对幼小的孙伯龙影响颇大，他立志长大以后要做一个正直、善良、勤劳、勇敢、讲气节、对国家和民族有用的人。

1909 年，孙伯龙六岁时，父母把他送到村里的一个私塾念书。他一上学就用家长讲过的那些古人好学的故事激励自己，自强不息，由于成绩突出，受到老师和同学的喜欢。

1913 年，孙伯龙转入本村小学跟随孙茂魁老师读书。在此期间，他不但勤于动脑、刻苦好学、成绩优异，而且经常关心、体贴、资助其他贫困的同学，加上他具有正直、热心、责任心强的思想品质和极强的组织能力，故被师生推选为班长，成为小学生的"领袖"人物。

1919 年，16 岁的孙伯龙初小毕业后，考入了峄县韩庄镇（现属微山县）高等小学就读，时值第一次世界大战结束。

1918 年 11 月 11 日，第一次世界大战以德奥集团的战败而告结束。翌年 1 月 18 日，美、英、法、日、意等 27 个战胜的帝国主义国家在法国巴黎凡尔赛宫召开"和平会议"，讨论如何惩治战败的德国，拟订对战败国的"和约"，同时，成立作为大国操纵世界秩序的国际组织——国际联盟。中国北洋政府曾于 1917 年 8 月 14 日对德宣战，因此，也应邀以战胜国的资格参加会议。于是中国派出了以北京政府外交总长陆征祥为首席代表的中国代表团出席了巴黎和会。中国代表团在国内舆论的推动下，向巴黎和会提出了废弃势力范围、撤销领事裁判权、归还租借地、关税自主等"希望条款"以及取消"二十一条"（1914年第一次世界大战爆发后，日本为了独霸中国而提出，共 5 项 21 条，其主要内容有：要求承认日本继承德国在山东的一切权益并增加在山东独自使用沿海土地及岛屿、建筑铁路、主要城市开为商埠等新权利；承认日本人有在南满、东蒙享有土地租借权或使用权、居住权、工商经营权和铁路矿山独占权；中国最早的钢铁联合企业汉冶萍公司改为中日合办；所有中国沿海港湾、岛屿概不租借或让给他国；中国政府须聘用日本人为政治、军事、财政等顾问，中日合办警政和兵工厂，日本享有武昌至南昌、南昌至杭州、南昌至潮州各路线的铁路建造权，并享有在福建省开矿、建筑海港和船厂及筑路的优先权，等等）的要求。和会最高会议以中国代表的要求"不在和平会议权限之内"为借口而拒绝讨论。接着中国代表团提出了关于处置山东问题的意见，要求将德国在胶州湾的租借地、胶济铁路及在山东的其他权益直接归还给中国。

和会在讨论山东问题时，日本认为，根据中日关于"二十一条"的换文和1918年中日解决山东问题的协议，中国已"欣然同意"日本接管德国在山东的特权，因此，坚持不把德国在山东的权益交还给中国，并主张山东问题应在日中两国之间，以双方所商定的条约、协议为基础，避开和会自行解决。① 中国代表据理力争，提出根据1898年3月6日由李鸿章等代表清政府与德国签订的《中德胶澳租界条约》，德国取得的青岛租借、胶济铁路等特权都应直接交归中国。

对于山东问题，除了在由英、美、法、意、日五国政府首脑和外长组成的和会的核心机构即"十人会议"上邀请中国代表进行过两次辩论外，主要是由英、美、法、意四国政府首脑讨论决定。在讨论时，日本代表被邀请列席了会议，而中国代表却被拒于会议之外。

本来，美国为了维护其"门户开放政策"，始终坚持五国共管山东的原则。但是，意大利总理却以分赃不均为由，于4月24日退出和会，率团回国。同时，日本趁机提出了山东问题，声明如果得不到山东权益，绝不会在合约上签字。而英国首相则宣称，如果日本不参加国际联盟，英国当随其后。这样，美国总统经过权衡，做出了牺牲中国、支持日本取得山东的决定。

4月30日，英、法、美三国会议在没有中国代表参加的情况下，决定把德国在山东的所有权益让给日本，并将有关条款列在了对德《凡尔赛和约》之中。

腐败的北洋政府置民族危难和国内人民的呼声于不顾，密电中国代表在和约上签字。

"和会"在帝国主义大国的操纵下，无理拒绝了作为战胜国的中国政府的正当要求，把原来德国在我国山东享有的特权转让给日本，这种无视我国国家主权的做法，激起了中国人民的极大愤慨。5月4日下

---

① 参见王绳祖《国际关系史》第4卷，世界知识出版社1995年版，第72页。

午，北京大学、工业专门学校等十几所专科以上学校的学生3000余人，在天安门前集会，举行游行示威，他们提出"外争主权、内除国贼"、"废除二十一条"和"还我青岛"等口号，斥责政府的卖国罪行，要求惩办亲日派卖国贼曹汝霖、陆宗舆、章宗祥。游行队伍来到曹汝霖的住宅赵家楼，痛打了正在曹家的驻日公使章宗祥，并放火烧了曹宅。反动军阀政府派了大批军警进行镇压，逮捕了30多名学生。第二天，全市学生进行总罢课，成立了学生联合会，向全国通电。李大钊也发表文章严厉谴责反动政府镇压学生，反对"巴黎和会"关于山东问题的无理决定，并积极营救被捕学生。

五四运动爆发后，孙伯龙在进步教师、同盟会会员张捷三（1894—1984年，名学凯，字川行，峄县谭家河村人，他既是一位为枣庄师范教育事业奠基的伟大教育家，也是枣庄乃至鲁南地区著名的革命家）的影响下，积极组织同学举行罢课、上街集会、游行，以声援北京爱国学生，挽救民族危亡。游行学生高呼"驱逐日寇、还我青岛"，"外争国权、内惩国贼"，"取消二十一条"等口号，强烈要求惩办曹汝霖、章宗祥、陆宗舆等卖国贼。与此同时，孙伯龙还积极组织检查组、纠察队深入乡村劝告商人不卖日货、居民不买日货、不乘日轮、不用日币，发现少数不顾民族利益的奸商暗中贩卖日货或将日货改头换面冒充国货出售，当即扣留，集中销毁（比如他带领学生将收缴的日产"太阳牌"白布和校长办公室内的一个日产挂钟当众烧毁或砸碎），并予以严厉惩罚，大力提倡和推销国货，振兴民族工商业。

孙伯龙高等小学毕业后，为了组织学生进行反日爱国运动，没有离开学校。因他具有出色的组织能力，被全校同学推选为"韩庄高等小学反日救国会"的会长。在此期间，他除了继续带领同学搜查及抵制日货以外，还经常到各个集市和街道向广大民众发表慷慨激昂的演说，宣讲日本帝国主义侵略中国的滔天罪行，揭露北洋军阀政府的卖国行径，大声疾呼社会各界人士要奋起声援"五四"爱国学生运动。这些活动极大地激发了广大民众的爱国热情。许多工人、农民及知识分子积极行动了起来，纷纷走向街头加入游行示威的队伍，与同学们一道高呼："打倒日本帝国主义侵略者！"

1922年，孙伯龙以优异成绩考入济南省立第一师范学校就读。

济南既是一座著名古城，又是一座红色之城。1920年至1921年，上海、北京、武汉、长沙、济南、广州等地相继建立了中国共产党的早期组织。济南党组织最初的领导人就是中国革命的先驱——王尽美〔1898—1925年，原名瑞俊，字灼斋，山东莒县（今属诸城）人〕和邓恩铭（1901—1931年，贵州省荔波县人）。

王尽美、邓恩铭于1921年7月参加了在上海举行的中国共产党第一次全国代表大会。一大的召开，不仅使他们开阔了眼界，增强了信心，也使他们看到了在理论方面的不足。为了提高马克思主义的理论水平，他们于1921年8、9月间在济南建立了马克思学说研究会，开始批判无政府主义，有组织地学习和宣传马克思主义理论。研究会的主要活动是组织会员读书研讨，反复学习《共产党宣言》、《马克思主义浅说》等重要著作。研究会的建立，大大巩固、扩大了马克思主义思想阵地。

1922年1月，王尽美、邓恩铭等6人作为中国代表团山东代表出席了第三国际在莫斯科召开的远东各国共产党及民族革命团体第一次代表大会，开会期间受到列宁的亲切接见。同时，他们亲眼看到了世界上第一个社会主义国家及其日新月异的新变化。

回到山东后，邓恩铭一方面大力宣传社会主义国家的优越性，并积极发展组织；另一方面与王尽美一道致力于山东职工运动的发动工作。时值军阀政府警察厅通令征收理发业"卫生执照"捐，王尽美、邓恩铭趁机组织发动理发工人大罢工，迫使反动当局答应免去"卫生执照"捐、全部释放被捕工人、允许自由组织工会三项条件。罢工取得了全面胜利，广大工人受到了很大鼓舞。这极大地推动了济南的工人运动。

1922年5月，中共济南独立组建立，王尽美任组长，独立组有党员9名。

1922年7月中旬，王尽美、邓恩铭再次奔赴上海，参加了中共二大，为党制定正确的民主革命纲领做出了积极的贡献。

中共二大后，在中共中央派来的代表陈为人（1899—1937年，原名蔚英，湖南江华县人，五四运动期间与张太雷等人创建中国社会主义青年团）的具体帮助下，成立了中共中央直属的中共济南支部。邓恩铭是党支部的负责人之一。他一直奔跑于济南、青岛、淄博、张店等地区从事党的组织、宣传和工人运动的领导工作。济南的革命活动在中共领导下，经过王尽美和邓恩铭的携手努力，迅速地在学校、工厂和理发等行业中发展壮大起来。被黑暗笼罩的济南民众又一次看到了希望的曙光。[①]

济南的共产党人创建马克思主义研究会，宣传马列主义，传播新思想，发动广大爱国学生上街游行示威、散发传单，反帝反封建、反对军阀混战割据的活动深深地影响了孙伯龙。他在积极参加学生爱国运动的同时，进一步受到了革命思想的教育。

1926 年春天，孙伯龙离开了济南省立第一师范学校，奔赴广州，考入黄埔军官学校第六期学习，并加入了国民党。

黄埔军官学校是黄埔陆军军官学校的简称，因校址位于广州市郊的黄埔岛上，又称为黄埔学校。它是国民革命时期孙中山在中国共产党和苏联的帮助下创办的培养革命军队干部的学校，是国共第一次合作的重要成果。

鸦片战争以后，由于清政府的黑暗统治和西方资本—帝国主义的疯狂侵略，中华民族进入了生死存亡的紧急关头。为挽救民族的危机，中国人民同资本—帝国主义与封建主义进行了不屈不挠的英勇斗争。比如，1851 年洪秀全发动了太平天国农民运动，1898 年以康有为、梁启超为代表的资产阶级改良派发动了戊戌变法，1911 年以孙中山为领袖的资产阶级革命派发动了辛亥革命。

辛亥革命虽然推翻了清王朝的反动统治，结束了长达两千多年的封建君主专制制度，但辛亥革命的胜利果实却被北洋军阀的首领袁世凯所窃取。

袁世凯窃取辛亥革命的果实之后，建立了代表大地主、买办资产阶

级利益的北洋军阀反动政权。北洋政府从经济上、政治上、文化上对辛亥革命进行了全面的反攻倒算。中国又一次进入了黑暗的深渊，其半殖民地半封建的社会性质依然没有改变。

辛亥革命的失败以及北洋军阀统治的建立，使中国人民陷入了深深的绝望、苦闷和彷徨之中。而正当中国人民绝望、苦闷和彷徨的时候，伟大的中国共产党应运而生了。

中国共产党诞生以后，创造性地把马列主义的基本原理与中国革命的具体实践相结合，提出应以反帝反封建的国民革命来"解放被压迫的中国民族"①。中国共产党在发动工农群众进行革命斗争中逐渐认识到，中国工人阶级虽然有坚强的革命性，但人数比较少，要想实现推翻资本—帝国主义和封建军阀统治的目的，必须要有强大的同盟军。就当时而言，"中国现有的党，只有国民党是比较革命的民主派"，因此，中国共产党决定联合孙中山领导的国民党，建立革命统一战线。

辛亥革命失败以后，孙中山一直坚持民主主义革命的立场，不断进行反对军阀势力的斗争，但屡遭失败，最后陷入一筹莫展的境地。就在此时，中国共产党领导的工人运动所显示出来的中国无产阶级的坚定的革命性和坚强的战斗力，给孙中山以强烈印象，他认为，中国共产党人是五四新思潮培养起来的青年群体，是一支朝气蓬勃、"非常崇拜新思想"②的社会力量，因而，他下决心同中国共产党进行合作。

国民党第一次全国代表大会的召开，标志着以国共合作为基础的革命统一战线的正式形成。国共两党的合作，为国民革命高潮的到来，作了政治上、组织上和思想上的准备。

同时，孙中山从长期的革命实践中逐步认识到，要取得革命的胜利，不仅要有革命党的奋斗，而且还要有革命军的奋斗。他说："俄国遭到了那样的艰难，遇到了那么多的敌人，还能够在六年之内，把所有的障碍一概打消，革命是彻底的成功；我们革命的时期比较俄国要长一

---

① 中央档案馆编：《中共中央文件选集》第 1 册，中共中央党校出版社 1989 年版，第 116 页。

② 孙中山：《孙中山全集》第 9 卷，中华书局 1986 年版，第 111 页。

半，所遇到的障碍又不及俄国的大，弄到如今还是不能成功"①，其主要原因在于，俄国革命有革命军作为革命党的后援，而"我们革命，只有革命党的奋斗，没有革命军的奋斗"。因此，他认为有了革命军，"我们的革命便可成功"。② 这样，孙中山就在中国共产党和苏联的帮助下，于 1924 年创办了培养革命军队干部的学校——黄埔军校。

中国共产党是黄埔军校政治教育的实际领导者，对黄埔军校的政治教育工作做出了突出的贡献。

从 1924 年 4 月即军校第一期开学开始，到 1927 年"四一二"反革命政变前，中国共产党先后派遣了周恩来、恽代英、萧楚女、聂荣臻等重要干部到黄埔军校开展思想政治工作。

周恩来特别强调政治工作的重要性，他倡导和制定了《政治教育纲要》、《政治教育大纲草案》等文件。《政治教育纲要》主张既要积极进行三民主义教育，又要积极宣传马克思列宁主义。《政治教育大纲草案》规定开设 20 多门政治科目。比如，在信仰教育中开设了"三民主义"、"党的组织问题"等；在近代观教育中开设了"国民革命概论"、"帝国主义侵略中国史"、"各国革命史"等；在马克思列宁主义的教育中开设了"苏联研究"、"社会进化史"、"社会主义运动"、"中国农民运动"、"社会主义原理"等课程；除此之外，还开设了诸如"经济学概要"、"政治学概要"、"社会科学概要"等其他人文社会科学。这些科目的开设，对孙伯龙接受马克思列宁主义以及许多进步思想具有极大的推动作用。

黄埔军校成立后，根据中共中央的决定，广东区委在军校内建立了中共黄埔特别支部，作为中国共产党在军校的领导机构。这个机构积极传播马克思列宁主义，宣传苏联红军的革命经验，团结广大爱国学生，对当时的革命军队建设起了重要作用。在黄埔军校学习期间，孙伯龙始终同这个机构中的共产党员和共青团员打成一片。

---

① 孙中山：《孙中山选集》，人民出版社 1981 年版，第 916 页。
② 同上。

在黄埔军校，孙伯龙除了积极追求革命真理、认真阅读进步书刊外，还刻苦研习军事知识、大练作战本领。这些都为他提高政治、军事素质，成为一名合格的革命军人，为以后杀敌报国奠定了坚实的基础。

二　随北伐主持峄县政，闹革命终丢党国官

1928 年 4 月，孙伯龙离开黄埔军校，满怀救国之情，参加了北伐战争。

北伐战争是 1926 年 5 月开始的一场以打击帝国主义支持的北洋军阀为直接目标的军事活动。作为一个自身有着内在连续性的军事过程，北伐战争分为国共合作北伐时期和南京政府北伐时期。前者称为第一次北伐，后者称为第二次北伐。

孙中山一贯主张北伐，并多次强调北伐的重要意义。他在《中国国民党北伐宣言》中说："此战之目的不仅在推翻军阀，尤在推翻军阀所赖以生存之帝国主义。盖必如是，然后革命之根株乃得永绝，中国乃能脱离次殖民地之地位，以造成自由独立之国家也。"[1] 可见，孙中山主张北伐的根本目的在于彻底推翻帝国主义及军阀的统治，使中国摆脱半殖民地的地位，从而成为独立、自由的国家。

孙中山曾于 1922 年和 1924 年领导过两次北伐。但受当时条件的制约，两次北伐都遭到了失败。

更为不幸的是，孙中山带着北伐未竟的遗憾于 1925 年因病离开了人世。

于是，北伐的重任便落到了在国共合作条件下建立的国民政府（1925 年 7 月 1 日在广州建立）身上。

1926 年 1 月 1 日，国民党在广州召开第二次全国代表大会。大会发表的《宣言》就触及北伐的问题。《宣言》指出："今日之中国，其当

---

[1]　孙中山：《孙中山选集》，人民出版社 1956 年版，第 944 页。

前待解决之问题……其一，对外打倒帝国主义。……其二，对内打倒一切帝国主义之工具。首为军阀，次则官僚、买办阶级、土豪。"[1]

1926年5月，叶挺独立团作为北伐军的先遣部队，向湖南挺进，揭开了北伐战争的序幕。7月1日，广州国民政府发布北伐动员令，7月9日，国民革命军正式出师北伐。

国民革命军在工农群众的大力支援下，采取各个击破的战略，在不到半年的时间里，先后基本上摧毁了吴佩孚、孙传芳两大军阀的主力，革命势力发展到长江流域和黄河流域的大部分地区，由此，中国形成了历史上空前广大的人民解放运动。

当北伐战争发展到长江流域，胜利大局指日可待之时，蒋介石、汪精卫于1937年先后在上海和武汉发动了四一二和七一五反革命政变，企图铲除异己、将共产党排挤出北伐队伍之外，以独享北伐果实。这标志着国共合作全面破裂。

四一二反革命政变后，以蒋介石为首的国民党右派，就在南京筹备另立国民党中央和国民政府。4月18日南京国民政府成立。七一五反革命政变以后，南京国民政府与武汉国民政府（1926年7月由广州出发北伐的国民军，于10月全部占领武汉三镇，为适应革命形势需求，国民党中央政治会议决定把中央党部和国民政府由广州迁往武汉，同年12月5日，国民党中央正式宣布中央党部和政府停止在广州办公，各机关工作人员分批前往武汉）相互对峙。后经几番周折，在反共的基础上，实现了宁（南京）、汉（武汉）合流。在此基础上，1928年2月，南京国民政府进行改组。武汉国民政府不复存在。

在国民党各派明争暗斗、争权夺利的时候，控制北京政权的奉系军阀张作霖趁机出兵南下，威胁南京国民政府。

1928年4月5日，南京政府为了解除张作霖的威胁，推翻北京政府，统一全国，在徐州举行"第二次北伐誓师大会"。

---

① 中国第二历史档案馆：《中国国民党第一、二次全国代表大会会议史料》，江苏古籍出版社1986年版，第446—447页。

北伐军挺进鲁南地区后，孙伯龙与战士们一道，士气高昂地唱着："我们一定要北伐，打倒奉鲁军，铲除新军阀；不怕死，不爱财，为民为国家……"

北伐军所到之处，均受到当地民众的欢迎和拥护。男女老幼纷纷奔走相告："南军又来了，日子好过了……"

北伐军开赴鲁南不久，一举战败了奉系军阀孙百万部，占领了山东峄县县城。这时，孙伯龙奉命留在家乡峄县，组建国民党峄县县党部和县政府，并被任命为峄县县党部常务执行委员（后称书记长），成为国民党在峄县的主要官员之首。

民国初期，尽管中国经济发生了嬗变，出现了一些传统社会不曾有过的新因素，但总体而言，由于帝国主义的侵略，军阀势力的连年混战以及北洋政府的横征暴敛、摊派公债、滥发货币，加之天灾人祸，城乡百业萧条，疮痍满目，人民群众仍然挣扎在水深火热之中。

孙伯龙就职于国民党峄县县党部之后，目睹了峄县民众在腐朽的封建势力压榨和剥削下，灾难深重、苦不堪言的悲惨景象，心里十分痛苦和不安。这种痛苦和不安加上他在南方受到的革命影响，使他下定决心为改变峄县的破败局面而努力工作。为此，他首先从县党部的干部抓起，提出了"武官不专横，文官不贪赃"的要求和"峄县虽破败，亦能成为模范县"的口号，并将其用标语等形式，贴满大街小巷。他在任职期间，敢于担当、清正廉洁、从不假公济私，全身心地投身于彻底改变峄县局面的工作之中。在他的领导、带动和影响下，首任县长傅维泗也严于律己、不谋私利、勤政务实，不仅宣布把中兴煤矿公司每年送给县长的2400两银子用来兴办育幼院等一些公共事业，还经常带领其他干部出现在街头同民众一起打扫公共卫生。这是峄县人民从未见过的新鲜事情。[①] 因此，孙伯龙和峄县党部的其他干部在群众中树立了良好的形象。

---

① 参见刘承俊《英名存天地　浩然留人间——孙伯龙烈士传略》，《薛城文史》第四辑，1991年版，第5页。

取得了群众的信任后，孙伯龙积极组织农民协会，开展了镇压土豪劣绅的运动，并通过推进文化教育事业的发展，努力用进步思想占领城乡阵地。

地主豪绅，是几千年来封建专制政治的阶级基础，是帝国主义、军阀、贪官污吏的社会基础。在反动统治时期，地主豪绅阶级不但据有大量的土地，操纵着农村的基层政权，还控制着族权，他们把持一切，残酷地剥削和压迫农民，是骑在农民头上的"太岁爷"。如若不用极大的力量来摧毁地主豪绅的反动统治，就不能把他们的威风打下去，广大群众就难以抬起头来。

为了唤起民众、打击地主豪绅的反动统治，孙伯龙组织、领导了峄县农民协会。农民协会公开提出"打倒贪官污吏"、"打倒土豪劣绅"、"解放妇女，提高女权"等革命口号，并以实际行动对土豪劣绅和贪官污吏进行了严厉打击。比如，应群众的要求，孙伯龙发动农民协会抓了峄县的许鲁阳等大地主，在县城戴着高帽子游街示众，同时高呼："打倒王、鲍、梁，打倒许鲁阳"的口号。孙伯龙还经常召开群众大会，并在会上点名批评峄县地区几个霸道地主，责令他们要老实守法，不准再压榨和迫害广大农民。不久，他还亲自倡导、创办了农民培训班，用先进思想教育、启发、武装广大农民群众。

除了组织农民协会外，孙伯龙还积极组织了妇女协会，宣传男女平等，提倡剪发放脚。为了提高妇女地位和文化水平，孙伯龙亲自指导妇女协会开办了妇女识字班，并动员他在峄城完小任教的妻子葛伯华来识字班授课。葛伯华老师在任教期间，既教妇女们识字读书，又教她们学唱革命歌曲。

文化和教育具有塑造人的重要功能。因此，孙伯龙十分重视文化教育事业。

其一，孙伯龙在峄县县城里创办了"血花"书店。为了用进步思想占领阵地，唤醒广大民众，孙伯龙积极推销许多进步的书刊，比如，鲁迅的《野草》、《热风》、《呐喊》，蒋光慈的《少年漂泊者》，等等。这些进步书刊深受广大读者的喜爱和欢迎，许多进步人士经常到书店购买图书或阅读报刊。

其二，孙伯龙主张创办新型学校。为了向青年学生灌输革命思想，引导他们走上革命的道路，孙伯龙在任国民党峄县县党部常务执行委员期间，一直兼任峄城完小校长，积极主张创办新型学校。他亲自担任了学校的"党义"课的教学工作。他在"党义"课中，并不讲什么"三民主义"之类的内容，而主要讲的是"革命职业家的修养"，其内容即1942年载于延安整风运动"二十二个文件"中的《论干部政策》（作者系第三国际书记季米特洛夫）。通过讲授，孙伯龙引导学生要为雪除国耻、铲除不平、解脱落后、创造文明而奋斗终生，全力以赴地从事翻天覆地的伟大事业并以之作为奋斗的动力和生命的归宿。

此外，他还多次举行群众大会，号召学生参加，鼓励他们自由发言。

孙伯龙虽身为国民党峄县党部重要官员，但他却积极支持枣庄煤矿工人的革命运动。

此时的枣庄煤矿，由于受战争的影响，生产停顿，大批矿工失业。生活在死亡线上的失业矿工（约有4000多人）迫切要求复工和救济；同时，在业的矿工也因资本家长期欠发工资、物价较高，生活极其困难。

为了团结、号召矿工们与资本家进行斗争，中国共产党派党员张福林同志组织筹备枣庄煤矿工会（也称外工会）。外工会以要求资本家允许工人复工、对失业工人进行救济、发放资本家欠发的在业工人的工资为具体任务。

外工会筹备处成立以后，通过积极地宣传和发动，在很短时间里，就有1000余名矿工报名参加了工会。资本家为了阻止外工会的发展和壮大，打算用金钱收买张福林，答应只要他停止发动工人加入工会，就答应允许他立即复工。张福林对资本家的无耻行为表示愤慨，并声称"这些赃钱收买不了我，办工会是全体工人的愿望，要复工大家就一起复工"。

为了分裂工人、阻挠外工会的发展，资本家采取了新手段。他们利用工贼组织了"中兴矿工同业工会筹备处"（也称里工会）。里工会的工贼们无中生有、煽风点火，到处破坏外工会的威信，拉拢、诱骗工人参加里工会，暗中打探外工会的动向，并向资本家汇报外工会的活动情况。

外工会为了与里工会进行坚决的斗争，除了在工人中揭露里工会工贼们的丑恶嘴脸、发动工人捣毁里工会工贼们的办公室外，还向峄县国民党县党部登记争取合法地位。

孙伯龙十分同情和支持枣庄煤矿的工人运动。他以国民党县党部书记长的身份，亲自批准了外工会的合法地位，并允许在县党部备了案。

在此基础上，枣庄煤矿工会终于于 1928 年 7 月 11 日正式成立，成立大会上民主选举了张福林等 9 人为执行委员。

枣庄煤矿工会的成立，极大地推动了枣庄矿区的工人运动的顺利发展。广大工人在工会的组织、领导下，义正词严地向资本家提出了诸如改变劳动条件、增加工人工资、不得无故开除工人等各种合理要求。资本家迫于各种压力，不得不向工人做出让步，答复了许多要求。

枣庄煤矿外工会的合法化及其斗争，使资本家和国民党的官僚们极为恐慌。国民党整理中兴委员会急忙要求中央党部直接派人来控制枣庄煤矿外工会的活动。国民党中央党部很快批准了整理中兴委员会的请求，并派特派员周学昌等三人到枣庄矿区组建"工会整理委员会"（简称"工整会"）。

周学昌到达枣庄矿区以后，召开了几次工人大会。他有意将自己假装成超越于里工会与外工会之外的调解者。他把里工会与外工会之间的原则上的斗争，说成是无理取闹，要求双方都停止活动，并打算用这种手段来麻痹工人，最终取消外工会及工人的运动。

在这种情况下，为了限制周学昌，支持工人的运动，孙伯龙便派梁继璐、张文汉、张祝唐、徐子荣四人去枣庄煤矿做工整会的干事。他们按照孙伯龙的指示，除了积极要求为工人增加工资、开办工人俱乐部外，还做了其他许多有益于工人的事情。不久，资方买通了周学昌，说孙伯龙派来的四位干事有共产党嫌疑。于是，他们就被抓了起来送到了南京，后又被转到了苏州反省院。经孙伯龙多次交涉，四人才被保释出狱。

孙伯龙不但支持枣庄煤矿的工人运动，内心里还十分同情共产党人。

朱道南（1902—1985年）原名朱本邵，枣庄市薛城区张范乡北圩村人。其父朱玉煊是当地著名的乡村私塾教师，但在朱道南4岁时去世。父亲去世后，朱道南与母亲相依为命，生活非常艰难，并在其舅父等人的帮助下，读完了小学。朱道南勤奋刻苦，阅读了不少像《七侠五义》、《水浒》等一类的旧小说。受其影响，他十分同情穷苦人民，憎恨贪官污吏，更钦佩那些杀富济贫的英雄好汉们。

1922年，即将结束小学学业的朱道南，由于刚正不阿、善打抱不平，得罪了大地主的儿子黄僖棠。为了躲避报复，他去了济南。在济南，他考入济南师范讲习所，两年后，又考入了山东省立第一师范。在那里，朱道南与同乡孙伯龙关系密切，一同接触进步学生和进步思潮。这为他后来走上革命道路奠定了坚实的基础。

1926年冬，济南掀起了一场声势浩大的学生运动。这场运动遭到反动军阀张宗昌的镇压。为了投奔革命，朱道南奔赴武汉。到达武汉以后，他考取了武汉中央军事政治学校。

1927年2月，朱道南又考入湖南长沙黄埔第三分校。不久，光荣地加入了中国共产党。

1927年11月，朱道南等在叶剑英的率领下到达广州，参加了中共广州起义。

广州起义失败后，朱道南与幸存的同学追赶部队，被编入中国工农红军第四师。朱道南任该师第十团排长。在海陆丰地区，红四师是当时重要的红色力量，对维护和促进海陆丰地区苏维埃政权的存在和发展做出了积极的贡献。

1928年年初，国民党出动两个军的兵力"围剿"海陆丰，在敌我力量悬殊的情况下，红四师奋勇拼杀，打退了敌人的多次进攻。但不久，他所在的部队在战斗中失利，朱道南与党组织失去了联系。他自己躲在深山里吃草根、竹笋等，过了半年野人般的生活。

1930 年夏天，朱道南返回家乡峄县。在孙伯龙的多方掩护和帮助下，朱道南先后在齐村小学当教师，在峄县教育局任督学。全县的高等小学和初等小学他都去过。朱道南被人们习惯地称为"朱老师"。此时的他虽然与组织失去了联系，但他经常以教师的身份对青年学生进行革命教育，引导广大学生走革命的道路。1935 年，朱道南与进步教师张捷三在县城开办了"南华书店"，经销进步书籍。由于对许多贫困的知识分子提供了照顾，他团结了一大批知识分子，也联络了众多的社会上层人物。这为后来我党建立广泛的抗日民族统一战线奠定了坚实的基础。

总之，正是在孙伯龙的掩护和帮助下，朱道南才得以在峄县教育界立足，广泛结交进步人士，继续从事革命活动。

由此可见，孙伯龙当着国民党的官，干着共产党的事。就因为如此，他被国民党贬黜，返回了峄县老家。

1928 年，国民党统一了全国，确立了它在全国的统治地位。国民党南京政府建立后，虽然在组织形式上较多地沿用了过去国民政府的制度，但在其施政上却与国民政府存在着质的区别。它一反孙中山倡导的联俄、联共、扶助农工三大政策，一开始就把自己置于与广大劳动人民对立的地位，对人民实行残酷的政治压迫和经济剥削。南京政府除了在发动政变中大量捕杀共产党员和革命群众、极力镇压工农运动外，还制定了诸如《制止共党阴谋案》等大量的对人民实行专政的法律、法规。这些法律、法规的实施完全剥夺了国共合作时期人民在革命斗争中的民主权利、疯狂镇压了共产党人和革命群众。另外，国民党统一全国后，"放弃了积极进取的革命精神，丢弃了先前廉政简政的传统，沾染上了老爷作风和官僚主义的毛病，贪图眼前的奢侈享受，追求花天酒地、纸醉金迷的奢靡生活。与执政阶级的奢靡生活相伴随的是权力机构中普遍的贪赃枉法和腐败黑暗。……贪奢淫靡和腐败成了南京政府的最显著的特征"。"许多国民党党员缺乏基本的法律修养，根本不知法律为何物，权力唯我独尊的思想在权力部门比较普遍。他们为了其自身特殊的利益而不惜滥用权威和权力，因而无视法律、践踏法制的现象比比皆是。当整个社会处于无序和失控时，腐败就逐步蔓延开来……"①

在这样的社会背景下，孙伯龙在国民党峄县县党部的种种作为，必然要深深地触及地主、资产阶级和国民党顽固派的利益。正如当时峄县国民党一些右派人物所说："孙伯龙是当着国民党的官，干着共产党的事。"也正是这个原因，使他在国民党县党部的地位迭次下降，先由书记长降至秘书长，不久又降至普通执行职员。至此，大街上"打倒贪官污吏"、"打倒土豪劣绅"等大幅标语不见了，"党权高于一切"的口号收起了，县长傅维泗调走了，换来的新县长张跃掌握了实权，紧接着传讯了"血花"书店店员并撤销了书店，解散了工会、农民协会和妇女协会，农民训练班和妇女识字班也被迫停办。就这样，一场轰轰烈烈的民主革命运动被扼杀了。

1931 年，孙伯龙被调到山东博山县党部，先后任整理委员和执行委员。由于看不惯那些迫害无辜百姓的贪官污吏，由于对国民党当局残害工人运动、杀害共产党人的反革命行为极为不满，还由于对国民党当局所奉行的政策执行不力，他在官场上仍然不得志。

1933 年，孙伯龙又被调到山东安丘县党部任整理委员，他还是无法适应官场生活。当家里的人劝他在外要处理好关系时，他便气愤地说："那些国民党的败类，终日花天酒地，鱼肉百姓，全然不顾国家的安危和民族的兴衰，同这类丧失民族尊严的小人共事，怎能处理好关系？"

1934 年，孙伯龙终被贬黜，返回峄县老家，大有"爱国有心，报效无门"的感慨，思想极度苦闷。在苦闷之中，他反复地思虑着这几年的所作所为，总认为竭尽全力为国家兴亡、人民幸福而努力并没有什么过错。于是，他挥笔写道："官可丢，志不可屈。"以此来表达他为国为民，刚直不阿的决心。

———————

① 聂资鲁：《国民党执政大陆时期腐败现象的法理透视》，载《湖南大学学报》（社会科学版）2004 年第 2 期。

三　日本人侵略东三省，孙伯龙家乡办新学

1868 年明治维新后，日本开始走上独立发展资本主义的道路，成为亚洲唯一的资本主义国家。日本帝国主义是日本近代军国主义的继承和发展，是建立在垄断资本主义基础之上的军事封建性帝国主义。列宁指出："帝国主义的重要特点，是几个大国争夺霸权，即争夺领土"①，在日本，"军事力量上的垄断权，对极广大领土或掠夺异族如中国等等的极便利地位的垄断权，部分地补充和代替了现代最新金融资本的垄断权"②。列宁的论断，揭示了日本帝国主义极富于军事侵略性的根本原因。

第一次世界大战结束以后，日本军国主义势力进一步控制本国的政治，对内镇压人民群众，对外疯狂侵略扩张。

1927 年 6—7 月，针对中国大革命和北伐战争的形势，日本首相田中义一主持召开"东方会议"。会议内容是回顾和确定对华政策，中心议题是关于日本的所谓"满蒙政策"。会议形成了《基于对华根本方针的当前政策纲领》的文件，提出要通过武力手段把"满蒙"从中国本土彻底分割出去。

由此可见，日本帝国主义已确立了使用武力干涉中国内政、扩大侵华的方针即"新大陆政策"。

"东方会议"结束不久，日本首相田中义一把会议讨论决定的方针政策，拟成一个题为"帝国对满蒙之积极根本政策"的秘密文件，奏呈日本天皇，此即历史上臭名昭著的"田中奏折"。"田中奏折"确立了以"满蒙"为侵略扩张基地的战略："唯欲征服支那，必先征服满蒙；如欲征服世界，必先征服支那。"

---

① 《列宁选集》第二卷，人民出版社 1995 年版，第 653 页。
② 《列宁选集》第二卷，人民出版社 1972 年版，第 893 页。

1929 年 10 月，爆发于美国的严重经济危机，很快波及日本。受其影响，日本工业总产值、重工业产值急剧下降，大批企业破产，许多工人失业，广大农村凋敝，社会各种矛盾日益加剧。为了摆脱经济危机带来的困境，日本统治集团急于发动一场侵略中国东北的战争，借以转移日本民众的视线。

1931 年 6 月，日本陆军省制定了《解决满洲问题方策大纲》，决定对中国东北"采取军事行动"，并加紧战争准备。

1931 年 9 月 18 日深夜，日本关东军炸毁了南满铁路沈阳北郊柳条湖的一小段路轨，反诬中国军队"破坏"铁路、"袭击"日本守备队，当即炮轰东北军驻地北大营；同时，驻扎在南满铁路沿线的日本军队分别向沈阳城内和长春、四平、公主岭等地发起进攻。这就是九一八事变。

九一八事变后，东北军按照蒋介石既定的不抵抗方针，不战自退。沈阳全城一夜之间陷入敌手。不到一个星期，日军就占领了辽宁、吉林两省的 30 余座城市，控制了 12 条铁路交通线。日军随即南下与北进，仅 4 个月零 10 天，就占领了山海关至黑龙江之间 3 倍于它本土的中国领土，东北 110 万平方公里的富饶山河沦为日本的殖民地，3000 万同胞惨遭日军蹂躏。

九一八事变的发生以及东北的迅速沦陷，与蒋介石的不抵抗政策不无关系。"'九一八'事变当时，张学良将军在北平，一夜之间，十几次致电南京蒋介石请示，而蒋介石却若无其事地十几次复电，不准抵抗，把枪架起来，把仓库锁起来，一律点交日军。"[①] 蒋介石在九一八事变前说过："中国亡于帝国主义，我们还能当亡国奴，尚可苟延残喘；若亡于共产党，则纵肯为奴隶亦不可得。"九一八事变后，他更加露骨地说："国家的大患不在倭寇而在江西的'土匪'"，"抗战必先剿共，征诸历代兴亡，安内始能攘外。"[②] 由此可见，蒋介石的不抵抗政策，

---

① 《东北日报》1946 年 8 月 24 日。
② 转引自《"九一八"事变史》，辽宁人民出版社 1981 年版，第 174 页。

是他极端仇视人民革命、实行"攘外必先安内"反动方针的必然结果。

与国民党对日不抵抗的政策相反，九一八事变以后，中国共产党率先举起了武装抗日的旗帜。

九一八事变刚刚发生后的 9 月 20 日，中国共产党就发表了《中国共产党为日本帝国主义强暴占领东三省事件宣言》。《宣言》指出：中国各派国民党根本都是帝国主义的走狗，整个国民党在中国民众被日本强盗大大屠杀的时候，却高唱无抵抗主义，这充分暴露了他们出卖民族利益的嘴脸。《宣言》号召：全中国工农兵士劳苦民众，必须实行反对帝国主义反对国民党的斗争，"只有广大群众的革命铁拳，才能制止帝国主义的暴行，驱逐帝国主义滚出中国！"

东北的沦陷以及国民党的不抵抗，让孙伯龙心中充满愤怒，而中国共产党的积极抗日又使他充满了信心和希望。

1934 年，退出政界的孙伯龙回到家乡。他看到峄县城内唯一的完全小学办得不成样子，决心凭着自己的声望，在城内创办一所新兴学校，作为挽救民族危亡的一个阵地。

不久，山东省主席、军阀韩复榘下令解散了国民党在山东省各市、县国民党党部。因之，国民党峄县解体。孙伯龙在朱道南等人的赞助下，利用峄县县党部旧址作为校舍，建立了一所完全小学。校名为"峄县文庙小学"。

文庙小学办起后，孙伯龙担任了校长，先后聘请了梁巾侠、张耀、华印溪、张桐君、孙剑锋等 10 余名教师，最初全校仅有 4 个班，后来发展到 6 个班，约有 200 余名学生，其中工农子弟和女学生占相当比例。男女生按身体高矮排座，打破了男女生不准同位坐的传统，这是文庙小学与其他学校不同的一个鲜明特点。[1]

学校经费来源以学田（旧时办学用的公田，以田地收益作为学校基金）收入为主。由于学校经费不足，教师中半数为义务教员。

---

[1] 参见刘承俊《英名存天地 浩然留人间——孙伯龙烈士传略》，《薛城文史》第四辑，1991 年版，第 8 页。

与其他学校使用统编教材不同，文庙小学则选用自编教材，内容新颖，多为积极向上、救国救民之道。社会课，除了讲授社会发展史以外，主要向学生传授时事政治，如九一八事变等，彻底揭露日本帝国主义侵占我国东北，肆意杀害我东北父老的滔天罪行，以激发学生的爱国热情和民族自尊自强精神，积极投入到伟大的抗日救亡运动洪流之中。音乐课，主要教唱《救亡进行曲》、《松花江上》、《离家》、《上前线》等革命歌曲。同时，还编演了《没有家乡的孩子》小歌剧，并用《新女性》的调子，自编了激励奋起救国的校歌（歌词为"骇浪惊涛，华夏在风雨中飘摇。冲风冒雨，是我们的学校。肩负重任，是我们英勇儿童大众。坚毅沉着向前进，我们是国家的主人。前进！用我们的热血，争取民族的生存。前进！用我们的全力，打倒最大的敌人。不怕艰险，团结一心。提起脚步，进！进！进！进！中国儿童勇敢向前进！文庙儿童勇敢向前进！"）。语文课，主要选教一些文质兼美的诗歌、散文，如高尔基的名著《海燕》等。体育课，实质上成了军事课，孙伯龙亲自担任体育教师，对学生进行军事操练，并利用晨操时间，带领学生练习长跑（跑到离学校有 18 里之多的青檀寺）。①

总之，文庙小学在校长孙伯龙的领导下，在各位老师的共同努力下，通过各种形式、各种学科的教学，大大提高了学生的政治、军事和身体素质，为抗日救国培养了一批后备力量。

孙伯龙创办的文庙小学，由于始终坚持"教书育人、面向工农"的办学方向，因而学校越办越好，全校师生纪律严明，思想活跃，教学成绩十分突出，受到广大民众的赞扬和信赖，许多离县城数十里的农民子弟也背着煎饼和行李，纷纷来校寄宿就读。

另外，在日军不断入侵，民族危在旦夕的紧要关头，全校师生立即组织起来，有的刻印传单，贴撒在街上；有的上街示威游行，高呼："打倒日本帝国主义！""誓死保卫中国神圣领土！"的口号。同时，他

---

① 参见刘承俊《英名存天地　浩然留人间——孙伯龙烈士传略》，《薛城文史》第四辑，1991 年版，第 9 页。

们还组织了宣传队，深入农村宣传抗日。

1936年春节来临之际，许多学生主动为民众书写对联。有的学生写道："一犁且耕神州雨，平生图报沈阳仇"，以此激励广大民众，奋起抗日救国。

文庙小学的抗日救国行动，使峄县国民党当局十分恐慌。他们惊叫："文庙小学不得了！出现了共产党了！"并扬言要抓捕进步青年教师梁巾侠和张耀。孙伯龙知道后，便挺身而出，理直气壮地宣称："日军入侵，国土沦丧，师生宣传抗日救国，何罪之有?!"并针锋相对地说："据传，有人要去学校抓共产党，这是他们的事，我管不了。但是，去学校抓共产党，必须拿出证据来，否则，我绝不答应！"尽管当时孙伯龙在政界已无地位，但他说的这些话，峄县当局不得不慎重考虑，因而抓捕梁巾侠和张耀的阴谋未能得逞。①

事情虽然这样暂时了结，但反动当局的两只眼睛仍然盯着梁巾侠和张耀，认定他俩就是共产党。为了他俩的安全，孙伯龙不但再三叮嘱他们要小心谨慎，切不可再贸然行事，过于暴露自己，而且亲自用左手代替他们刻印传单，以避免当局发现他俩的手迹。这样，弄得当局毫无办法。文庙小学的抗日救亡活动一直没有停息。

1937年7月7日深夜，卢沟桥的日本驻军在未通知中国地方当局的情况下，居然擅自在中国驻军阵地附近举行所谓的军事演习，并谎称有一名日军士兵于演习时失踪，要求进入北平西南的宛平县城搜查。这显然是蓄谋已久的挑衅行为，中国守军当即严词拒绝了这一要求。经查，中国驻军并无开枪之事，城内也没发现失踪日本士兵，而失踪的日本士兵也已归队。但日军仍以此为借口，要求宛平城内中国驻军撤军，又遭中方拒绝。在双方交涉之时，日军立刻向卢沟桥一带开火，向城内的中国守军进攻，中国守军予以还击。这就是七七事变。

七七事变的第二天，中共中央就通电全国："平津危机，华北危机，

---

① 参见刘承俊《英名存天地　浩然留人间——孙伯龙烈士传略》，《薛城文史》第四辑，1991年版，第9—10页。

中华民族危机！只有实行全民族抗战，才是我们的出路！"①

　　七七事变以后，国民党政府提出了一个"不屈服，不扩大，不求战，必抗战"的战和不定的方针。这表明国民党政府一方面表示要抗战，另一方面幻想通过外交途径解决问题。但随着形势的日益严峻，蒋介石在庐山发表谈话，表示七七事变已经到了退让的最后关头，否则就是中华民族的千古罪人；他还表示"如果战端一开，那就地无分南北，人无分老幼，无论何人皆有守土抗战之责任，皆有抱定牺牲一切之决心"。他强调："因为我们是弱国，所以和平未到根本绝望时期，绝不放弃和平，牺牲未到最后关头，绝不轻言牺牲。"② 这些谈话表明了国民党政府抗战的态度。

　　七七事变的发生在全国引起强烈反响，举国上下，群情激奋，同仇敌忾，纷纷要求全民族抗战。此时，孙伯龙再也按捺不住满腔怒火，在梁巾侠和张耀的支持下，立即召开全县教职工大会，愤怒声讨日军的侵华罪行。会上，成立了"峄县抗敌后援会"，孙伯龙被推选为会长。从此，孙伯龙带领全县师生，积极投入抗日救亡运动。

　　不久，由于时局的急剧变化，全县所有学校不得不就此停办，文庙小学也结束了它一段不平凡的历史。

四　为救国组建游击队，只反共愤离黄僖棠

　　日本帝国主义在华北挑起了七七事变、侵占平津地区后，于1937年8月5日，决定进行华北会战。于是，日本迅速由国内向华北地区增兵，并将军队分三路展开攻势，一路沿平绥铁路向西北进犯；一路沿平汉铁路向保定、石家庄进攻；一路沿津浦铁路进攻山东。

　　在决定进行华北会战的同时，日本帝国主义又在江南地区挑起了八

---

① 中央档案馆：《中共中央文件选集》第11册，中共中央党校出版社1991年版，第274页。

② 南京《中央日报》1937年7月20日。

一三事变。

8 月 9 日，日军蓄意制造事端，派驻上海军陆战队中尉队长大山勇夫和斋滕要藏乘军车闯入虹桥中国军用飞机场，并开枪打死一名向前阻拦的中国守军。中国守军进行自卫反击，当场将这两名日军官兵击毙。日本帝国主义以虹桥事件为借口，要求中国向日本道歉，处罚当事者，拆除所有防御工事等，否则将会诉诸武力。

8 月 11 日，日本由国内派遣的一部分舰艇和陆战队抵达上海。12 日，日本政府召开会议，正式决定向上海派遣陆军部队。

8 月 13 日，日军向上海大举进攻，用重炮轰击闸北一带，海军陆战队向闸北、江湾方面大举进攻，中国军民奋起反击。这就是八一三事变。

文庙小学停办后，面对日本帝国主义肆无忌惮的疯狂侵略，孙伯龙于 1937 年冬初，决定弃教从戎。于是，他回到家乡组建抗日队伍，准备给侵华日军以迎头痛击，誓死保卫国家、保卫家乡。

当时，孙伯龙在黄埔军校的同学黄僖棠，曾任国民党山东省党部委员，领得了国民党军事委员会别动总队五十游击支队的番号，正想返回家乡峄县组建武装，于是就委任孙伯龙为其参谋长。孙伯龙接受委任后，就开始着手组建一支抗日武装。他认为，组建抗日队伍最关键的因素有两个：一是人，二是枪。但是，当时孙伯龙家中只有 5 支护家用的枪支（其中 4 支长枪，一支短枪）。他经过反复考虑认为，要解决人和枪支的问题，必先从孙家门做起，从自己的亲朋好友做起。如果把他们的思想工作做通了，愿意积极抗击日本帝国主义侵略者，捍卫国家的神圣疆土，人和枪支的问题就可以迎刃而解。这是因为：其一，孙伯龙家乡一带，特别是周营牛山周围，孙姓居多，而且其中不少是富裕大户，他们手中都有护家用的枪支，况且孙氏家族在峄县地区颇有名气，因为这里素有"郗山殷，牛山孙"之称。其二，孙姓多，亲朋好友也多。尤其是孙伯龙不论在政界还是在教育界，都结交了许多有识之士，他们都有一颗滚烫的爱国之心。其三，孙伯龙系黄埔军校第六期学生，还曾在峄县国民党县党部任过要职，同时，因其在乱世中不随波逐流、刚直不阿，因而在族姓和亲朋好友中享有较高的威信。

当孙伯龙拿定主意、下定决心要组建抗日队伍以后，他就走亲串友、召开孙姓商讨会，讨论组建武装、抗日救国的事。经过反复商量和大力宣传，收获颇大，首批就拉起了30多人（枪）的抗日队伍。这批队员有：孙景林、孙茂德、李桂喜、李桂才、李桂旺、黄敦成、黄敦吉、刘德玉、邵长福、郭振江、单成海、刘振海、殷延德、曹昭宪、张茂福、褚思雨、蒋福胜、陈玉生、王锡昌、张凤兰、李荣春、杨继标等。①

从此，孙伯龙怀着一颗抗日救国的心，利用他在黄埔军校学到的军事技能，对刚刚拉起的这支子弟兵既进行思想教育又进行科学训练，其政治和军事素质提高很快。当地民众目睹这支训练有素、士气高涨、纪律严明、能打敢拼的抗日队伍，觉得抗击日军、保家卫国有了希望，便纷纷奔走相告。这样一传十，十传百，家喻户晓，誉满乡里。

不久，周围的民众揭竿而起，纷纷携带护家的枪支投奔孙伯龙，要求加入抗日队伍。"接连几天，周营村的进步青年傅元昌带着枪支来了，圩子村的孙景涛带着枪支来了，周营区的联庄会大队长单立功，也带着30余人（枪）的队伍来了……就这样，孙伯龙组建的这支抗日武装，迅速发展到100余人（枪）。"② 为了便于组织领导，孙伯龙任命曹昭宪为教导员，傅元昌为司务长。

孙伯龙组建的这支队伍常驻在峄县附近的张林村，活动于曹家埠、刘河口、蔡园、周营、张庄、王楼、逍遥村、牛山后、邵楼等村镇。他们吃摊派饭，穿自家衣，铺秸秆草，生活非常艰苦。尤其是在春天青黄不接之时，老百姓断粮缺柴，队伍常常吃不上饱饭。梁巾侠的父亲梁慕文是进步爱国人士，他曾卖地支援部队解决吃粮问题。因为这支队伍大都是农民出身，所以，平时积极练兵打仗，农忙时节带枪回家帮忙收

---

① 参见刘承俊《英名存天地 浩然留人间——孙伯龙烈士传略》，《薛城文史》第四辑，1991年版，第12页。

② 同上书，第12—13页。

种，始终保持着农民子弟兵的角色。①

孙伯龙组建的抗日队伍，在台儿庄战役中发挥了一定的作用。八一三事变后的第二天，国民政府被迫发表《自卫抗战声明书》，宣告"中国为日本无止境之侵略所逼迫，已不得不实行自卫抵抗暴力！""中国绝不放弃领土之任何部分，遇有侵略，唯有实行天赋之自卫权以应之。"② 随后，国民政府下达总动员令，将上海划为第三战区，集中了70多万人的重兵与日作战。抗日官兵怀着"誓为中华民族争人格"的强烈爱国主义信念，昂然并赴战场，与日本帝国主义侵略军展开了殊死的血战。会战开始阶段，中国军队主动组织进攻，经过数日激战，将登陆日军大部歼灭。从 8 月 23 日起，日军增援部队陆续在吴淞等地强行登陆，中国守军节节抵抗，中日双方战斗激烈，伤亡惨重。11 月 5 日在杭州湾北岸登陆成功，中国军队腹背受敌，全线撤退。11 月 12 日上海沦陷。

日军占领上海后，便兵分三路向南京进逼，企图占领中国的政治中心，迫使中国政府投降。1937 年 11 月 20 日，国民政府宣布迁都重庆，继续与日作战。12 月 5 日，南京陷入日军三面包围之中。12 月 13 日，南京陷落。

南京沦陷以后，日军在南京进行了持续六个星期的残暴的、野蛮的、疯狂的、灭绝人性的大屠杀。

另外，随着华北会战的进行，到 1937 年 10 月 16 日绥远重镇包头被日军占领为止，整个平绥路均被日军所控制；到 10 月 10 日，沿平汉路南侵的日军占领了石家庄；到 12 月 27 日，沿京浦路南犯的日军又占领了济南。

日军占领了南京、济南等地以后，下一个计划占领的城市便是徐州。

---

① 参见刘承俊《英名存天地　浩然留人间——孙伯龙烈士传略》，《薛城文史》第四辑，1991 年版，第 12—13 页。

② 《中国近代对外关系史资料选集》下卷，第 2 分册，上海人民出版社 1977 年版，第 11 页。

徐州位于黄、淮两河之间，是连接津浦铁路与陇海铁路的交通枢纽，故是兵家必争之地。中国军队控制着徐州，将日军隔绝于接津浦铁路的两端，南北可以分别威胁、进逼南京和济南，同时，保持了贯通东西的大动脉（陇海铁路）。

为了争夺徐州这一重要战略重地，日本帝国主义准备以南京和济南为基地从南北两端沿津浦铁路夹击，攻下徐州，然后沿陇海铁路向西进发，直扑平汉路，一举占领武汉。

1938年1月，南线日军沿津浦路北上，于2月9日强渡淮河。由于国民党军队的反击，日军无力再向北进攻，被迫全部退回淮河南岸。

北线日军由华北方面军的板垣第5师团和矶谷第10师团分路南下。第5师团由青岛沿胶济线西进到潍县南下，试图攻占临沂。第10师团沿津浦路南下，攻占滕县等地。两师团计划在台儿庄会师，然后，配合南线日军，会攻徐州。

板垣第5师团在飞机、大炮的掩护下，猛攻临沂。由于临沂守军庞炳勋部与增援临沂的张自忠部的共同努力，日军两次疯狂的进攻均被打败。这使两路北线日军会师的计划流产了。

矶谷第10师团因国民党山东省主席韩复榘的不战而逃，沿津浦路长驱南下，3月16日进攻滕县，18日占领滕县。

滕县陷落后，台儿庄就成了守卫徐州的重要门户。

台儿庄位于枣庄南部，地处徐州东北30公里的大运河北岸，是南下徐州的最后一道屏障、日军夹击徐州的首争之地。

矶谷第10师团占领了滕县以后，自认为战斗力很强，不待南线日军北上，也不顾板垣第5师团临沂受阻不能前进，就盲目挥师南下。

以李宗仁为司令的第五战区为了保卫台儿庄，以主力孙连仲部防守台儿庄正面阵地；以汤恩伯部担任台儿庄至韩庄间运河南岸防务，以两个军向枣庄、峄县日军侧背攻击，配合孙连仲部围歼日军。

3月24日，矶谷第10师团向台儿庄猛攻，与国民党军队展开了激战。到31日，国民党军队将台儿庄之敌完全包围。矶谷师团见势不妙，向板垣第5师团求援。板垣师团放弃攻打临沂，增援台儿庄，但因其在向城一带受中国军队阻击，救援计划未能实现。4 月 6 日，中国军队向台儿庄日军发起全线进攻，7 日凌晨，除一部日军突围逃亡峄县外，其余被围日军全被歼灭，台儿庄战役取得大捷。

台儿庄战役的胜利使国民党当局冲昏了头脑。国民党调集大量精锐部队集中于徐州地区，要与日军决一雌雄。日军在进攻台儿庄受挫后，不断增兵，分 6 路向徐州进行大包围。国民党第 5 战区在徐州附近进行激烈抵抗，但难以抵挡日军的攻势。5 月 19 日徐州沦陷。

在台儿庄战役的初期，孙伯龙的抗日队伍曾配合抗日军队作战，并多次侧击去台儿庄作战的敌人。

在台儿庄战役后期，孙伯龙不满黄僖棠的反共政策，毅然与之决裂。

黄僖棠是山东省的国民党复兴社头目。复兴社是南京国民党当局面对国民党内部不断纷争以及同共产党的斗争，为加强国民党一党独裁势力和蒋介石的领袖地位，学习希特勒、墨索里尼等人的法西斯独裁统治的办法与经验，以黄埔同学为核心而建立的作为国民党政权支柱的一种组织。该组织于 1932 年 4 月在蒋介石的亲自主持下正式成立。

1938 年 4 月，黄僖棠回到峄县。由于他自己没有武装，是个光杆司令，所以，就命令他的参谋长孙伯龙带着队伍，与他一道到柱子山一带活动。

峄南柱子山是黄僖棠的家乡，族姓居多，也不乏备有保家武装的大户。"黄僖棠来到这里的目的，是想借用孙伯龙的影响，在本族内募枪招人，扩充自己的队伍。但因黄僖棠架子很大，官气十足，盛气凌人，故在黄姓中毫无威信，尽管他到处奔波，封官许愿，花费了不少口舌，忙活了一阵子，愿意跟他干的人却寥寥无几。"①

由于"募枪招人"工作毫无发展，黄僖棠的情绪大为不佳，甚至说三道四，疑神疑鬼。这时，恰好遇到梁巾侠在孙伯龙的队伍中寄住（梁

---

① 参见刘承俊《英名存天地　浩然留人间——孙伯龙烈士传略》，《薛城文史》第四辑，1991 年版，第 13 页。

巾侠寄住孙伯龙的队伍中实属偶然。孙伯龙在文庙小学成立"峄县抗敌后援会"时，她到外地投奔抗日组织去了。在外地，她得知友人组织抗战团体而去参加，友人让她等候集合，但她接到通知集合地点的信时，句容县已经沦陷。因别无去路，她辗转返乡，途中与孙伯龙相遇，就跟随孙伯龙的队伍行动），黄僖棠便当着她的面警告孙伯龙说："千万不要上共产党的当！"很显然，黄僖棠是企图把他一向认定是共产党的梁巾侠赶走，并进而严重地说道："共产党才是心腹大患呀！"这时孙伯龙则气愤地反问："难道日本强盗倒是癣疥小疾？"黄僖棠不作回答，拂袖而去。这样两人越谈越崩，产生了严重分歧，实在无法相处了。

另外，对于司令黄僖棠消极抗日的态度，孙伯龙与战士们极为不满。战士们常常聚在一起，抱怨道："咱们在这里蹲个什么？咱们又不是不能扒铁路，回去吧，回去扒个样，给人看看。""咱们该回去了。这些日子，不知道日本鬼子是否出了津浦路，到咱村上去了没有？跟着他们，只看别人打仗，扛着这些枪有什么用？"孙伯龙完全理解队员们的心情，也对黄僖棠的行为十分气愤。①

因为孙伯龙坚决主张抗日，而黄僖棠则顽固坚持反共，二者矛盾逐渐加深，最终达到水火不能相容，在部下抗日保家乡的强烈要求下，孙伯龙断然摆脱了黄僖棠的牵制，率部返回峄西周营一带进行新的抗日活动。

五　周营镇成立联合会，曹家埠全歼日本兵

孙伯龙率部西返时，周营一带还有一支由邵剑秋领导的抗日武装队伍。

邵剑秋，原名邵世澄，1910 年 7 月生于山东省峄县（今枣庄市薛

---

① 参见刘承俊《英名存天地　浩然留人间——孙伯龙烈士传略》，《薛城文史》第四辑，1991 年版，第 13 页。

城区）周营镇弯槐树村的一个地主家庭。高小毕业后，于1931年考入
济南育英中学。九一八事变后，国民党政府采取不抵抗政策，东北沦
陷。蒋介石的卖国行径激起全国人民的义愤。邵剑秋基于满腔爱国热
情，毅然参加了济南学生南下示威团，赴南京请愿。

12月14日清晨，济南学生请愿团，与全国各地大中学校的学生代
表团一起，冒着严寒，来到国民政府大厦前示威请愿。大家等了很久，
一位国民党高级军官出来了，说蒋介石还没起床。大家听后，更加愤
慨。邵剑秋气愤难忍，带头高喊："东北都失掉了，蒋介石还在睡大觉，
真是太不像话了。"随后，请愿学生的口号声、谴责声此起彼伏。蒋介
石无奈，只好出来接见学生。示威的学生代表当即拿出事先写好的八项
要求，要蒋介石予以答复。由于蒋介石不是真心抗日，说了一通"读书
救国"的话后就溜了回去。这更加激起大家的不满，学生们继续在南京
进行请愿示威活动。

12月18日，国民党军警包围了学生请愿团集中地，强行将学生集
中起来，并武装押离南京。邵剑秋等济南学生被押送回来后，因学校接
到上级命令，提前放了寒假，只好各自回家。邵剑秋回到家乡后，为唤
醒民众起来抗日，他怀着满腔爱国热情，向家乡人民宣讲抗击日本侵略
者的道理，愤怒揭露国民党政府不抗日的罪行。

1932年，邵剑秋的父亲因遭受他人陷害而被捕入狱，最后被韩复
榘杀害。这使邵剑秋进一步认识到社会的黑暗和国民党政府的腐败。

1933年4月，冯玉祥、吉鸿昌、方振武等在张家口成立了察绥民
众抗日同盟军。国难家仇使邵剑秋离开了家乡，奔赴张家口，参加了抗
日同盟军，被安排到同盟军干校当学兵。他在干校除了学习各种军事课
程以外，还学习了辩证唯物主义、社会发展史、政治经济学等政治课
程，初步了解和接受了马克思主义。

是年冬，国民党政府为了实施"攘外必先安内"反动政策，派兵疯
狂围剿抗日同盟军。不久，抗日同盟军被击溃，干校被解散。邵剑秋回
到了原籍峄县。

1934年春，邵剑秋在同学帮助下，去菏泽考取了梁漱溟办的山东

乡村建设研究院（梁漱溟认为中国"伦理本位、职业分立"的社会结构，决定了中国的现代化既不能走欧洲近代民主政治的道路，又不能效法苏俄的武装革命的道路，认为中国发展的问题应当以中国传统文化为基础，通过文化的改造来解决。因此，他将传统文化保存相对完整的乡村作为其改造的首要目标，把乡村改造作为立国的基础。1930 年年底，他受山东省政府主席韩复榘的邀请，到山东邹平创建山东乡村建设研究院。1933 年春，研究院划分邹平和菏泽两县为试验县。到 1937 年，山东共有 70 个县被列为实验区。在实验区，试验院有权任命各级行政官吏，并依其乡村建设理论从事改造活动），当了梁漱溟的学生。翌年初，学校放假后，邵剑秋在家过春节。其间，因带领村民反抗国民党联庄会敲诈勒索民财的骚扰，遭到逮捕。之后，在群众的掩护下逃往外地，不久，又回到了山东乡村建设研究院。

1935 年下半年，邵剑秋被派往鲁西南成武县做教员，翌年春，他又调到邹县香城乡农学校当教育主任。不久，在济宁由天津南开大学杨开道教授举办的教育人员轮训班上，经同学介绍，结识了久慕的共产党员朱道南。在朱道南的教育和帮助下，他对共产党有了进一步的认识。这对他后来组织义军、抗日救国，参加共产党、八路军奠定了重要基础。

1937 年七七事变爆发后，日军大举进攻鲁北。山东军阀韩复榘不战而逃，青岛、济南、滕县、临城、枣庄、峄县相继沦陷。日军在其占领区烧杀抢掠、无恶不作。满腹国恨家仇的邵剑秋对日寇的暴行和国民党的消极无能感到无比愤慨，立即从外地返回家乡，决心组织武装、抗日救国。他的想法得到了家乡许多爱国民众的大力支持。但在当时，没有合法的名义是很难组织抗日武装的，而邵剑秋因与官方没有任何联系，就在熟人孙又然的帮助下，从铜山县领了个国民党第五战区特种工作团第二分团第五大队的番号。之后，他经过与联庄会大队长邵泽善、单庭兰和小学教员邵子真、华新义、孙筱鲁等多次商量，变卖了一部分家产，购买了枪支弹药，很快组织了一支抗日队伍。队伍有 300 多人，编为三个中队，邵剑秋被大家推选为大队长。

队伍组建后，邵剑秋运用他在察绥抗日同盟军干校学到的军事技术日夜对这支抗日队伍加紧操练，队伍的各种素质提高很快，受到当地群众的拍手称赞。

面对凶残的敌人，孙伯龙深感团结的重要。他觉察到在本地内的抗日武装中，邵剑秋的队伍是最机动、最活跃的力量，便决定同邵剑秋的队伍联合作战，以更有力地打击日本侵略者。后经邵子真居中介绍，孙伯龙到白楼村会见了邵剑秋。二人一见如故，稍谈即可，便联合起来。至此，孙伯龙部驻王楼、牛山后一带，邵剑秋部驻白楼、单楼等村。

这两支队伍联系密切，互相配合，其成员具有一些共同之处：其一，并不是都以宗法婚姻相结合，没有人身依附的关系，多是些以抗日为怀的英勇之士；其二，有一些是具有当代知识和革命追求的有志青年，如邵剑秋部的华新乙、丁瑞庭、王默卿，孙伯龙部的曹昭宪（李光明）、傅元昌等。

两支队伍在周营一带的活动，机动灵活地袭扰了日本侵略者，鼓舞了峄西民众的抗日情绪，震慑了企图卖身投靠日军的民族败类。

台儿庄会战结束后，国民党军队遗弃了大批武器，被当地民众捡起。后经孙伯龙、邵剑秋两部的深入宣传和教育，许多热血男儿便纷纷携械从军，人员和枪支不断得到扩充。

七七事变以后，运河地区除了孙伯龙、邵剑秋组织的抗日队伍以外，还有其他的武装力量：

其一，无耻之徒组织的维持会。

维持会是指抗日战争初期日本侵略者为实现"以华治华"、"分而治之"而在中国沦陷区内利用汉奸建立的一种临时性的地方傀儡政权，它担负着给日伪统治者筹集钱粮、向日伪军汇报中国抗日军队活动情报等的任务，是日本帝国主义侵略和奴役中国人民的工具和帮凶。维持会这种临时性的政权组织，是一种过渡形式，在敌伪正式政权建立后便宣告瓦解。

徐州沦陷以后，国民党的县、区政府随之撤退。日军占领铁路沿线重要城镇，在敌人卵翼之下，峄城大地主王哲书（绰号大老黑）、王广澜、商人孙鲁星、卜竹亭；枣庄商人刘晓峰；台儿庄的郑典三、袁镜湖；韩庄的张传浦；贾汪的寇子良；柳泉的马敬典等运河两岸的无耻败类，纷纷组织维持会和县、区、乡各级伪政权。广大乡村处于无政府的混乱状态。日军肆无忌惮的烧杀抢劫，使原本就灾难深重的群众更加民不聊生。

其二，国民党各派的武装力量。

台儿庄会战以后，战场上有大量的丢弃的武器弹药，谁捡归谁，加上当地民间本来就有许多的枪支，因而各种地方武装纷纷打起抗日的旗号，纷纷而起。同时，国民党利用其所掌握的合法政权及军事机构滥发委任状，多如牛毛的司令、团长各霸一方，犬牙交错，相互"撕咬"。

名义比较大的武装力量有：主要活动在枣庄以北北庄一带的国民党第5战区游击第3支队，司令梁继璐，就任之后就任命峄县各区联庄会的会长为其团长和营长；活动在峄县5区马兰屯一带的国民党军事委员会别动总队华北50支队，司令黄僖棠，就任之后把各区联庄会会长封为梯队司令；活动在台儿庄以北的南北洛一带的国民党山东第3专员公署专员兼游击司令张里元所属之孙业洪支队；活动在贾汪煤矿以东之崮岘及运河南北两岸的国民党军事委员会战区特种工作团第3总团第2分团，分团长是陆仰山……这些队伍中真正抗日的屈指可数。

其三，乘机蜂起的各地土匪组织。

土匪是指以打家劫舍为生的地方非法势力。台儿庄大战前后，运河地区的土匪组织发展较快。台儿庄周围的大股土匪有王学礼、张发德、梁广怀，每股达数十人甚至上百人；在贾汪以东的铜邳边境较大的土匪有魏玉吉、姜东海、刘七等；在运河以北有李云福、曹文家、李花等；峄滕边境有曹万仓等；这些土匪到处抢劫、坑害百姓。

其四，滋生起来的红枪会武装。

运河地区最初的红枪会组织起源于柳泉附近的蔡庄子，会首是本村的蔡发之、白宗宇。他们公开提出"保家卫国、防御土匪、不抗日、不捣蒋"的口号，同时，利用"参加了红枪会，拜拜佛就可以刀枪不入"的骗人鬼话来欺骗部分落后的群众。1938年春天，红枪会向南发展到陇海路大庙车站姚庄子一带，一个自称是山东汶上县人的王亚平，加入了红枪会，并成了会首。台儿庄大战后，王亚平窜到贾汪东北的大李庄，并以此为基地向东面和北面发展。红枪会的成员到处散布说："三横一竖是王，口子鼓肚是亚，一八压十是平；王亚平就是王子鼓肚，可以平天下。"还说什么"参加红枪会，喝符护身，枪刀不入"，简直把王亚平说成了"救命菩萨"。

当年夏天，红枪会与铜邳边境的土匪魏玉吉在崮岘、阎村打了一仗，战胜了土匪。受此影响，红枪会发展迅速。壮大以后，王亚平自封为红枪会的总司令，下分支队、大队，并进一步向运北发展。最后，这个红枪会受贾汪的日本鬼子指挥，鬼子称他是"钢板太君"。

其五，地主武装。

运河地区的地主阶级，为了保产保家，也不断扩充自己的私人武装，其队伍多者百余人，少者几十人。地主武装多与土匪私通勾结，欺压百姓，坐地分赃。①

在这种无政府的混乱局面中，各种武装力量犬牙交错，不管什么人，只要拉起队伍，就会借抗日保家的名义向群众派款要粮，使沦陷区的民众处在水深火热之中。在这种情形之下，如何使真正抗日的武装力量团结起来，发挥广大人民的爱国热情和顽强奋斗的光辉传统，有效地打击敌人、保家卫国，就成为鲁南党组织需要解决的重大问题。

我党早在 1926 年 9 月，在枣庄和铜山东北地区的东贺村，建立了党支部，同时，开展了革命活动。1927 年，大革命失败以后，党组织转入地下活动。1931 年 3 月，我党在徐州召开由田位东同志主持的会议，会上正式成立了中共枣庄矿区工作委员会，田位东、郑乃序二位同志任正副书记。1932 年 7 月枣庄工人在矿区工作委员会的领导下，举行了大罢工。由于罢工运动被出卖，田位东、郑乃序两位同志被捕，不久，在济南千佛山下光荣牺牲，革命转入低潮。8 月徐州特委派郭子化到枣庄煤矿从事地下工作，翌年春，在他的领导下，成立了枣庄工作委

---

① 参见童邱龙主编《运河支队抗日史略》，1988 年版，第 1—3 页。

员会，名义几经变化。1934 年春天，枣庄矿区和鲁南、苏北党代表会上决定成立临时苏鲁豫院边区特委，由郭子化同志担任特委书记。1935 年 2 月郭子化在枣庄矿区主持成立中共苏鲁边区临时特别工作委员会，他在同上级组织失去联系情况下，独立地开展党的地下工作，积极发展抗日救亡活动。抗日战争爆发后，峄滕铜邳地区为数不多的共产党员，均在临时特别工作委员会的领导下，进行发动民众组织建立抗日武装的活动。1938 年 8 月，苏鲁边区临时特别工作委员会撤销，改设鲁南和苏皖等特别工作委员会，峄滕两县和铜邳两县分别属于上述两个特委领导。在以后抗战的全过程中，为了适应斗争形势的需要，峄滕铜邳地区又时合时分。

中共苏鲁边区临时特别工作委员会，于 1937 年 11 月在肖县黄口火车站西北的孙庄召开扩大会议。会上除了传达中共中央政治局洛川会议精神以外，根据中央《关于目前形势与党的任务的决定》以及《抗日救国十大纲领》的精神，做出了"发展抗日民族统一战线"、"组织各种抗日救亡团体"、"坚持独立自主的游击战争"、"开辟敌后战场，建立抗日根据地"等决议。

运河地区的共产党员，根据会议决议，在党组织的领导下，组建了由我党直接领导的人民抗日武装。比如：鲁南中心县委领导的以鲁南抗日自卫团和大北庄武装合编而成的第 5 战区人民抗日义勇总队第 3 大队，这支部队在 1938 年 5 月与滕东农民抗日武装和沛县县委领导的抗日武装合编为人民抗日义勇总队，以后成为抗战初期建立抱犊崮山区抗日根据地的基本力量；活动在沙沟东西，滕峄边境的民众抗敌自卫军，这支武装是由原来系担任过军阀部队师长的滕县人杨士元招编的，中共苏鲁边区临时特别工作委员会派了一部分党员进入该部工作。1938 年 3 月，日军进攻滕县时，杨士元逃亡大后方，该部大部分逃散，仅剩下 30 余人，中共苏鲁边区临时特别工作委员会派董尧卿用原来的番号领导该支队伍，不久发展壮大到 300 多人，活动在滕县南部、峄县西部；共产党员王子模依靠同族人铜山县王台村的王建平组织起 100 人左右的武装，该队伍活动在徐州东北区王台周围地区。①

由于力量暂时弱小，所以当时共产党在峄、滕、铜、邳边区的主要任务就是如何运用抗日民族统一战线的政策，争取和团结国民党阵营中，以及社会上其他真正抗日的武装力量及爱国人士联合抗日，大力发展我党领导的抗日力量，独立自主地领导抗日运动。

为了扩大抗日民族统一战线，朱道南受命，于 1938 年 6 月中旬，带领第 3 大队一部联合董尧卿的抗敌自卫军一起由抱犊崮山区过临枣铁路去山外的周营地区。其主要任务一是了解山外各派武装力量的具体情况，扩大我军的政治影响；二是接触孙、邵两部，伺机对其进行统战工作，争取他们同我党我军联合抗战。②

义勇总队第 3 大队虽建立不久，但一开始就按照我党建军宗旨和三大纪律八项注意的要求，对干部、战士进行了政治教育。因而这支新型军队所到之处，均表现出官兵一致、军民一致、纪律严明、士气高昂，给山外人民以极好的政治影响，人们都传颂着从未见过这样的好军队。

义勇总队第 3 大队驻稳之后，就开始进行宣传鼓动和统一战线工作。朱道南按照事前的考虑，首先拜访了孙伯龙。因他俩是阔别数年的同乡好友，故会面时如"久旱逢甘雨"。他俩遇事从来可以商谈，也可以急论。此时，虽然政治隶属分明不同，但仍可坦诚相见。孙伯龙虽然不便向朱道南倾诉黄僖棠"宁亡于日、不亡于共"的反动论调如何伤害了他及部下的爱国之情、赤子之心，但却明白表示了地不分南北、人无论畛域，都只有团结，才能抵御日寇的见解。两人彼此寒暄之后，孙伯龙详细地谈了峄西地区的环境和群众的抗日情绪，也谈了部队的活动情况。最后，朱道南提出，要建立一个山外抗日军联合委员会，以便将各派武装力量都争取过来、联合起来，更有力地打击敌人。朱道南的这个提议，当即得到孙伯龙的赞同和拥护。当朱道南起身要走时，孙伯龙还要求说："此举越快越好。"

---

① 参见童邱龙主编《运河支队抗日史略》，1988 年版，第 4 页。

② 参见刘承俊《英名存天地 浩然留人间——孙伯龙烈士传略》，《薛城文史》第四辑，1991 年版，第 15 页。本部分以下内容均参考该书写作而成。

次日，朱道南又到周营白楼村拜访了邵剑秋。因两人早就认识，且交情深厚，故见面时显得格外亲热。邵剑秋称朱道南为"老师"，自然谈话就方便了。朱道南说："根据目前山外各派武装力量活动情况，都是各干各的，互不合作，这样势必分散抗日力量。我倡议建立一个山外抗日军联合委员会，先由义勇总队、孙伯龙部、董尧卿部和你部参加，以后再继续扩大联合，你看行不行？"邵剑秋立刻表示说："行！"并说，"联合起来之后，我靠着你和伯龙二位兄长，日子就好过多了。"此时，邵剑秋已被山里来的队伍之精神抖擞、歌声嘹亮所吸引，便问那支部队的性质，朱道南告诉他是共产党领导的。邵剑秋继续问："那为什么不叫八路军？"朱道南回答道："八路军的三个师都离我们还远，但地方党却到处存在，组建了军队，就近领取军政机构所予的番号，同样组成敌后抗日的力量，内部的政治工作全由共产党员担任，由共产党派遣政工干部。"邵剑秋表示也希望派这样的军政工人员到他那里教育和训练部队。朱道南答应了这一请求。

朱道南做好孙伯龙、邵剑秋两部的工作之后，接着又到东楼、西楼、宁楼、圩子、文堆等村孙姓大户中做了疏通工作。三四天以后，在周营镇召开了"山外抗日军联合委员会"成立大会。会上一致推举朱道南为主任，孙伯龙为副主任，其他各部负责人为委员。从此，运河以北的峄、滕地区出现了新的抗日局面。

为了加强山外抗日军联合委员会各部队的建设，苏鲁豫皖边区特别工作委员会抽调文立正（原名文立征，湖南省衡山县人，1911年生，1934年考入北平辅仁大学，1938年3月加入中国共产党，不久进入抱犊崮山区，参加苏鲁人民抗日义勇总队，1945年2月到临城6区开展工作，因叛徒告密，遭敌特武装袭击，壮烈牺牲）到白楼村，主办了山外抗日军联合委员会抗日干部训练班，共招收青年学员40余名。此时，朱道南介绍梁巾侠到训练班协助文立正工作，向学员讲解团结抗战的道理。文立正是湖南人，学员听不懂他的话，梁巾侠就为他做翻译，并教唱革命歌曲。那些歌曲同时起到了政治教育的作用。如其中《三大纪律八项注意》歌是把红军时代歌词中的"三大纪律"改成"第一，抗战坚决抗到底；第二，服从上级命令；第三，不拿群众一针一线"。学员们学唱这支歌之后，都自觉地以此作为自己的行动准则，秋毫不犯。再如《牺牲已到最后关头》、《大刀进行曲》和《救亡进行曲》等，都有力地鼓舞了部队的士气。

训练班办得团结紧张，严肃活泼，颇有成效。但由于日军加紧了扫荡，形势不稳，仅仅半月就停办了。训练班学员一部分分配到各部队，其余被介绍到我党在山东岸堤举办的抗日干部学校继续学习。

山外抗日军联合委员会成立后，朱道南、孙伯龙、邵剑秋、董尧卿各部，密切配合，通力协作，利用人地两熟的有利条件，扒铁路、翻火车、打埋伏、袭扰敌据点，搞得日军十分恐慌。不久，青纱帐尽，敌人便加紧了清乡扫荡。此时，朱道南、董尧卿两部奉命撤往山区，邵剑秋部也被他的顶头上司陆仰山骗赴苏北清江，只有孙伯龙部在原地坚持对敌斗争，处境极为险恶。梁巾侠曾多次劝孙伯龙率部进山，暂时摆脱危险处境，孙伯龙却不肯，便解释道："部队都是家乡人，祖祖辈辈在这里土生土长，传统的乡土观念很强，就算我同意进山，队伍也未必带得动。再说，我去山里又能起到多大的作用？"孙伯龙又说："我留在这里孤军作战，固然处境非常险恶。但是，越是艰难越要坚持，绝不能置家乡父老于不顾，我们一走了之，把广大军民用鲜血和生命开创的峄西地区丢给敌人。"最终，梁巾侠独自去了山里。

是年9月，邵剑秋摆脱了陆仰山的控制，率部由苏北返回峄西地区，孙伯龙、邵剑秋两部又重新联合在一起，进一步发动和依靠当地民众，对日军的清乡扫荡展开英勇反击，使峄西地区的形势日趋好转，队伍也不断发展壮大。

1939年6月，孙伯龙、邵剑秋都深感跟原来的上司闹翻了，继续用他们的番号活动已名不正言不顺。为了打开峄南运北的抗战局面和解决番号问题，他们两人经过再三研究，决定进山找朱道南同共产党商量，争取给予指导和帮助。孙伯龙并代表邵剑秋到抱犊崮山区找到了朱道南，说明了来意。朱道南觉得此事非同小可，不好做主，便介绍孙伯龙会见了鲁南特别工作委员会书记宋子成（1912—2000年，山西省文水县人，1931 年加入中国共产党），谈了有关情况，提出了具体要求。特别工作委员会研究认为，根据当时的复杂斗争形势，他们在山外活动，还是暂不以八路军的名义为好。故经我党出面说和，由国民党鲁南专员兼保安司令张里元，委任孙伯龙为鲁南游击司令部特务 2 旅旅长，邵剑秋为鲁南游击司令部直辖第 7 团团长。孙伯龙接受委任后，又同宋子成、朱道南等商定了"采取主动战略、积极打击敌人，尽快打开峄南运北抗战局面"的大计。从此，孙伯龙、邵剑秋两部摒弃了原来的番号，加强了同我党的联系，增强了抗战必胜的信念。

是年 7 月，孙伯龙、邵剑秋两部依据精确的情报，在曹家埠一举歼灭日军四支郎君小分队 22 人，开创了峄县地区全歼敌军的战斗范例。

曹家埠位于周营和阴平两镇之间，是一个仅有数十户人家的小村庄，四周筑有高高的围墙，围子四角和中心筑有六个炮楼和两个高门楼。7 月 13 日，韩庄据点的日本指挥官四支郎君，带着装备有轻机枪、掷弹筒等武器精良的 22 名日军小分队，到牛山后一带搜索我抗日游击队，结果扑了个空，当日返回韩庄据点。是夜，驻防在曹家埠的孙伯龙部和驻防在安乐庄的邵剑秋部，都同时接到情报，说是四支郎君小分队于明日继续到周营、阴平一带扫荡，气焰十分嚣张，自以为我抗日游击队不敢抵抗。孙伯龙、邵剑秋接到情报后，连夜在周营会了面。他们商量决定：如果日军先至阴平，经邵楼、周营，然后返回据点，就放过他们；如果日军经邵楼去曹家埠，那么，孙伯龙就在原地设伏，打他个措手不及，尔后，邵剑秋部从后面杀出，使敌人首尾不能相顾，一举将其歼灭。孙伯龙、邵剑秋从周营返回后，各自做好了战斗准备。

第二天中午，四支郎君带领日军小分队窜至邵楼，抓了个名叫邵泽先的农民为他带路，企图路经曹家埠去周营。邵泽先知道孙伯龙部驻防曹家埠，就故意将敌人带往北褚楼村。后被日军察觉，在四支郎君强制下，邵泽先无奈，只好带着敌人掉头向西，向曹家埠走去。当敌军走至曹家埠东门下时，早已在这里设伏的孙伯龙部突然猛烈开火，打得日军猝不及防，东倒西歪地躺了一片。四支郎君从慌乱中镇静了一下，急忙舞起战刀指挥剩下的日军向后撤退，占领了村外的高粱地和坟地等有利地形，组织密集火力向村内射击，打得战士们抬不起头来。这时，邵剑秋部凭借青纱帐的掩护，早已从安乐庄向敌人背后迂回，咬住了敌人的尾巴，占领了有利地形，即用两挺轻机关枪向敌人一阵猛射，使日军腹背受敌，首尾难顾。经过约两小时的激战，以四支郎君为首的日军小分队全部被歼，武器全部被缴获。此次战斗，不仅锻炼了战士，也鼓舞了广大民众。

第二章　筹建运河支队至
牺牲时的孙伯龙

　　1939年年初，一一五师代师长陈光和政委罗荣桓带领一一五师师部和六八六团挺进山东，先后于1939年8月、9月挺进到鲁南腹地抱犊崮山区和原鲁南人民抗日义勇队第一总队（直辖四团）会师，不久第一总队归一一五师建制，编为苏鲁支队。1939年11月20日成立峄县抗日民主政府，接着先后成立峄县6个区和滕县第九区的党政机构。1940年6月11日成立鲁南专员公署，标志着鲁南抗日根据地已正式建成。

　　在八路军一一五师政委罗荣桓的关怀指导下，在峄县县委特别是朱道南的努力下，1940年1月1日，八路军一一五师运河支队在周营成立，孙伯龙任支队长。运河支队成立后，1月7日首战杜庄，4月上旬巧取泉源村，5月4日奇袭常埠桥，5月中旬智打塘湖，7月夜偷袭利国驿，8月中旬围敌独角湖，巧袭贾汪镇，取得了对日伪战斗的一个又一个的胜利。在反顽斗争方面，7月上旬在阚山子消灭梁继璐一部，在不老河南消灭阚周栋部，8月上旬打退了顽军在旺庄东西一线对运河支队的联合进攻，活捉邢焕章、胡大庆和龙希贞。9月在运河以北讨伐叛军孙茂墀部。10月10日夜，敌驻徐州21师团2000余日军进攻运河支队，运河支队血战一天至晚上突围后分三路北渡运河，除东路顺利撤至抱犊崮山区以外，中路被围朱阳沟，西路接近郝家湖时被打散，28位勇士在巨梁桥遇害。突围后的主力在邵剑秋的带领下到郗山隐蔽，两天后夜渡微山湖，次日重返运河以南。10月中旬，胡大勋收整二大队和一大队五中队坚持运河南岸的斗争，邵剑秋带领一中队坚持运河北岸的斗争，其余进抱犊崮山区休整。12 月 8 日拂晓，邵剑秋部在弯槐树村被围，血战一天至晚上突围，撤入抱犊崮山区休整。休整期间，师部首长对运河支队及其领导成员，作了较大的调整。支队长孙伯龙调任鲁南军区副司令，具体分管军事训练和机关工作，支队政委朱道南调任峄县县长，副支队长邵剑秋接任运河支队支队长。运河支队一大队和二大队的八、九中队被提升为主力，编入教导二旅五团。

1941 年年初，孙伯龙坚决要求出山，被任命为鲁南抗协自卫军峄山支队支队长。2 月 10 日夜，峄山支队和运河支队出山联合抗日，12 日攻下周营据点，13 日在新闸子击退台儿庄乘汽艇来袭之敌，并攻下伪军六里石据点，当夜进到黄邱山套和胡大勋部会师。15 日约见了国民党苏鲁边游击司令韩治隆，商定合作抗日。18 日日军扫荡黄邱套，部队苦战一天。4 月中旬，运河支队粉碎了日伪的五路合击。5 月成立飞行队，6 月拔除了南常、多义沟等伪军据点并攻占微山岛，6 月下旬在运河以南取得了反日伪抢粮战斗的胜利，6 月底智取小杏窝。8 月上旬，运河支队打退了日伪的合击扫荡。8 月 14 日梁庄之战和 10 月中旬侯孟之战，运河支队被偷袭均遭受损失。8 月下旬，邵剑秋南访新四军。9 月上旬，运河支队主动出击运河以北，打退日伪军的合击。10 月 17 日夜，胡大勋误进东河泉，被孙业洪部扣留，几日后被活埋于张家沟。

1942 年 1 月 2 日，日伪军 1000 余人对驻防毛楼的峄山支队进行了远距离的奔袭，部队紧急撤往库山，孙伯龙牺牲在村西的路上，时年 39 岁。梁巾侠返回毛楼，指挥剩余的小部队苦战一天，傍晚运河支队作战参谋王福堂带着五中队突破日军阵线进入毛楼，余部成功突围。

一　八路军进驻抱犊崮，共产党建成新政权

武汉失守后日军停止对正面战场的进攻，兵力转向华北战场，重兵进驻城市和交通线，加强对共产党敌后抗日武装的进攻。1939 年 4 月，

日本华北方面军为巩固和扩大对华北的占领区，消灭八路军，破坏抗日根据地，制定了《治安肃正纲要》，其主要内容包括肃正作战、治安工作和栽培亲日武装等。首先，日军大规模地以奇袭、快速奔袭等作战方式对付八路军、游击队；其次，建立"爱护村"和保甲制度，建立伪政权；最后，收编土匪武装，扩大伪军，建立伪警察和保甲自卫队等。徐州及其以东陇海线驻有敌军二十一师团，津浦线韩庄北至济南段和临枣支线驻有独立第十混成旅团。1939年9月，多田骏继杉山元任敌华北派遣军总司令，他根据华北占领区的治安情况，指出他们的主要敌人是共产党领导的抗日军队，如不及早采取对策，华北将成为中共的天下。于1940年3月19日下达讨伐肃正命令，其重点是：讨伐剿灭共军，为此要善于利用国共的互相倾轧，在皇军势力暂时不能控制的地区，应默许那些不主动抗战杂牌军（国民党的游击队）的存在，必要时甚至可以引导他们占领真空地带，以防止共军侵入……日军在其尽快把华北地区建成巩固的后方，用以示范、指导整个占领区治安工作的方针下，不断地对共产党军队进行扫荡，并在占领区内强化伪政权，收编土匪，扩大伪军，进行经济掠夺和欺骗宣传等措施，日军对国民党军队则着重采取联合其反对共产党军队或压迫其投降的政策。

　　1939年10月，日军为掠夺枣庄矿区的煤炭资源，修复从枣庄经台儿庄到陇海路赵墩车站的铁路，沿线泥沟、台儿庄、车辐山各要点均进驻日军。为此，峄、滕、铜、邳边界地区处在四面皆为日军重要点线的包围之中，成为独立坚持抗日斗争的地区。

　　国民党方面，汪精卫一派已经公开投降了敌人。1940年3月，汪精卫政权在南京就任伪国民政府主席，充当汉奸。蒋介石保存实力，消极抗战，与日军暗地信使往还，一方面加紧筹划部署反共。1939年1月，国民党召开五中全会，决定采取"溶共、防共、限共、反共"的政策，颁布了《限制异党活动办法》。在这种反共政策的指导下，于1939年秋，在全国发动了第一次反共高潮。另一方面派遣东北军将领于学忠任苏鲁战区总司令，率五十一军、五十七军两万余人进驻山东，以一个师进入鲁南山区，协同地方反共顽固势力，限制共产党军队的发展，进攻共产党军队。

鲁南山区内外毗邻各县，国民党系统之游击队甚多，1939 年秋仍有万人之众，其中多属地主反动武装，与我党为敌。国民党五十一军一部进入鲁南山区以后，形势更为复杂，开始形成敌顽共三角斗争的复杂状况。峄、滕、铜、邳地区，诸如黄僖棠、梁继璐、刘毅生、郑继蒭各部坚决反共，与共产党势不两立。1939 年 7 月，黄僖棠到阴平以北的石头楼山套，把我鲁南特委的巡视员时平同志抓去活埋了。八路军一一五师先头部队到达抱犊崮山区后，他就逃奔活动在沂蒙山区的五十一军去了。孙业洪、韩治隆两部在 1949 年上半年对共产党抱观望态度，表面还未进行反共活动。

共产党在鲁南山区的义勇总队，力量弱小，至 1939 年 8 月仍以国民党鲁南专员张里元部直辖四团的名义，在抱犊崮以东之大炉、车辋一带活动。该部三营都是枣庄人，营长刘景镇是峄县二区甘霖乡小屯村（今枣庄市薛城区张范镇小屯村）人，他与打入峄县伪警察局任二等巡官的孙继德是老相识，在 1939 年 8 月进击峄县城，与孙里应外合，歼灭日军 10 人，毙俘伪军百余，孙继德带队起义参加共产党军队。原来活动在临城、沙沟周围地区的民众抗敌自卫军，已经进入临枣路以北的邹（县）滕（县）边区配合孔昭同部活动。

1938 年 2 月，毛泽东致电朱德、彭德怀："一一五师两旅（陈光三四三旅和徐海东三四四旅）并列分数路突然渡河，转入山东境内，在津浦路东山东全境作战，并以鲁南山地为指挥根据地，发展至徐海南北。"1939 年 6 月 21 日，毛泽东又致电八路军总部："日军扫荡后，鲁南局面混乱，省府秦（秦启荣）部及东北军损失很大，我应趁此机会将第一一五师师部、第六八六团及萧华一部开赴鲁南，以巩固鲁南根据地，并应大放县长、区长，及在可能条件下下放专员，以争取政权。"

这里所说的鲁南，不仅指现在的枣庄，是指蒙山以南，陇海路以北，津浦路以东，沂、沭河以西的广大地区。

根据毛泽东的指示，我八路军一一五师于 1938 年开始挺进山东。为了避免国民党当局的干扰和阻挠，1938 年，一一五师的六八五团以护送八路军总部首长去徐州开会为由，进入湖西地区。同时萧华同志又以八路军一一五师"东进支队"的名义带领一支部队进入鲁西北地区。接着在1939年年初，一一五师代师长陈光和政委罗荣桓带领一一五师师部和六八六团也挺进山东，开辟抗日根据地。经过8000里路的"小长征"，打了400多仗，牺牲2000多人，又补充3000多人，先头部队六八六团和师特务团等直属部队先后于1939年8月、9月进入到鲁南腹地抱犊崮山区和原鲁南人民抗日义勇队第一总队（直辖四团）会师，不久第一总队归一一五师建制，编为苏鲁支队。

一一五师先头部队于9月拔除了由枣庄伸向抱犊崮山区的白山、上下石河等日伪军据点，继之打垮了一些投降派部队和文王峪等几处最反动的封建地主武装，摧毁了一些封建堡垒，巩固和扩大了以大炉为中心的基本区，出现了一些地主武装保持中立或向八路军靠拢的情况，从而分化了山区的封建势力，镇压了投降伪化活动。文王峪是枣庄西北山区通往山外平原地区之重要通道，这个军事行动，无疑对山外抗日形势的发展起着十分重要的作用。12月上旬一一五师后方司令部胡大荣司令和师政治部民运部长潘振武在朱道南同志的陪同下率领主力一部越过枣临路和运北平原，隐蔽地进至运河南岸的涧头集地区，其时坚决反共的国民党系统的梁继璐、刘毅生两部，活动在涧头集以南的旺庄地区，乘其不备，歼灭其一部，俘虏数十人。此次战斗，极大地震慑了坚决反共的顽固派，有利于共产党军队开辟运河南北地区抗日根据地。

在此同时，原来山外抗日军联合委员会的部队和活动在运河南岸的两支武装，都得到相应的发展。孙斌全部迅速发展到400人，于10月改编为14区队，下属三个中队，孙斌全为区队长，张力平为教导员，谢绍唐为副区队长。邵剑秋部也发展到400余人，有的小股游击武装也参加了邵剑秋的部队，在运河南岸的利国驿以东地区，陈荣坡组织起来的抗日武装也参加了邵剑秋的部队。为了迎接新的形势，他们组织了两起特殊形式的战斗。一起是一支精干分队约在10月上旬某日的黎明，伪装日军以巡视防务的名义，把临城日军据点东南约6里的种家庄伪乡公所武装30多人枪和汉奸乡长种化楚全部俘获。又以同样的方式，不费一枪一弹，全部俘获了距利国驿据点南约7华里的岳庄伪乡长权轩宇和他的汉奸武装近40人。邵剑秋部队得到种化楚、权轩宇贡献的大量抗日经费。

约在10月上旬，新成立的由中江华任司令的苏皖纵队，派宋学敏担任铜、滕、峄、邳四县边联办事处的副主任，以加强运河大队的领导。约在10月中旬，办事处和运河大队脱离陇海南进支队建制，划归新成立的一一五师后方司令部领导。约在12月底，胡大毅命令手枪队长沙玉坤带领6名战士，在村民吃早饭的时候化装带枪进入津浦路柳泉北日军哨所附近的新庄，他命令战士胡立家、胡孝顺到村北山头监视哨所的敌人，他带着战士蔡敦远、邱增田、李永胜混入村民之中，在靠近日本士兵时，两个人对付一个日本士兵，经过激烈的格斗，打死了那两个日本兵。

虽然1938年9月初，成立了中共峄县县委，纪华任县委书记（共产党员于化琪受命为县委书记，在洪山召集朱道南、岳大钊开会成立县委，会后于化琪调临郯费峄四县边联工作，纪华继任县委书记），做了大量的卓有成效的工作，但是由于我们力量薄弱，没能建立自己的政权机构，当时八路军的供给只能靠募捐和自筹来解决。一一五师挺进鲁南抱犊崮山区以后，特别注重抗日民主政权建设。此时峄县县委由涧头集北移至抱犊崮山区之王家湾一带，靠近一一五师师部和鲁南三地委。1939年9月，师部派出工作团，以师政治部民运部长潘振武同志为工作团长，帮助峄县开展工作。不久，峄县抗日总动委会成立，参加过广州起义的朱道南任总动委会主任。之后，县总动委会委员分别向各抗战部队、抗日团体、开明地主、士绅交换意见。经过一段时间的紧张工作，峄县抗日民主政府成立的各项准备工作已经就绪。

1939年11月20日和21日，一个在鲁南抗日斗争史上具有里程碑意义的大会——峄县人民代表大会在王家湾村召开。一一五师代师长陈光和政委罗荣桓到会。会议选举了35名政府委员，潘振武当选峄县抗日民主政府县长，朱道南为民政科长（县动委会主任兼），张捷三为财政科长，刘仲旭为教育科长，刘少彭为实业科长，房洪义为武装科长。

在县委领导下，先后建立县级工、农、青、妇各界抗日团体，先后成立峄县 6 个区（刘树一为第一区区长，朱绍良为第二区区长，姜兴岐为第三区区长，孙怡然为第四区区长，赵静波为第五区区长，孙斌全为第六区区长，各区都建立了四个到五个乡政权）和滕县第九区的党政机构。从此，峄、滕、铜、邳地区出现了抗日新局面。

峄县抗日民主政府成立不久，因日伪的骚扰破坏，被迫迁到抱犊崮西北部的南泉村。不久，鲁南第二个县级抗日民主政权——郯城县抗日民主政府又宣告成立。至 1940 年春，鲁南先后建立了 11 个县级政权，还有 38 个区、171 个乡（改造的 108 个）也相继建立了政权机构。

随着对敌斗争形势的发展，迫切需要建立鲁南地区民主政权的统一领导机构。1940 年 6 月 11 日至 13 日，鲁南人民代表大会在西七里河南面的九子峪村（今属枣庄市山亭区）召开。到会代表 400 余人，罗荣桓和鲁南区党委书记赵镈到会，罗荣桓作了《关于抗日民主政府的性质和任务》的报告。选举产生了鲁南参议会和鲁南专员公署，鲁南著名爱国人士彭畏三当选为参议长，于化琪当选为专员。鲁南专员公署的成立，标志着鲁南抗日根据地已正式建成。

二　罗政委运筹抱犊崮，朱、孙、邵、周营建运支

1939 年秋，八路军一一五师一部抵达鲁南腹地抱犊崮山区，同鲁南人民抗日义勇总队会师，开辟以抱犊崮山区为中心的抗日根据地。不久义勇总队归一一五师建制，改编为苏鲁支队。峄县县委在运河以南所掌握的孙斌全部也用了八路军的番号。11 月，峄县抗日民主政权正式成立。为了进一步扩大活动地区，增强我党控制的军事力量，时任峄县动委会主任兼民政科长的朱道南同志与县委书记纪华以及其他县委成员商量，决定把在峄县运河两岸活动的几支抗日武装，在抗日民族统一战线的旗帜下统一起来，组成共产党直接领导的抗日队伍。会议决定，这

项工作由朱道南去做。

1938 年，大约在义勇总队成立的前后，峄南运河一带一些有志之士基于抗日救国的热情也纷纷组建了抗日武装，他们主要是：孙伯龙在家乡小李庄组织的抗日队伍；邵剑秋、邵子真在周营发展的抗日队伍；胡大勋、胡大毅兄弟在铜滕边区组建的运河大队和铜山独立营；孙斌全在涧头集组建的六区抗日队伍。

七七事变后，孙伯龙在家乡组织抗日武装。国民党任命他为军事委员会别动总队华北游击队第五十支队参谋长，但支队长黄僖棠消极抗日，积极反共，孙伯龙毅然脱离黄僖棠，带领自己的队伍回到家乡周营一带。1938 年 6 月，在朱道南的努力下，孙伯龙与邻近活动的自发抗日武装邵剑秋部一同参加了抗日军四部联合委员会，孙伯龙任副主任。他们伏击日伪，破坏铁路，发展抗日力量。1939 年 6 月，孙伯龙与邵剑秋相约，到八路军抱犊崮根据地去找朱道南，商量如何在峄县运河南北开展抗日游击战的问题，由此认识了苏鲁支队队长张光中，并由张光中引荐，由国民党鲁南专员兼保安司令张里元委任孙伯龙为特务旅旅长。1938 年 7 月 14 日，孙伯龙在曹家埠设伏，由邵剑秋部配合，一举歼灭日军四支郎君小分队 22 人。

邵剑秋（1910—1991 年），1910 年出生于山东省峄县四区（现属薛城区周营镇）弯槐树村一个拥有一千余亩地的地主家庭。1931 年小学毕业后考入济南育英中学，时值九一八事变，蒋介石不抵抗，邵剑秋参加了济南学生南下示威团，到南京示威游行，被军警押送回济南。1933 年，在张家口参加了爱国将领吉鸿昌等领导的抗日同盟军，被蒋介石镇压后返回家乡。1937 年 12 月，日军南下，济南告急，山东处于战争状态。邵剑秋立即从外地返回家乡组织抗日武装，很快发展到 300多人（枪），被国民党委任为第五战区特种工作团第三总团第五大队大队长，下设三个中队。1938 年 3 月，台儿庄大战前夕，亲自到第五战区第二集团军第一一〇师张轸部联系配合作战事宜，并派华新乙等帮助该师到运河以北地区进行侦察。台儿庄会战期间，他多次亲自率部袭扰侧击日军。6 月上旬，他亲率精干队员 50 人在西杨庄设伏，一举歼灭日军一个小队。6 月中旬，参加了"山外抗日军联合会"。不久，应其要求，朱道南派共产党员文立正到邵部任政治教官，并在白楼开办了抗日青年骨干训练班。8 月，邵剑秋、邵子真等亲率一大队一部在津浦路韩庄站以北、临城站以南袭击日军货车，缴获大批军用物资和布匹。1939 年 4 月，队伍发展到 400 多人（枪）。5 月，邵剑秋率部在周营一带讨伐了自称汪精卫委任的汉奸司令高安贵，并将其当场击毙，俘获 30 余人（枪）。6 月，邵剑秋和孙伯龙相约先后访问了中共鲁南特委，意在解决部队的归属问题。鉴于当时鲁南地区尚未能公开以八路军的名义组建发展队伍，故经特委研究决定，由张光中出面，从国民党鲁南专员张里元那里，分别给邵、孙领了直属七团、特务二旅的名义，委任邵为七团团长，孙为二旅旅长。7 月，邵剑秋配合孙伯龙在曹家埠设伏，一举歼灭四支郎君带领的日军小分队。之后，邵剑秋又率部在韩洼、叉河子等地击溃日军的蚕食进攻。9 月，邵剑秋根据八路军一一五师东进鲁南出现的抗战新局面，及时召开了"潘楼会议"，决定尽快与一一五师取得联系，争取支援。多打胜仗，使部队早日正式归属八路军一一五师序列。10 月，邵率部在津浦路沙沟车站以南、韩庄车站以北的杏树园一带截击日军军用火车，击毙日军近百人，缴获大宗军用物资和枪支弹药，其中一部分送给一一五师，一部分装备了自己。其后，又先后化装成日军进入临城附近的种庄和利国驿附近的岳庄，生擒了两支汉奸队，武器全被缴获。

胡大勋（1898—1964 年），字力员，1898 年生于徐州市铜山县柳泉镇西堡村一个地主家庭，家有土地百亩。幼年入私塾读书，后来进铜山县第一高等小学，1916 年考入南大附中，1919 年弃学从军，两年后改考苏州农业学校。1924 年农校毕业后，赴河南第十四师任职。至1928 年先后任军械长、军械库主任、财政处庶务长、营长等职。1929—1932 年，在郑州征收局任科长、局长，1932 年在郑州的二十师当参议。1933 年卸职还乡。七七事变后，积极参加募捐慰劳前线将士等抗日活动。1938 年，第五战区游击总指挥部总指挥李明扬给胡大勋以游击总指挥部特务总长的名义，要他组织地方农民守土抗战。1938

年 5 月 19 日徐州沦陷后，胡大勋在其胞弟胡大毅和陈诚一、张启曙等共产党员的协助下，组织抗日武装，很短时间就有 200 余人，活动于贾（汪）柳（泉）铁路两侧。此时，同乡的国民党人韩治隆也拉起抗日武装，胡大勋与其合并，取名为苏鲁边抗日游击队，韩治隆、胡大勋分任正副司令。铜山县九区的抗日游击队司令高守云，携带人枪 200 多、重机枪二挺、八二迫击炮一门，投奔胡大勋。地方上许多小武装也不断来归。数月之间，苏鲁边抗日游击队发展到千余人。他们先后破袭茅村到利国驿段的铁路，遏制了地区的伪化。1938 年秋，为了解决棉衣，部队移驻睢宁县城。国民党徐州副专员兼江苏常备旅旅长董铎，将其改编为常备旅第七团，委任韩治隆、胡大勋为正副团长。不久，徐州日军大举东犯，七团首战睢宁，并战宿迁。董铎着七团南下两淮，胡大勋、陈诚一、胡大毅拒绝南下，要求返回家乡抗日。12 月，董铎被迫带常备旅移驻邳县炮车，胡大勋带七团住官湖。此时陈诚一已和八路军陇海南进支队取得联系，经和胡大毅等党员研究，决定带部队参加八路军，胡大勋决然赞成。1938 年残冬，徐州日军打通陇海路，董铎命令部队南下，归附国民党江苏省主席韩德勤，胡大勋拒绝执行，董铎只好南下，韩治隆随董而去。1939 年 1 月，八路军陇海南进支队挺进苏北，胡大勋率部参加陇海南进支队，部队改编为第三团。4 月，韩治隆从两淮回师，陇海南进支队司令钟辉同意他带原来的部队回铜山。胡大勋与韩治隆分手，率 200 人参加陇海南进支队，并被委任为支队参议。此时，铜山北乡爱国人士请求派胡大勋回乡领导家乡人民抗日，陇海南进支队遂任命胡大勋为铜、滕、峄、邳四县边联办事处主任。胡大勋、陈诚一、胡大毅等 12 人回来时，带了 200 个八路军的臂章，一个木刻的办事处关防，还有一部分经费。贾汪西侧林子村共产党员王洪州组织武装 20 余人，柳泉西侧周山头村共产党支部书记周云锦及贾汪东侧小李庄村陈启和、前柿庄村孙式金等爱国人士各动员筹集部分枪支组织部分人员参加办事处。胡大勋把这些队伍组成一个警卫连，王洪州任连长，孙式金、王洪酬任排长。接着继续扩大队伍，建立运河大队，胡大毅任大队长，陈诚一任政委。5 月 31 日，胡大毅率警卫连一枪未发，拿下了铜山县柳泉伪区公所，活捉了铜山县第一个被任命的伪区长马敬典及其儿子，伪区队40余人全被俘获。之后，胡大毅亲自访问徐州近郊贺村的佟震伍。佟带着溜河大队140余人参加办事处，命名为铜山独立营，佟震伍担任营长，佟昌勤任副营长。改编后，一部随胡大毅在贾汪一带山区活动，另一部由佟昌勤带领在徐州近郊贺村一带，与王建平部配合活动。7月上旬，大庙车站两个日军到侯集赶集，分队长佟瑞昌与王建平大队的一个分队长王世举带领3名战士，身着便衣，混入赶集的人群，打死了这两名日军，缴获大盖枪两支。7月，周云锦、张殿桂带领乡队武装30余人参加办事处，被命名为敌区小分队。陈启和、阎广付组织60多人的队伍参加办事处，被命名为新编大队。8月敌区小分队夜袭茅村日伪乡公所，活捉了伪乡公所乡长周光前和日军翻译金波，金波被就地枪决。9月下旬，警卫连在崔家朱园被日军包围，连长王洪州、排长王洪酬英勇牺牲，伤亡战士15人。为了适应在敌区隐蔽活动的需要，办事处集中14支短枪，成立手枪队，沙玉坤任队长。这样，短短几个月的时间，办事处以200个臂章起家，建立了1个独立营和辖有3个中队、1个手枪队约有300人的运河大队。约在10月上旬，新成立的江华任司令的苏皖纵队，派宋学敏担任铜、滕、峄、邳四县边联办事处的副主任，以加强运河大队的领导。约在10月中旬，办事处和运河大队脱离陇海南进支队建制，划归新成立的——五师后方司令部领导。

孙斌全（1901—1995年），又名孙承才，字斌全，1901年10月16日出生于山东峄县道庄村（今属台儿庄区马兰屯镇）。祖父去世后，祖母带其父亲孙葆清和伯父逃荒到运南郝楼村（今属台儿庄区涧头集镇）落户。7岁进私塾，11岁时，父亲孙葆清去世，20岁时，嫡母宋氏去世，他只好辍学。1927年冬，孙斌全被国民党县政府委任为联庄会排长。1933年，孙斌全在本村和孙庄当小学教员，结识了任职于峄县教育局的共产党员朱道南，后来朱成为他参加革命的指路人。1934年，孙斌全被选为峄县第六区万仓乡乡长。1935年9月撤区并乡，孙斌全任影山乡副乡长。1936年9月通过考试，当上了花山乡乡长。1938年农历五月初十，日机轰炸涧头集，孙斌全的两处产业和家园都变成了焦土。1938 年 5 月，台儿庄会战后，中央军南撤，峄南地区沦为敌后，孙斌全派其弟孙承惠到台儿庄郊区买到轻机枪 1 挺，把埋在北许阳的 20 多支步枪（他从中央军逃散的士兵手里收拢的）起了出来，加上乡农学校交给的 6 支短枪，组织起了 20 余人的武装。1938 年 8 月，日军进驻台儿庄，涧头集地区伪化，大恶霸龙传道到处活动，企图当六区伪区长。村长褚子宽等人为了制止龙的阴谋，商请孙斌全出面应付敌人，通过民选方式，让孙当了伪峄县第六区的区长。当了伪区长后，他极其苦恼。11 月上旬，孙斌全正准备杀敌反正，恰逢国民党五一军渡运河以北上，日军也随后撤走，计划落了空。1938 年 11 月，中共峄县县委书记纪华到峄南地区开展工作，通过朱道南的介绍，会见孙斌全，两人经过一整夜的交谈，他当即表示坚决跟着共产党抗日，并把自己的全部人枪交给共产党。同时纪华介绍他加入了中国共产党，被任命为苏鲁边区抗敌自卫总团特务营营长。特务营成为中共峄县县委掌握的第一支武装，峄县县委机关就在涧头集地区公开开展革命活动。为尽快发展武装，1939 年 2 月在郝楼小学开办了抗日训练班，并从中发展了一批党员。4 月，又从多方面吸收干部。到 5 月底，六区的武装发展到 60 多人。

1939 年 6 月 23 日，反动组织红枪会 200 多名会徒在会首王亚平的带领下，欲到运河北岸的抗埠一带发展会徒。次日晨，孙斌全奉命率领 60 多人，直奔万年闸口，前去堵截。战斗在刘庄打响。独立营苦战大约 10 个小时，近下午 4 时，大雨倾盆，红枪会会徒撤退了。孙斌全身负重伤，区公所秘书兼独立营政治教导员张喻鼎不幸被俘并被活活打死。王亚平于 26 日早 7 时半，又率会匪约 2000 人攻打中共峄县县委驻地涧头集。在兄弟部队的配合下，战斗在涧头集西南方向打响。侯孟的红枪会头子刘某被击毙，其余的人便一哄而散。后经过做工作，红枪会土崩瓦解。7 月，黄邱套的红枪会大队长人称黄邱套套主的谢绍唐带着 30 多人枪，自动参加了中共峄县县委领导的抗日武装。从此，黄邱山套为共产党军队所控制，成为中共峄县县委领导峄、滕、铜、邳地区军民进行抗日斗争的核心地带。1939年10月，孙斌全带着已有3个中队和1个警卫连的400多人的抗日武装到了抱犊崮山区大炉一带，11月被改编为一一五师第十四区队，孙斌全任区队长，张震、傅秀亭等4位同志被委派到该区队协助指挥，张震为参谋长。

朱道南接受在运河两岸统一组建共产党直接领导的抗日队伍的任务后，于10月由鲁南山区县委驻地王家湾连夜返回老家北于村。到家后，立即派人去请在家养病的梁巾侠。梁巾侠是峄县张林村人，自幼受民主思想的影响，追求进步，抗日战争前曾在孙伯龙创办的文庙小学任教员。七七事变后通过朱的介绍参加了革命，她先在义勇总队任宣传员，后调山东分局服务团。1939年夏，她身患重病，又遇日军扫荡，组织上安排她回家养病。在梁巾侠心目中，朱不仅是她敬重的长辈，也是她革命的引路人。闻讯后她立即拖着久病初愈的虚弱身体赶往北于。二十来里地，足足走了半天，时近中午才来到。朱询问了她的身体状况，接着问："你下一步打算怎么办？"梁说："我是因为沂蒙莲花山扫荡，自己患了伤寒病，组织上安排我回家疗养。病好了，当然还是回到分局战地服务团去。"朱说："考虑到你在抗战前曾和孙伯龙一起教过学，领导派你到孙部做好孙部参加八路军的疏通工作。"梁巾侠接受任务后，下午便赶往孙伯龙驻地。送走梁巾侠，朱又立即派人请来在邵剑秋部做政治工作的共产党员文立正。向文立正传达了地委和县委的工作意见，文愉快地接受了任务返回。任务布置完毕，朱便返回山区，向领导汇报。

其实，孙伯龙对参加八路军渴望已久。梁巾侠到周营见到孙伯龙，便把山区抗日形势的巨大变化告诉孙伯龙，孙听了十分高兴。梁巾侠趁机说："十九团已经改编为一一五师苏鲁支队，你打算怎么办？"孙伯龙沉思片刻，果断地说："我在国民党内混了十几年，看透了他们的腐败。要抗日只有参加八路军才是正道。""当初，我和剑秋受张里元的委任，是鲁南特委介绍的，我们同张素不相识，他未必相信我们。"他表示与好友邵剑秋联系一下，共同参加八路军。

文立正从北于返回部队驻地潘楼，与邵剑秋进行了彻夜长谈，商量加入八路军。第二天，邵剑秋召集了中层干部会议。他说："现在一一五师到达抱犊崮山区，义勇队已归一一五师建制。八路军抗日坚决有目共睹，朱道南动员我们参加八路军，我考虑只有参加八路军才是正确的选择。"邵讲到这里，会场气氛顿时活跃起来，众人议论纷纷，绝大多数都表示愿意参加八路军，唯有二中队队长褚思珍沉默不语。会后，文立正、梁巾侠又做了他的思想工作，他的思想逐步开朗。

此时，张里元非常敏感，他看到鲁南形势的变化，便迫不及待地给孙、邵发来了信："当今天下大势，不归于扬，则归于墨。何去何从，请君自择。"孙、邵商议，跟定共产党。于是孙伯龙、邵剑秋立即给朱写信，表示同意参加八路军。

朱道南接到孙、邵的信后，十分高兴，决定尽快向一一五师首长和地委汇报。当时罗荣桓政委和地委机关都住在大炉万春圃的大院里，距峄县县委机关驻地王家湾约40华里。朱匆匆上路去大炉，向罗政委汇报情况。朱说："自一一五师到来后，壮大我军的声威，在山外的几支武装经纪华、文立正、胡大毅等同志的政治工作，团结抗日的立场更加坚定。他们要求参加八路军，接受共产党的领导。"说着便把孙伯龙、邵剑秋的信送给罗荣桓看。罗政委看完信后，首先肯定了峄县县委在很短的时间内工作卓有成效。接着他说："运河地区临近徐州，西傍津浦铁路，南接陇海铁路，历来为兵家必争之地。我军如果能在这一地区树起八路军的旗帜，巩固和发展起来，这将有利于华北、华中以至延安的交通联络，意义十分重大。但是，日军和国民党也十分重视这一地区，宋太祖赵匡胤说过：'卧榻之侧，岂容他人鼾睡。'一旦我军在此发展起来，这里必定是日、顽、我激烈斗争的地区，这支队伍就一定要顶得住，要敢于在日军头上跳舞。我同意你的意见，把活动在运河地区的几支地方武装统一起来，只有这样才能形成一个有力的拳头。"接着他又详细询问了各支部队的人数和部队的成分。他又说："不要怕部队成分复杂，关键是要有好的领导，有了好的领导可以改造部队嘛！战斗力差，几仗下来，战斗力就提高了。部队组织起来，不要限于峄县一地，要机动灵活，要把活动范围拉开扩大些。除了要建立根据地外，还要坚持机动灵活的战略战术。"朱道南又问道："政委，你看部队用什么番号好呢？"罗政委笑了："部队靠近运河地区就叫运河支队为好。领导人选问题，你们要拿出个方案来。"午饭后，朱又到了后方司令部和地委向胡大荣、宋子成同志做了汇报。地委领导根据罗荣桓的指示，决定再派朱去运河地区。

11月，朱道南带着几名通讯员便装简服疾步南行，分别走访了孙伯龙、邵剑秋一一征询意见。约半个月的时间，朱道南顺利完成任务。

1939年12月下旬的一天，朱道南再次来到大炉万春圃家大院，向罗政委汇报了县委关于统一组建部队的方案。师首长研究，颁发了组建运河支队的命令。任命孙伯龙为支队长，朱道南为政治委员，邵剑秋为副支队长，胡大勋为参谋长，文立正为政治处主任。师政治部派红军干部王福堂、钟联祥、王广汉、杨荣、周振东和抗大学生郑林昌、傅秀亭等10人到运河支队工作。

第二天，朱道南又被罗政委叫过去，接过运河支队的关防印信和干部委任状，连夜直奔周营镇。

来到周营镇，朱道南立即召开了孙、邵两部的全体干部会议，传达了罗荣桓政委的指示，宣布八路军一一五师运河支队成立。接着宣读了支队领导成员的任命书。会上，又公布了第一大队领导的任命：大队长邵子真，政治委员王福堂，副大队长王默卿，全大队约500人。梁巾侠赶忙草拟运河支队成立的文告，安排一大队大队长邵子真书写。1940年1月1日将文告分别贴在周营和阴平镇醒目的墙壁上。自此，一一五师运河支队这面红旗就展现在抱犊崮山外运河两岸的大地上。从此运河支队活动在峄、滕、铜、邳地区，一幕又一幕的抗日壮举，便在这里上演。

活动在运河南岸的十四区队和运河大队合并为运河支队第二大队，6月正式宣布领导任命：大队长孙斌全，政治委员宋学敏，副大队长胡大毅，大队参谋长王福堂（一大队政委职务后由张洪仪继任），政治处主任钟联祥，副主任陈诚一。迟至数月才正式公布二大队领导干部的任命是因为领导准备把第一大队升级编入苏鲁支队，留二大队坚持斗争，后未实行。因之二大队也设参谋处和政治处，全大队约 600 人。

1940 年 4 月中旬，属于张里元系统活动在涧头集以东地区拥有近300 人的大队长龙希贞（龙口大恶霸地主龙传道之子），主动和运河支队领导接洽，提出参加八路军。支队领导遂于毛楼召开大会，宣布龙希贞为运河支队第三大队大队长的任命。由于龙希贞参加八路没有征得其父的同意，其父认为八路军绝无出路，故在一个月后，龙希贞拉着队伍投奔国民党峄县县长陈鉴海，当上了国民党峄县抗敌自卫总团团长。

运河支队成立后，日军和国民党顽固势力得知孙伯龙参加了八路军，便恨之入骨。日军曾多次搜捕孙伯龙全家，并纵火烧毁孙家所有房舍，他刚出生三天的女儿险葬火海。国民党峄县当局，开除了他的国民党党籍。他得知爱女身患重病之际，也只是夜间回家看了一眼，即在妻子面前发出"覆巢之下，安有完卵"的感叹之后，便急促返回营地。

三　日伪军偷袭小山子，三中队血战杜庄村

八路军来到鲁南以后蓬勃发展，日军非常不安。1940 年元旦刚过，日军便从徐州、临沂、兖州等地调集重兵，准备对我鲁南抗日根据地进行大扫荡。为了减轻鲁南山区我抗日根据地的压力，运河支队刚刚成立，一大队就奉命由运河以北进军到运河以南，配合二大队，对敌人进行袭扰活动，以牵制敌人对抱犊崮山区的扫荡。1 月 5 日夜，部队隐蔽地进驻涧头集，一大队三中队就住在杜庄。

1 月 5 日夜，日军纠集 300 余日军和 200 余伪军，由贾汪据点悄悄出动，企图在小山子围歼运河支队二大队却扑了个空，就于第三天拂晓扑向杜庄。

杜庄位于涧头集西北约三里路，一条大道与涧头集相通。杜庄村南有条小河，河坝上长满了槐树。村中有一座地主大院，院主姓杨，当地老乡都叫它杨家圩子。中队部和一排住在圩子内，三排住在圩子外，二排住村西紧邻的小王庄。

7 日早晨，薄雾弥漫，三中队正开饭，大家边吃饭边说笑，突然，村南传来"叭叭"两声枪响，中队长丁瑞庭大喊一声："有情况！"战士们紧张地立即做好战斗准备。丁队长望着从村外跑来的士兵，赶紧问："怎么回事？""有敌人从大道奔这边来了，我怕报告不及，就开枪报警。"

丁队长蹲在村外一棵大槐树下，透过晨雾看去，只见遍野都是敌人。一个日本军官骑着马，指手画脚地正指挥着向村庄前进。丁瑞庭教过几年书，颇有战斗经验。他想：这不是遭遇，是敌人探明了目标而来的。连日来，运河支队的游击活动，打乱了敌人进山清剿的计划。贾汪的日本指挥官接连派出便衣特务四处侦探。这次偷袭是有目标的。转移已经来不及了，丁队长决定坚守杜庄，伺机突围。他立即命令一、三两个排迅速来到村南，隐蔽地占领河坝有利地形，做好战斗准备。由于这是运河支队成立后的第一次正面战斗，有不少新兵，面对大队日本兵有些胆怯，在敌人尖兵距离阵地前沿刚到步枪有效射程之际就开了火，而敌人是一字长蛇阵行进，故此只有几个人伤亡。

一阵混乱过后，敌人开始组织正面进攻，并有一队日军向三排阵地左侧迂回。丁队长见两面受敌，果断命令部队撤进村里，并派通讯员李继德通知小王庄的二排火速赶来参加战斗。

太阳渐高，雾在消散，一排战士扼守在村南民房里，正忙着擦武器、备子弹、找位置。日军在大坝上一字摆开六挺机枪，在猛烈的射击掩护下，日军发起了猛攻。一次、两次都被打退。日军疯狂地发射燃烧弹。顿时浓烟滚滚，烈火熊熊，村南一片火海。李明生、单立璞等人的衣服也烧着了。他们冒着浓烟烈火的熏烤，顽强坚持战斗。一个没能离家的妇女抱起孩子冲出屋外，拉开院门，快步跑出。战士肖振海一把没拉住，她只跑几步，便被日军的机枪射中，倒在血泊中。

战士们看在眼里，怒火中烧，愈战愈勇。李明生老练沉着，弹无虚发。突然一排子弹横飞过来，两个战士牺牲了，李明生也负了伤。一股日军趁运河支队火力减弱之际，从东南冲进村来。肖振海等人跃出院子，与进村的日军拼起了刺刀。王华堂一边高喊："快压住后面的鬼子!"一边猛烈射击。李明生忍住伤痛,瞄准一个手拿指挥刀的小队长,射出一颗子弹,那个小队长应声而倒。冲进村的十几个日军被战士们一阵拼杀,死的死,伤的伤,剩下几个连滚带爬往回跑。单立坡红了眼,抓起两颗手榴弹猛投过去,两个日军倒下。

战斗出现了短暂的停顿。丁队长巡视周围,一排长殷延铸、班长李明生等几位同志牺牲了。他强忍住悲痛,不时扭头向小王庄方向看去。三排长邵泽生也着急地问:"二排怎么没动静?"正在这时,通讯员李继德气喘吁吁地跑过来,他左臂扎着毛巾,上面浸透了血迹。丁队长一愣,连忙迎上去扶他。通讯员报告:"村东北有敌人,回来时敌人向我射击。""二排呢?""二排撤了。"丁队长没吱声,他冷静地深思了一下,随即命令部队撤进杨家圩子。

圩子是长方形,中间一道墙把它隔成南北两院。南院是青砖瓦房,住着地主全家。北院是长工房和牲畜房。四周围墙有一人多高。大门朝东,圩子四角、大门北侧和南院各有一座砖石合砌的两层炮楼。战士们把大门关死,搬来三根粗实圆木顶住。丁队长命令一排守南院,三排守北院。两个排刚布置好,敌人又进攻了。日军利用被烧毁的房屋作掩护,慢慢向圩子靠近,被运河支队居高临下的火力死死封住。敌人感到炮楼威胁很大,便集中所有火炮、掷弹筒,先对东南、东北、大门北侧三个炮楼狂轰。围墙内外烟火升腾,弹片纷飞。二尺多厚的楼墙松动,砖石直落。东南角炮楼塌了,接着其他两座炮楼也相继倒塌,三排有五六个战士被埋在瓦砾里,敌人又将火力转向另三个炮楼。丁队长一面指挥战斗,一面命令战士撤出炮楼,迅速抢救被埋的伤员。老乡们见此情景,也不顾一切地跑出来,扒砖掀石,抢背伤员。

六个炮楼全塌了,围墙也被炸倒了好几个地方,敌人放着胆子冲进来。突然围墙里伸出了一支支乌黑的枪筒,喷出一条条火舌,前面的一排日军倒下了。敌人集中火力对付机枪手单立璞。他不断变换位置,瞅准了就是一梭子。他不仅掩护了自己,还把敌人打懵了,不知道院子里有多少机枪。

弹药不多了,队长命令把子弹集中给枪法好的战士,其他战士用砖石打击敌人。圩子里火力越来越弱。几个伪军喊叫起来："八路没子弹了！"王华堂闻言心生一计，低声命令："不要打枪，用砖打，等鬼子靠近了，再打排枪！"狡猾的敌人听不到枪声，怕上当受骗，便利用地形慢慢逼近。见战士们扔出一阵阵砖头石块，才放了心，便大着胆子一窝蜂卷了过来。哪知离圩子只有20米时，王华堂大喝一声"打！"单立璞端起机枪横扫过去，接着又是一排手榴弹。霎时，日军炸了锅，一片号叫。

子弹越来越少，手榴弹也没有了。战士们上好刺刀，准备与敌人拼。在这万分危急的时刻，忽然七八个老乡拉着几个大箱子过来。王华堂用刺刀撬开箱盖一看，"子弹！"他惊喜地喊起来。箱子里装满黄澄澄的子弹，用布一层层排放得好好的。单立璞、肖振海撬开另外几个箱子，里面装满了子弹、手榴弹，其中一箱还有八支汉阳造枪。

丁队长拉着老乡们手连连说："这是哪来的？""中央军在台儿庄会战时我们拾回来的，这院的杨家都收了去，埋在地窖里，听说咱们队伍子弹不足，我们才想起来，院主人杨德本也乐意献出来。今天可派上用场了！"敌人的一次次进攻被打退了，南围墙大部分塌倒了，一排又撤到北院坚守中墙。

正晌午了，敌人好一阵没有动静。大伙正猜测敌人又要什么花样，忽然院子里落下几发炮弹，一股股浓烟弥漫了院子，呛得人们直打喷嚏，流眼泪。丁队长忙喊："毒气弹！快把毛巾浸湿捂住鼻子！"大家纷纷拿出毛巾，没有毛巾的就撕下衣片。可是水缸都震裂了，一时找不到水。正在慌乱间，一个老乡喊："这里有水！"大家朝他奔过去，见牲口房前有一个小水坑，里面有点积水，浑浊腥臭。可谁也顾不得了，赶忙用毛巾沾湿捂住鼻嘴。

敌人接着打了三次毒气弹，发起三次冲锋，又都一一被击退。王华堂觉得守中墙不能有效地发挥火力，便从全排中挑选了5个战士组成一个组，等敌人靠近了，王华堂把手一挥，5个人猛虎一般跃出北院，向南围墙扑去。单立璞端着机枪瞄准前几个日军就是一梭子，另外几个战士各扔出几个手榴弹，趁着烟雾转身撤回。

一直打到黄昏，三中队依然坚守阵地。这时，二中队在大队指挥下，对三中队进行策应。敌人无可奈何，只好赶着抢来的十多辆牛车，拖着几十个尸体和重伤兵撤回贾汪。当敌人行至杜安山口时，遭到一中队的伏击。

运河支队三中队首战杜庄，固守村落，以牺牲6人的代价，取得了辉煌的胜利。孙伯龙认真总结了此次村落守备战的经验，主要是：（1）善于躲炮，减少伤亡。（2）沉着应战，放近敌人，节省子弹。（3）依靠群众，配合作战。（4）机动灵活，可以少胜多。为了鼓舞战士们的士气，运河支队宣传股长梁巾侠还编写了一段歌颂杜庄战斗的鼓词，唱遍运河南北。

但是，杜庄战斗的教训也是十分深刻的，主要是：（1）缺少打大仗、打硬仗的经验。一开始，部队面对大队日兵有些胆怯，在敌人尖兵部队距离阵地前沿将到步枪有效射程之际就开了火。因为敌人是一字长蛇阵向杜庄前进，故此仅有几个人伤亡。敌人在一阵慌乱之后，就立即组织正面进攻。（2）组织纪律不强。战斗打响之后，二排就私自撤走了，致使一排、三排孤军奋战，缺少策应。（3）协同作战不够。三中队苦战一天，在战斗最惨烈之时，距三中队仅几里之遥的支队和大队都没有积极有效地组织救援。

四 王云溪缴械泉源村，胡大勋奇袭常埠桥

泉源村南靠黄邱山套的北山，村子周围虽没有围墙，但独立炮楼很多。国民党党员王云溪依靠百多人枪，占据了这个村庄，当上了梁继璐的大队长。运河支队建立之后，仍然分散活动在运河南北地区。原来活动在运河北岸的一大队，不时到南岸地区活动。王云溪不准八路军进驻泉源村，成为运河支队杜安集和涧头集联系的障碍。1940年4月上旬，经过研究，孙伯龙决定让一大队巧取泉源村。

王云溪的大队，虽说是部队，其实都是看家护院的人。这百多人

枪，除王云溪带着几个人住在他的院子之外，其余晚间都分散住在自己家里。一大队利用雨天，在天亮之前进入村庄，以两三人为一组，守候在有枪户的大门旁，天亮一开门，我们的战士就进入室内、炮楼或房间。就这样，除了王云溪外，百多枪支都被轻易缴获了。梁继璐的王云溪大队垮了，运河支队杜安集和涧头集之间的障碍被拔除了。

1940 年春夏之间，日军集中兵力不时扫荡抱犊崮山区，以摆脱八路军主力对津浦路的威胁。此时，运河支队在运河南北的活动还没引起日军的重视，只是偶尔单路出动，人数一般都是三百人以内，再加上为数不多的伪军，当天出发，当天返回据点。运河支队也都尽量避免与其正面接触死打硬拼。因此，运河南北游击区，暂时还处在相对安定的状态。时至 4 月中旬，日军集中其 32 师团、21 师团、第 6 旅团、第 10 旅团各一部近万人，趁青纱帐未起之际，分 10 路合围扫荡抱犊崮山区。在扫荡抱犊崮根据地中心区的同时，对运河北岸地区也进行了扫荡。敌人的这次扫荡部署周密，在山区采取各路密切配合，互相策应，建立临时据点，步步为营，并预设很多埋伏，防止八路军突围。扫荡中心区前，敌人首先在八路军边沿区扫荡一周，继之分区组织小范围的合击，然后组织大的合击。

1940 年 5 月 4 日，峄县、枣庄、临城等据点之敌，出动 3000 余人，骑兵数百，兵分 5 路，围攻活动在运河北岸褚楼、邵楼一带的峄县支队。峄县支队血战 1 天，毙敌 200 余人，自己也伤亡近 150 人，尔后突围。大队长孙怡然在战斗中负伤，二大队参谋长孙伯英英勇殉国。其时，运河支队一大队驻在运河南岸的平山子一带，孙伯龙等支队领导根据往日日军扫荡的规律，估计韩庄据点出动的敌人在黄昏之前，定会撤回韩庄，遂决定让一大队大队长邵子真指挥一、三两个中队隐蔽地北渡运河，黄昏前到达由阴平集到韩庄必经之路的常埠桥，埋伏在村内外的树林内。不多时，日军先头部队一字长蛇向常埠桥走来，日军副联队长广田中佐骑着高头大马。伏击部队向敌人开火，敌人顿时行军队列大乱，在黑暗中东跑西窜，互相践踏。约 5 分钟后，鬼子施放照明弹，企图集结部队反扑。广田中佐被打死，日军失去指挥，乱发枪炮，自己打自己，闹了一夜，直到第二天天亮，才收拢起部队，伏击部队则早已向运河南岸转移了。此次伏击战斗，运河支队没有任何伤亡，仅消耗少量弹药，击毙日军100余人，创造了一个经典的战例。

这次战斗的主要经验是：

（1）指挥员善于总结敌人外出扫荡出入据点的规律，熟悉敌人行军路线。

（2）指挥员善于准确捕捉战机，决策英明果断。

（3）部队行动迅速，隐蔽、灵活，并能在战斗打响，使敌人晕头转向、不辨敌我、自己打起自己的时候及时撤出战斗。

（4）人心向背。运河支队大白天北渡运河，行军布阵，却没有暴露目标，这说明人民心向共产党八路军，没有人给日伪通风报信。

（5）日军在成功围击峄县支队之后思想麻痹，毫无战斗准备，在黑暗中遇到突然袭击，指挥员又被打死，失去指挥，造成混乱，以致自己打自己，招致重大伤亡。

五　日本人周庄建碉堡，
一中队化装打塘湖①

津浦铁路上有一个小小的车站叫塘湖。塘湖原来没有车站，只是孟家庄以南、杏树园以北的一片荒坡湖洼。芦苇丛生，茅草遍地，津浦路横穿其间。它北距沙沟车站十三四里，南到韩庄车站十六七里。徐州至临城的铁路线，沙沟和韩庄两个车站间的距离最大，日军不便于防护，运河支队经常出没在这一带，扒铁路，炸火车，日军日夜不宁，便在塘

---

① 见中共枣庄市委党史资料征集办公室《运河支队抗日史略》，童邱龙主编，山东新闻出版局发行，山东新华印刷厂临沂厂印刷，1988年版；中共枣庄市委党史办公室、枣庄市出版办公室编《鲁南峰影·运河支队专辑》，山东文艺出版社1990年版，政协薛城区委员会文史委员会编《薛城文史第四辑》1991年12月印刷；胡大贵主编《运河支队抗日纪念馆布展文本》。

湖的东南周庄设了据点。然而，据点设了不久，就被运河支队攻破了。这次战斗，习惯上叫打塘湖。

1940 年 5 月中旬的一天，运河支队活动在韩庄据点。敌人内部的情报员刘秉吉匆匆赶到支队驻地，向支队首长报告了一个重要情报：敌人要在塘湖附近建据点了。支队领导专门召开了会议，认真听取了刘秉吉的详细汇报，分析敌情，研究对策。

设据点建碉堡，是张来余的主意。张来余是韩庄的伪区长，头天下午，张来余被鬼子队长高桥叫到了临城，上次一列日本军车在塘湖翻倒以后，高桥受到徐州日本司令官板本的训斥。后来又被高桥叫到临城，对他拳打脚踢，还拿出指挥刀顶着他的胸膛，要他"死啦死啦"的。这次鬼子又在塘湖翻了车，他知道高桥又要拿他出气。高桥绷着脸，等他走近了，叫道："你的说，在你的地面，铁路常常被扒，这是为什么？"张来余说："太君，土八路屡次在塘湖捣乱，他们是钻了皇军的空子……韩庄、沙沟这两个车站相距太远，塘湖离它们都有十多里地，皇军的巡逻队在这里会哨，间隔时间太长，巡道的铁甲车也是巡不过来，所以土八路老是钻咱们的空子。想要确保这段铁路的畅通，就只有在塘湖设个据点……"张来余受了高桥之命，连夜返回韩庄，召集各乡乡长开会，下了死命令，要在三天之内把设在周庄据点的炮楼修好。

汉奸张来余下了三天修好炮楼的命令，并派他兄弟四鼬子带着各乡乡长亲自监工。狗腿子们拿着皮靴、马棒逼着从附近各村招来的老百姓，不分昼夜干活。杏树园村的李老汉，干了整整一天，累得头昏眼花，扛着一根木头，不留神一脚绊倒，还没等爬起身来，皮鞭就抽了下来。老人家只说了句"老天爷，这年月叫俺老百姓怎么活呀！"就惹下了杀身之祸，以"私通八路，煽动闹事"为名，被吊在树上，被皮鞭活活打死，还被"晾尸示众"。直到据点完工，李老汉家花钱请了客，才让把已经腐烂的尸体放下来，草草掩埋。

据点修好以后，日军进驻了一个分队 12 人，分队长叫西村，人称"大狗熊"。日军无恶不作，强迫铁路两边 5 里路以内的村子每天夜里出人，为他们看路。平时，经常到村子里以清查户口为名，挨家挨户翻箱倒柜，看中什么拿什么。最可恨的是在村子里到处找"花姑娘"。当地老百姓恨透了他们，有几个村的村长跑到支队，要求八路军为老百姓报仇雪恨。

日军、汉奸的暴行激起了大家极大的义愤。一大队把任务交给了一中队，要他们尽快打掉这个据点。一中队队长华新乙和指导员郑林昌、副中队长李允平召开了分队长会。会上，大家一致认为，为了打好这一仗，先派龚连生去摸敌情。龚连生是龚庄人，对塘湖一带人熟地熟。接受任务之后，他先到周围几个村子看望亲友，并给各村打招呼都要定期给这个据点的日军送"慰劳品"。于是，便决定化装成送礼人，混入敌人据点的内部，搞一次侦察。

这天一早，龚队长头戴一顶芦苇草帽，披一件半新的白粗布短衫，左臂上挎一个篮子，里面盛鸡蛋、肉还有一只烧鸡，右手拎着两瓶白酒，跟在大房头爱护村刘村长身后，大摇大摆，朝周庄据点走去。

刚接近据点，龚连生便把据点外貌看了个清楚。站岗的日军见来了两个人，老远就端枪喝道："什么的干活！"刘村长紧走几步，一边摘下帽子，一边回答："我们是给太君送慰劳品的！"龚队长也连忙把手里的酒和篮子举了两举。因为刘村长经常来送东西，已经熟了，日军没有怀疑，让他们二人进了据点。他们刚进院子，就看见炮楼门口站着一个又粗又壮的日军，满脸的横肉。刘村长悄声对龚连生说："这就是鬼子分队长'大狗熊'。"说完，从腰间摸出一包哈德门香烟，连忙上去："太君辛苦！太君辛苦！"龚连生见状，也走到门口，放下篮子，掏出火柴，划着一根，双手捧了过去，趁日军低头点火吸烟的机会，顺着门朝里望去，把炮楼低层看了个清清楚楚。西村点着烟，一手抓过篮子和酒瓶，一边摆手对龚连生说："你的，那边的开路，那边的开路。"龚连生趁机转身，在院子里溜起来，打量一下院子里的地形地物。这时，正巧从厨房里走出一个围着白布裙，身穿伪军装的青年，他们一打照面，都不觉一怔。接着那年轻人又高声问道："你来这里干什么？"龚连生也故意大声回答："大师傅，我是来给皇军送慰劳品的，口渴了，想讨口水喝。""要喝水在外面等着，不许进来！"那人说着端来一碗水，在龚连生接碗的时候，他才压低嗓门问道："啊呀表哥，你怎么闯到这里来了？"

"这里不是说话的地方。明天我在郑继众家里等你。"龚连生低头小声回答。喝完水，就扭头拐了回来。

龚连生和刘村长从据点回来，接着就又赶到周庄去了，他要在那里等候他那个有点亲戚关系的表弟。

龚连生的表弟叫郑继绪，其祖父、父亲给多义沟伪乡长郑豁子家当长工，他本人在饭店干过几年学徒。周庄据点刚一建好，鬼子要找个烧饭的，郑豁子就保举他到据点去干事。

午后一点左右，郑继绪来了。他详细介绍了据点的具体情况：据点共12个鬼子，分队长叫西村，长得五大三粗，活像狗黑子，乡亲们背地里都叫他"大狗熊"。他经常到村里去，显示他力气大，糟践百姓。有一次，他抓住了一头小骡驹，硬要人家拿鸡蛋给他换，人家刚说了声"没有"，他就一下子把小骡驹撂倒，揪起尾巴就扔出一丈多远。他还经常吹嘘他打仗厉害，说是能拿机枪当步枪使。上级为了嘉奖他，特地批准他回国结婚。郑继绪又详细地介绍了据点里的火力配备及其他有关情况，并答应做内应。

龚连生和表弟分了手，连夜赶回部队做了汇报。一中队根据龚连生侦察的情况，仔细进行了研究，决定用小分队奇袭的办法，相机智取。为了捕捉战机，华新乙和龚连生一同隐蔽在郑继众家，随时与郑继绪联系，以便决定行动计划。郑林昌、李允平负责挑选一批精干队员，秘密进驻周庄东南孙楼村，隐蔽待机。

一天，太阳刚升起一竿子高，只见郑继绪手里提着一只竹篮，吹着口哨，借口弄点佐料，悠然自得地出了据点，直向庄东头走来。他来到郑继众家附近，前后左右打量了一番，见没人注意，便一闪身进了院子。

龚连生把他介绍给华新乙，也没来得及寒暄，郑继绪便急急忙忙地说："西村明天晚上就要回国了，他昨天晚上召集各爱护村村长开会，说他就要回国结婚，要各个村子给他送'万民伞'。今天，他还叫我给他办酒席庆贺。"华新乙听完这个情况，和龚队长交换了一个眼色，一个大胆的计划就在他的头脑中形成了：借送"万民伞"的机会，化装偷袭周庄据点，并让龚连生立即通知驻在孙楼村的小分队，要他们在11点前秘密分散赶到大房头刘村长家集合。另外，让郑指导员带一个班，在下午1点以前，化装分散赶到多义沟西南角河洼隐蔽，战斗打响后，以便相机策应。最后，让龚队长告诉李副中队长，在战斗打响后，立即带两个班抢占孙楼村西的土山，警戒韩庄方向，牵制多义的伪乡队，以确保袭击部队的安全。龚队长接受任务后立即走了，华新乙拉着郑继绪的手亲切地说："你的情况龚队长都介绍给我们了，根据你提供的情况，我们下午就给鬼子送'万民伞'。要求你帮我们办好两件事：一是要把中午饭的时间尽量拖到12点以后，为我们争取时间；二是在鬼子们坐下来喝酒时，你在厨房西面围墙上搭一条白色围裙作暗号。"郑继绪激动地说："华队长，你就放心吧，我一定要把这两件事做好。"最后，郑继绪在郑继众家里要了些葱、姜、花椒，装在篮子里，匆匆回据点去了。华新乙从另一条路向大房头赶去。

正值中午，太阳热辣辣的，田野上一个人影都没有。这时，大房头村一条土路上，出现了七个人，慢悠悠地朝周庄据点走来。为首两人，都戴着时新燕麦秸草帽，身穿玉白色长布衫，手拿折叠扇，一步一摇，不时还摆弄衣衫袖子，一副乡绅模样。这就是经过化装的华新乙和龚连生。紧跟在后面提礼盒的，一个是分队副李青，一个是机枪班班长许长生。再稍后一点，是四班长王统来和王厚田，他们每人挑一副担子，一边走一边小声交谈着。最后一个是通讯员李树森，拎着篮子一溜小跑地跟着。

在走到离据点不到200米的时候，大家一眼瞥见据点西边的院墙上飘动着一条白围裙。华新乙一见暗号，便低声命令："紧跟上，准备战斗！"后面几个立即快走几步，一阵风似的来到了据点门口。龚连生一步抢在前头，对站岗的日军打了个招呼："太君，我们是那边爱护村的，给大太君送礼的干活。"这时，郑继绪突然出现在据点门口，对日军哨兵说："呵——是刘村长，送礼的大大的好！"日军哨兵一摆手："里面的开路!"话音还未落,龚队长一个箭步冲上去,左手向日军一晃,右手将一把一尺多长的杀猪刀捅进了这个日军的胸肋,日本兵连哼都没有哼就摇摇晃晃地倒下了。郑继绪顺手将尸体往墙根一拖,戴起鬼子的钢盔,捡起三八枪,替鬼子站起了门岗。华新乙用力将手一挥,说了声"进!"七个人就像七只猛虎,撂下担子冲进院内。

院子里刚摆好了酒席,西村坐在首席上,猛抬头见一群人闯了进来,跳起来骂道:"什么的干活,八格牙路!"坐在他两边的日军也踢开凳子,拔腿就朝碉堡跑去。李青一甩手将驳壳枪朝日军打去,其余几个战士也一齐朝日军开火。李树森一枪撂倒一个向碉堡奔去的日军,趁势蹿了上去,堵住了碉堡。这闪电一般的一阵枪击,一下子打倒了6个日军,西村趴在一个日军的尸体旁边,见来人不多,一声号叫,跳将起来,带着剩下的日军举着凳子端起刺刀开始了反扑。这时,华新乙目不转睛地盯着在桌椅之间闪来闪去的西村,寻找接近的机会。突然,一个受伤的日军端着刺刀向王统来扑来,王统来一脚踢开日军的刺刀,紧跟着将短刀刺向日军。日军一闪身,王统来身体向前栽去,日军趁势将王统来抱住。华新乙赶过来扯住日军的一条腿,对准他的胯骨连开两枪,这个日军下身失灵,王统来用力一甩便摔出很远。西村趁这混战之机,抓起一条木凳,向挡在碉堡门口的李树森砸去。他借李树森躲闪的刹那,一头冲进了碉堡。龚队长也跟着蹿了进去。李树森躲过飞来的木凳,顺手把一颗手榴弹就地一磕,投进了碉堡。龚队长后退已经来不及,便一下跳上去抱住了西村。手榴弹在地上"哧哧"地打转,龚队长奋力将西村推向手榴弹,西村死命地扭住龚队长不放。"轰隆"一声,手榴弹爆炸了,龚队长的右腿和左臂受了重伤,摔倒在地。一块弹片也飞进了西村的后背,他匆匆爬上二层炮楼,从窗子跳到院子里,沿着铁路沟,拼命朝韩庄方向逃窜。李青跟在后面猛追。还没跑出一里地,只见西村一头扎在地上,四肢一伸便不动了。

战斗结束,日军全被解决了。这时李青、王统来搬来了干柴,要把炮楼烧掉。华新乙笑着说:"这个地方咱们暂时还不能控制,这次只是教训教训敌人。今天把炮楼烧了,明天他们还要再建,不还是老百姓遭殃吗？咱们先把它留下，等下一批敌人住上，咱们再来个一锅端。"于是，大家扛起新缴来的轻机枪和 10 支三八大盖枪，还有成箱的子弹、手榴弹凯旋了。

接着，日军又在孟家庄前建了据点，增设了塘湖车站。

六　陈荣坡侦察铁矿区，丁瑞庭夜袭利国驿

1940 年 7 月的一天，运河支队部在曹庄召开会议，研究攻打利国驿。

会议桌上摆上了过去非常少有的香烟和茶水。因为运河支队的队伍壮大了，活动的地盘扩大了。南至贾汪，北至枣庄，西至微山岛，东至峄县城、台儿庄，横跨运河两岸，方圆百余里运河支队都能活动。加之不久前与苏鲁支队协同作战，取得了运河南反顽斗争的胜利，后勤供应也显著改善了。

朱道南政委主持开会，作战参谋褚雅青介绍情况。利国驿为一小镇，位于津浦路上的江苏北端，北距运河铁桥 7 里。利国一带铁矿资源丰富。日军为了以华制华，以战养战，1940 年开始开发利国铁矿，有矿工 200 余人。日军分驻车站和铁矿两处，矿西站东，相距百余米。车站据点内驻日军 1 个小队；矿内 4 名日本人，伪军 30 余人。日军为了实现他"以战养战"的阴谋，正在筹备扩大铁矿开采规模。最后褚雅青建议："派小部队，以偷袭的方式，把矿山的鬼子和警备队打掉，给鬼子一点颜色看看。"

副支队队长邵剑秋同意褚雅青的意见。邵剑秋提议让三中队、五中队执行这次任务，因为这两个中队熟悉民情、地形，队里还有利国驿的战士。政治处主任文立正提出，把这两个中队的领导人召来，跟他们商量一下。一定要把敌人的一切情况侦察清楚，然后做好政治动员和其他准备工作。只要组织得好，可以花很少的代价，取得较大的胜利。

支队队长孙伯龙和朱道南低声交谈了作战方案。孙伯龙站到地图

前，用笔指画着利国驿说："钢铁在军事上的重要地位我们都知道，敌人开采利国驿铁矿就是为了实现'以战养战'的目的。我们必须粉碎敌人的这个阴谋。根据掌握的情况，我同意派三、五中队进去，抓一把赶快离开。为确保这次行动的顺利，参谋处要好好组织一下对利国驿敌情、地形的侦察。"

最后朱道南政委又把打利国驿的意义和组织战斗的要求说了一番，并决定由邵剑秋和文立正两人亲自组织这次战斗。

会后不久，五中队队长陈荣坡和三中队的王子尧排长，奉命前往利国驿侦察。陈荣坡家距利国驿只有10多里地的小官庄，抗战爆发之前，曾为生计外出奔走，后来经过战争的磨炼，已是个能独立作战的优秀指挥员了。王子尧曾在利国驿生活过，地形情况熟悉，还有一些社会关系。去利国驿侦察前，他们利用这些条件和利国驿铁矿警备队的3个班长崔振环、王敬方和魏某取得了联系，他们三人都有一颗爱国之心，愿意做内应。同时，他们还通过伪乡长厉玺恩搞到了良民证，确定了联络地点。

一切准备就绪之后，陈荣坡和王子尧两人化装成商人，身穿大褂，头戴草帽，腰插短枪，怀揣良民证，在通往利国驿铁矿的山坡小道上，大摇大摆走着。

本来繁华的利国驿，当时已被日军、伪军充塞着，几乎不见老百姓。他们经过利国驿街东首，顺利到达联络地点——东岳天齐庙。两人正停步四顾，寻找联系人。突然，犬吠声声，一帮日军和伪军牵着狼狗直奔天齐庙而来，躲无处躲，走没法走。两人的心一齐提了起来，右手伸进大褂里，紧握短枪，准备在万不得已时拼命。谁知敌人过门不入，越观音寺而去。原来是支队的内线王敬方带着日军出来巡逻，他机智地引导日军避开天齐庙，才使侦察员脱离危险。

为避敌人再来，两人商量把联络地点改在西大寺，并设下转移地点的暗号。西大寺位于利国驿西南，是在一条自流泉水形成的小河的南岸的古寺。这里地点偏僻，游人稀少，便于进退。寺内有和尚师徒二人，师父年迈，寺里的事务都是徒弟高宜全操持。这个高宜全是个爱国的和尚，经常帮运河支队做一些有益的工作。二人走进寺里，只见泥塑的神像，却不见人影。一转身，只见高宜全挑着一担水笑吟吟走来。他们在高宜全的帮助下，顺利地与内线接上了头，对利国驿铁矿的情况了解得一清二楚，并约定了袭击铁矿的时间和联络暗号。然后又到矿区实地观察。回到西大寺，离出利国驿时间还早，两人高兴地穿上袈裟，相视开着玩笑拍了照片。这照片至今还保存在台儿庄区委党史办公室。

陈荣坡和王子尧完成侦察任务后，返回部队把侦察的情况向领导做了详细汇报，一个袭击铁矿的行动方案很快就形成了。

孙伯龙、朱道南等支队首长批准了行动方案，并指定三中队长丁瑞庭统一指挥战斗行动。在约定的时间里，部队由杜安集出发。陈荣坡、王华堂、刘钦美、单立璞等8人组成第一突击小组；于士林、孙伯成、于兴元、刘安仁、咎胜方等8人组成第二战斗小组。每人配带大刀、短枪或上刺刀的步枪，直插矿场大院。

伏天的夜晚，天气闷热。刚才还是满天星斗，一阵风刮来满天乌云，不一会儿，就下起了密密的细雨。天黑、路滑、衣湿，但战士们毫不在意，只顾急速前进。约11点，两个突击组顺利到达利国驿外的铁路附近，三中队长丁瑞庭的指挥所和他带领的打援部队，就埋伏在车站东侧的铁路线上。突击组迅速越过铁路插进矿部附近。这时，得到内线的报告，说日军喝完酒，正在打麻将，估计12点打完。部队要等他们的信号再发起进攻。

12点刚过，矿部南大门发出信号。战士们在陈荣坡的带领下，一跃而起向矿部扑去。按照原定计划，第一小组扑向东屋，第二小组扑向北屋。

第一小组一进东屋，一股令人作呕的酒味扑鼻而来。战士们把敌人的武器拿在手中了，敌人还像死猪那样睡着。

"缴枪不杀！中国人不打中国人！"炸雷般的喊声震醒了敌人，伪矿警队全部乖乖地举起手。一个日军乘机而起，要去摘墙上挂着的短枪，妄图挣扎抵抗。一名突击队员手起刀落，把日军的头和手一并砍掉。

北屋，战士们也夺取了敌人的武器，一个日军手持刺刀，负隅顽抗，战士们怒火中烧，用刺刀将他捅死。一个日军跑到机枪跟前，刚要搬枪，也被勇士们当场击毙。但一清点，发现少了一个叫苦立三的日军，里里外外搜了个遍，也没有见到他的影子。一审问俘虏，才知这个家伙当晚9点离开利国驿去徐州交款未回。

完成任务后，两个突击组迅速撤离。整个战斗只有20多分钟就结束了。

丁队长接到突击小组完成任务的信号后，马上命令司号员吹冲锋号。这是事先规定的暗号，吹的是冲锋号，实际上是撤退，为了迷惑敌人。

车站上的敌人慌了手脚，像热锅上的蚂蚁，乱成一团。只能龟缩在碉堡里，"吱吱"、"吱吱"地摇动着电话机，向徐州、韩庄的敌人求救。

一片欢笑声中，战士们撤离了。当晚，勇士们步行50里，来到了驻地南许阳。这次战斗，共消灭日军3人，一排伪军除1人被打死、个别逃跑外，其余全部缴枪被俘。缴获轻机枪1挺，崭新20发快慢机驳壳枪两支，三八式步枪8支和弹药物资一宗，还有最引人注目的1支漂亮的信号枪。这次战斗极大地挫伤了敌人的锐气，粉碎了他们扩大铁矿开采规模的阴谋。

孙伯龙等支队首长为英雄们召开了表彰大会，并组织了军民联欢会。为夜袭利国驿铁矿立功的崔振环、王敬方等人也随同部队来到解放区。由于他们离家太久，思亲心切，支队特地为他们做了新衣，发给足够的费用，召开了茶话会，欢送他们回家。

打塘湖和打利国驿，都是速战速决，干净利落，以极小的代价取得了全歼日军的胜利。经验是：（1）对敌情侦察得详细具体，制订的战斗方案具体明确，每个参战人员都明确自己的战斗任务。（2）都有内线作为内应。他们不仅提供了准确具体的情报，而且都在关键时刻出手相助。（3）参战人员都是精选的，思想素质过硬，战斗力强。

七 国民党积极谋反共，八路军奋起破顽敌

1940年7月，国民党57军军长缪徵流在反共高潮中，在沂蒙山区组建鲁南苏北十七县游击区总指挥部，亲自兼任指挥。他伙同指挥部的参谋长蓝庚年等，召集国民党十七县县长开会，积极布置反共。同时秘密串通山东的沈鸿烈、秦启荣，江苏的韩德勤、李守维等坚决反共分子，准备在鲁南、苏北地区，发动一场全面清洗共产党和消灭八路军、新四军的摩擦战斗。

1940年6月下旬，国民党铜山县县长蓝伯华，带着200人左右的常备队，由陇海路南进到陇海路北韩治隆部活动的地区。他跟韩治隆的矛盾很深，因为陇海路北、铜山县境各区区长，都由韩治隆委任，都听韩治隆的，都不买蓝伯华的账，各区征收的粮款都向韩治隆交纳，蓝伯华恨之入骨，公开宣布不承认这些区长。韩治隆虽跟他有矛盾，但蓝伯华毕竟是国民党江苏省政府委任的铜山县县长，而不得不允许蓝伯华到他的地区来活动。峄县梁继璐支队，此时也在不老河北岸的峄铜边境活动，蓝伯华因势单力薄，借机和梁继璐联系，配合行动，以牵制韩治隆。南北许阳，有个地头蛇地主恶霸分子王治尧，组织了近百人枪，归属梁继璐，被委任为大队长。梁继璐的队伍驻在南靠不老河边的阚山子，蓝伯华的队伍驻在北靠不老河的村子。梁继璐有了蓝伯华的配合，支持王治尧，不时向我黄邱套一线袭扰进攻。运河支队为了自卫，下决心打掉反共分子王治尧。7月上旬，苏鲁支队张光中司令亲率三营两个连，由抱犊崮山区进到涧头集地区，配合运河支队行动。在张光中司令和孙伯龙支队长及朱道南政委的统一指挥下，坚决回击顽军进攻，发起讨顽战斗。运河支队第二大队参谋长王福堂率九、十两个中队由督公唐山南进，向北许阳王治尧部出击，王治尧闻讯当即南逃，九中队进至北许阳扑了个空。插入土盆村执行南阻援敌、北阻王治尧南逃任务的十中队队长陈启和带着队伍由土盆村顺势南下搜索前进，约在上午9时进到

上朱家，同时九中队和苏支三营一部进到苑河。部队就地吃过早饭，发现阚山子驻有梁继璐的队伍，当即兵分两路，从正北和正西对阚山子发起猛攻，梁部随即朝东南方向涉水溃逃。在过河中，因水深，被淹死30多人。不到半小时就结束战斗，运河支队无一伤亡。全部占领不老河北岸，部队驻防东西阚山子。第三日夜，九、十中队南渡不老河，偷袭顽敌阚周栋的乡大队，阚部分驻大阚口、阎房和大李庄，据守不老河，防止我军渡河。九、十中队由内线带领，没费一枪一弹便把阚周栋部全部俘获。运河支队在不老河以南地区活动两天，陇河路八义集、大许家的日伪军400人扫荡阎房，运河支队稍作抵抗即撤回北许阳。这次反顽斗争遂告结束。第一次反顽战斗，由于韩治隆部和蓝伯华部的矛盾，在八路军向蓝、梁二部发起反击时，韩治隆却在吴台子驻地一兵不发，坐山观虎斗，使八路军轻易获胜。

8月上旬，活动在台儿庄西南侧的顽固派梁继璐、龙希贞诸部都进到韩治隆活动地区，在国民党峄县县长陈鉴海的邀集下，各个反共头目齐聚韩治隆司令部所在地苑河村开会。陈鉴海先介绍了缪徵流的反共要求，继则诉苦说，他被共产党、八路军欺侮到铜山县境住了租界地，务请诸司令为他撑腰，把八路军赶出运河以南，送他部回峄县。韩治隆在这之前，因为曾在邳北有过和我联合抗战的诺言，加之和胡大勋旧交的关系，和运河支队虽无大来往，但也未到撕破脸皮公开敌对的局面。韩部人枪较多，陈鉴海、梁继璐等在会上把他恭维到了天上，因此韩治隆头脑发昏，错误地高估了自己，自愿充当联合反共军的总指挥。8月上旬，土顽联军兵分数路，进到涧头集以南约15里的旺庄，东到贺窑西到督公唐山一线。

在张光中司令和孙伯龙支队长及朱道南政委的统一指挥下，八路军决心在顽军立足未稳之际，分东西两路出击，争取歼灭一部，使其停止北进，继而退到不老河地区。

担任西路进攻的部队为运河支队第一大队，担任东路进攻的部队为苏鲁支队第三营的两个连和运河支队的第二大队，统一攻击时间，定在拂晓前打响。第一大队由后楼、郑庄出发，经过黄邱山套，直奔督公唐山和柴窝。督公唐山的敌人毫无抵抗，枪声一响，就撤出村外，向南逃跑了。在柴窝驻扎的是韩治隆部的主力邢焕章营。名为主力，实际上也没有什么战斗力，在第一大队勇猛进攻下，机枪、手榴弹一响，稍作抵抗就逃跑了。第一大队俘获营长邢焕章以下近40人。西线敌人溃退了，第一大队一直追到许阳。东线进攻部队由涧头集出发，经过库山脚下，直奔旺庄。驻旺庄周围是梁继璐的人，后边李山口驻的是韩治隆的人。梁继璐的部队，更无战斗力，枪声一响都逃跑了。运河支队第二大队在李山口俘获韩治隆的科长胡大庆等数人。韩治隆等顽军一触即溃，向不老河南岸逃跑了。时过中午，张光中司令在战地召开了会议，大家认为战斗中自始至终未见龙希贞部队的踪影，部队决定下午兵分两路进行搜索：一路由运河支队第一大队从旺庄地区以东向南，一路由苏鲁支队三营和运河支队第二大队从南北许阳向东。午后三时许，苏鲁支队三营、运河支队第二大队到达离西河泉村不远的地方，发现有200余人出西河泉向东逃跑，经群众证实为龙希贞的人。八路军乘势追击，敌人跑进扒头山西侧尤庄，八路军进到尤庄时遇到顽强的抵抗，三营副营长刘启玉负伤。5时许，部队组织强攻，当突破围子时才发现持枪守围子的是村民百姓。他们把龙希贞当作好人放跑了，误把我追击部队当作土匪而持枪死守。

过扒头山不远，就是邳县县境，全是敌占区。估计龙希贞部不可能在扒山头以东地区立脚，极有可能在当晚返回他老家运河北岸的龙口一带。要去龙口，非过新河不可，时值夏季，新河水深，不能徒涉，只有东段有一太平桥，桥北头是下桥口村，派一支小部队在下桥口埋伏堵截，准能堵住。七中队奉命去下桥口执行堵截任务。当进到下桥口村时，已是夜晚9点多钟，发现村子的麦场里睡着6个人，短枪都夹在腿裆里，战士们当即将他们俘获。这6个人正是龙希贞和他的卫士班。不费一枪一弹，我部活捉了国民党峄县抗敌自卫总团团长龙希贞，是这次反顽战斗的重要战果之一。龙传道唯恐他的儿子被八路军枪毙，托人说情，只要运河支队不杀龙希贞，愿将两挺轻机枪、250支步枪、20把短枪、4匹战马全部献出，并愿参加运河支队。就这样，在枪支马匹交齐以后，龙希贞当上了运河支队的副官。

对俘获的韩治隆人、枪的处理，经过研究，运河支队认为韩本人还不属于坚决反共的顽固派，根据党中央发展进步势力、争取中间势力、反对和孤立顽固势力的指示，我部遂决定将所有俘获的人枪全部归还韩治隆。由运河支队参谋长胡大勋出面向被俘人员宣传抗日形势和我共产党八路军愿意继续和韩治隆合作抗日的统一战线政策，最后还专门设宴欢送他们。运河支队的教育参谋蒲沛霖专门接待邢焕章，他们是在贾汪矿警队的旧交，便于对邢做工作。另外让被俘人员带回以胡大勋个人名义写给韩治隆的信。这一切，是韩治隆所没有想到的，使他和运河支队保持了3年比较友好的关系。

夏季反顽战斗的胜利给运河支队继续坚持峄、滕、铜、邳地区的抗日斗争带来了有利的条件。

获得反顽斗争胜利的原因是：

（1）顽军地方派系复杂，没有统一的指挥。而八路军集中兵力，统一指挥。

（2）第一次进攻，兵力比我少，八路军反击中有内线支援。第二次进攻，双方兵力相当，但顽敌各保实力，不愿积极主动配合作战，战斗力较弱。而八路军士气高昂，战斗力强，因此能以很小的代价取得全胜。

（3）对顽敌的侦察和分析准确，及时抓住战机，选择敌人立足未稳，还未构筑工事之时突然反击，致使顽敌一触即溃。

八　坦克车扫荡根据地，孙伯龙围敌独角湖

运河支队的胜利和发展，直接威胁着津浦、陇海两条交通要道，引起日军极大恐慌，便加紧对运河两岸地区的扫荡。

此时，运河支队一大队驻防旺庄一带，二大队活动于贾汪以东独角湖、督公唐山一线。当时正值反顽斗争取得胜利，又有苏鲁支队的配

合，运河支队士气极其高涨。孙伯龙认真分析各路情报，认为日军这次扫荡仅有贾汪据点增兵，仍以单路进行，运河南北敌人指挥系统不一，决心利用青纱帐对敌人进行阻击，绝不能让日军深入我活动地区。

1940年8月中旬，日伪军约500余人，配有日式小坦克2辆，由贾汪据点偷偷出动，经崮岘、阎村继续东进，很快接近独角湖，妄图袭击我驻防旺庄的运河支队一大队。崮岘、阎村和独角湖一线之南北，都是蜿蜒起伏的山岭，田野里正有青纱帐，在这一线分散阻击敌人，地形对我极为有利。孙伯龙便命令我二大队在独角湖村西正面的小部队迟滞敌人前进，多数部队则在督公唐山以西的北山坡向敌人侧背射击，使敌人两面受阻。又命令一大队待独角湖战斗打响之后，即沿着北涧溪向西南运动，抢占魔石塘、焦庄以北的小山岭，从南向北对敌人射击，形成三面包围敌人的局面。

上午9时许，敌人进入我伏击圈，运河支队各路部队相继猛烈开火，打得日军惊慌失措。敌人坦克只是在独角湖以西，东西来回行驶，向东、南、北三个方向盲目发炮。虽然敌人步兵向运河支队正面发起几次小规模的进攻，但都被阻击部队打退。整个战斗形势是，日军沿着山谷向东前进，虽有一条东西大路可走，但两边地形复杂，又三面受我包围，未敢组织强攻；运河支队因火力较弱，也未能组织部队向敌人发起全面进攻。如此则形成胶着状态，敌人不敢继续前进，运河支队也只能从三个方向朝敌人进行零星的或阵阵排枪射击。直至下午4时许，敌人且战且退，运河支队展开追击，但未能揳入敌阵，结果形成一场消耗战，双方都无大的伤亡。最后以敌人缩回贾汪据点而结束战斗。

此次战斗，虽无大的收获，但击败了日军在坦克掩护下的扫荡（日军配备坦克在峄、滕、铜、邳地区进行扫荡，这是唯一的一次），从而提高了部队的士气，鼓舞了我活动地区的人民群众。

九　李昌明铁心当汉奸，二大队巧袭贾汪镇

贾汪镇在徐州以北附近，有一个煤矿，为了控制煤矿，日军派一个中队住在矿区，中队长叫寺西四郎。日军10多人，矿警队300多人住在贾汪镇的围子里，围墙碉堡都比较坚固。1940年夏天，就在打退贾汪扫荡之敌以后不几天，运河支队第二大队巧袭贾汪镇，只用了一个多小时，把矿警队李昌明部的几十个人都俘虏了，缴获长枪数十支。这次巧袭贾汪，干脆利落，运河支队无一伤亡。

运河南岸红枪会的反动会首王亚平，被运河支队打败以后，公开在贾汪打起了太阳旗，当了汉奸。他的下属红枪会大队长李昌明也当了伪军队长。李昌明带着数十人住在贾汪镇南门里鹿家医院的楼上，南门也由他的队伍守卫。李是本地人，对贾汪周围人熟地熟，出发扫荡，他总是当向导，对运河支队威胁很大。如果能够争取李昌明反正，对运河支队在贾汪周围的活动，将有重大作用。经支队研究，就把这项任务交给运河支队二大队侦察参谋谢绍唐。

谢绍唐原来也是红枪会的大队长，与李昌明是把兄弟。经周密考虑后，他先到贾汪东十里远的崮岘村，找到红枪会的小头目孙崇立。孙是贾汪人，答应带谢绍唐到自己家里，跟李昌明见面。刚到孙家，谢绍唐便叫孙去叫李昌明。李怕有诈，派他的本家兄弟、伪军小队长李昌田先来探听虚实。李昌田去孙家看后，马上如实汇报给李昌明。李昌明还不放心，腋下挟着一把张着机头的手枪，磨磨蹭蹭赶来了。

谢绍唐见李昌明来了，从容主动地迎到门口。李昌明偷眼一看，只见两支手枪放在桌上，这才放了心。两人互道寒暄，李昌明也把手枪放在桌上。谢绍唐乘机劝李昌明反正，李昌明说："要是日本人垮台了，国民党来了也少不了我的官做。"谢绍唐看到李昌明已经铁心当汉奸，就辞别回到部队，向孙斌全汇报了情况。孙大队长说："看来李昌明已经无可救药了，我们必须采取措施，打死这条日军忠实走狗！"谢绍唐说："最近听

说李昌明的三个部下王思富、王宝珍、王兆义跟李昌明闹矛盾，李昌明利用职权，对他们各打二十军棍开除了。他们怀恨在心，还想寻机报复。这个矛盾我们可以利用一下。"孙斌全当即安排谢绍唐去做这三个人的工作，叫他们提供一些情报。如果有可能的话，也可叫他们跟我们一起去干掉李昌明。孙大队长又说："还有两个重要的情况告诉你，在贾汪北门里，住着一位名叫胖张嫂的，她以洗衣作掩护，是我们的地下情报员，你可和她联系；另一个跟李昌明当小队长的李昌田，也跟我们有联系，你探探他的态度，如果能帮助我们那就更好了。"

王思富的弟弟王思胜在杜安集开理发店，谢绍唐跟他有交情。为了争取王思富，谢先到杜安集找王思胜，正好王思富也在理发店。自从被李昌明打了20军棍，王思富整天愁着无法报仇。一听说八路军要收拾李昌明，当然愿意去干。他还答应找王宝珍、王兆义两人，动员他们一起干。并表示，八路军叫他干什么，只要能办到的，赴汤蹈火在所不辞。

不久，谢绍唐化装进了贾汪，找到胖张嫂，胖张嫂介绍了不少情况。后又找到李昌田，这是个有血性的青年，总觉得当汉奸很不光彩，答应八路军进攻贾汪时做内应，并动员几个人跟他一起干。

谢绍唐摸到这些情报之后，偷袭贾汪镇的战斗方案很快酝酿成熟了。

麦收后的一天，骄阳似火，浮云飞动。贾汪东市北门外，一个20多岁的妇女，端着一盆待洗的衣服，向泉涯走去。这时，一位壮年男子递给他一团衣服，"胖张嫂，给我洗小褂吧！"胖张嫂接过来一摸，内藏一支手枪："行！明天到我家去拿。"她笑着顺手将手枪塞进湿衣服里。一会儿，又来了一个说要洗衣服的男人，也把手枪交给了胖张嫂，然后说笑着走进贾汪的北大门。他们都是运河支队的战士，一个叫王茂宣，一个叫孙锦成，根据安排，他们俩提前进入贾汪镇里隐蔽。胖张嫂把两支手枪用湿衣服盖好，端着木盆走过了门岗，回到家里。一会儿，又端着一木盆衣服出来了，洗过来，洗过去，这一盆衣服洗了一两个小时，还没洗完。原来她是在等谢绍唐的那支手枪。可是，左顾右盼也不见谢绍唐来。

原来，由于别的事情，谢来晚了。时间已过，胖张嫂也已离去了。谢绍唐正愁着带着两支手枪没法通过门岗，忽然看见了一个卖杏的，就急中生智，买了几斤杏，将头上戴的席草帽摘下来，把手枪放在底下，上面用杏子盖好，同时又把身上穿的裤褂脱下来，只穿一个中式裤头，给人一个浑身上下不能藏东西的感觉。然后，一手拿着良民证，一手托着草帽子，向铁道门岗奔去。带着枪顺利地进了贾汪镇。

等谢绍唐赶到胖张嫂家时，李昌田和王茂宣、孙锦成已经等候多时了。谢绍唐将晚上行动的时间、联络暗号、部队标记和各人分工情况一一交代清楚，又离开了贾汪回到大队部。

当天晚上，贾汪南门站岗的伪军叫杜玉才，李昌田已经做好了他的工作，八路军进贾汪要开门让路。白天进入贾汪的王茂宣、孙锦成、王兆义、王思富、王宝珍也都做好了准备，只等信号，便对北门岗哨采取行动。李昌田则在内部观察伪军的动静，及时掌握敌情变化。

二大队九中队、十一中队和手枪队由副大队长胡大毅、参谋长王福堂带领，于夜12时到达贾汪南门外。九中队的任务是进攻贾汪的南门，负责堵击官房（旧镇政府驻地）和日本兵营的日伪军，消灭李昌明的部队和北门碉堡的伪军。十一中队的任务是堵击南门外矿井大院来援的日军。沙玉坤队长带着手枪队20多人，担负武装请客的任务。贾汪镇里外号称为"二华东"的郑玉轩是依靠日本人发财的头号富商，运河支队打算借进贾汪镇之机，用武装把他和另外3人"请"到我们部队，让他们贡献抗日经费。战后经过说合，郑玉轩等4人捐献伪币5000元作为抗日经费，为抗日事业做贡献。夜12时过，杜玉才开了南门。在胡大毅、王福堂指挥下，九中队由王思富带领，迅速闯进李昌明的伪军驻地鹿家楼。伪军门岗见势不妙，盲目放了一枪，就被运河支队战士生擒。李昌明一听到枪声，感到不妙，立即越墙逃跑了。官房里的日伪军，也想向内东门攻击，由于运河支队机枪火力的封锁，只好干着急。运河支队只用短短一个小时，就顺利地完成了任务。胡大毅指挥部队，带着俘虏，迅速撤出了战斗。

部队撤出贾汪后，日军和特务便对所有的居民住宅进行了搜查。由于胖张嫂的疏忽大意，王茂轩、孙锦成丢在她家里的草帽被敌人搜到了。不问情由，便肯定是她窝藏了八路军，把她活埋了。

后经过长期调查，胖张嫂的真实名字叫王脉凤。王脉凤烈士一定会流芳千古！

十 土霸王忤逆运河北，张光中讨伐孙茂墀

曾当过国民党峄县五区区长的孙茂墀，带着400左右人枪，活动在运北地区的古邵一带。他在峄、滕、铜、邳地区八路军大发展的形势下，在1940年6月自愿改编为八路军，与峄县支队第二大队孙怡然部合编为峄县支队第二大队，孙茂墀为大队长，孙怡然为副大队长。可是孙茂墀一直不听指挥，派去干部也不接收。在峄县支队打下穆庄，枪毙了他的姑父王平吉之后，他就更加仇视我党我军。为了扫除这一障碍，9月15日，在苏鲁支队张光中司令的统一指挥下，苏鲁支队三营、峄县支队、运河支队一大队发起讨伐孙茂墀的战斗。

孙茂墀部分住古邵西北颜庄、邱庄、洛庄一带。运河支队第一大队和苏鲁支队三营由西向东、由南向北攻邱庄和洛庄，要求在天明以前各部同时打响。部队由涧头集地区向北开进，由于道路泥泞，行军速度减慢，各部队进到接敌地段时均已天明，已被孙部发觉，只得组织强攻。运河支队一大队主力攻颜庄，孙部只有一个中队战斗力不强，加之村庄无险可守，经过两小时战斗即把守军60多人枪俘获，二中队的副中队长刘金标在战斗中英勇牺牲。三中队接着进攻古邵，因无部队驻守，随即占领。时至下午，峄县支队、苏鲁支队三营攻邱庄未克，洛庄因系孙茂墀指挥主力固守，已把他压缩到两个院落里，正准备组织强攻。峄县支队副支队长孙云亭系运北地区之实力派人物，曾任国民党峄县政府峄县南办事处主任兼第四区区长，在孙氏封建家族中，地位显赫，和孙茂墀为本族兄弟，关系友好，由他和孙斌全出面调解。孙茂墀表面承认错误，愿意服从领导指挥。八路军领导则因久攻未克，担心继续强攻会招致伤亡，故此顺水推舟，撤出包围。孙茂墀部撤至马兰屯地区驻防，开初数日表面与我军来往，不几日即向东移防，靠近顽军孙业洪部活动地区，从此完全脱离八路军。在秋

季大扫荡中就公开投降日军，充当汉奸了。苏鲁支队三营和运河支队一大队撤回运河南岸之涧头集地区进行休整。

运河支队自宣布成立之日起，到9月底，为峄、滕、铜、邳地区大发展时期。部队初创，不间断地进行战斗，士气旺盛，战果显著，处于抗战之第一个极盛时期。

十一　日顽共三方局新布，根据地歌舞庆升平

日军华北派遣军总司令多田骏，下达1940年讨伐肃正命令之后，在执行第一期讨伐计划中，自4月14日开始至5月上旬，对我鲁南山区进行了为期一个月的扫荡。八路军在扫荡中苦战一月，作战30余次，毙伤敌伪3000余人，缴获甚多，终于彻底粉碎了日军的进攻，保卫了抱犊崮山区根据地。在反扫荡中，苏鲁支队、峄县支队均有较大的减员。日军为了巩固敌占区，还采取了两项重大政治措施：其一是由于宣抚班、新民会两种伪组织，相互矛盾扯皮，甚至互相拆台，妨害了敌军对占领区各项治安措施的推行，故在2月23日下达命令，解散了华北各地的宣抚班，3月4日下达命令，统一改组了新民会，企图促使各地做到伪军、伪政权、伪新民会一元化，以加强对占领区的统治。其二，山东省占领区，过去在行政上分设4个道，每个道分管县治过多，不利于统治，故在8月确定改设10个道，鲁南地区分设沂州道（临沂）和兖济道（济宁），这样有利于日军组织伪军、伪警察部队以协助其主力部队对游击区进行扫荡，或者独立对我军在边沿区活动的小部队进行扫荡。

国民党方面在鲁南、苏北地区虽然统一了反共摩擦行动，但在峄、滕、铜、邳四县边界地区，由于共产党八路军势力的大发展，反共势力在这个地区的摩擦行动都被八路军打了下去，原来活动在这个地区的几股顽军则起了不同的变化。特种工作团在运河支队建立之时，只剩下郑继筠（原来的一个大队长）带着不多几个人撤到津浦路西丰（县）沛（县）地区去了，实际上特种工作团这支部队就消失了。黄僖棠带人投奔五十一

军，在日军扫荡沂蒙山后，队伍散了，他孤身一人逃到韩庄日伪据点。韩庄据点伪军头目张来余本是五〇支队的一个中队长，和黄僖棠沾亲带故，原想脚踏两只船。黄僖棠表示，只要张来余保护他，日后日军一旦不行了，可以在国民党方面力保他，作为曲线救国的英雄，因此张来余把黄僖棠秘密安置在自己家里，待为上宾。黄僖棠从此当了寓公，这样五〇支队无形中也就消失了。汉奸头目张来余自有峄县国民党复兴社大头目黄僖棠作为他的后台，更死心塌地地为日军效力，成为死硬的反共派。

张里元部支队长孙业洪本人和朱道南是姨兄弟。朱道南本想争取他参加八路军，由于此人正统观念极强，这种设想终未如愿，但他在上半年还和八路军保持友好关系。是年秋季大扫荡前，运河支队第二大队副大队长胡大毅奉峄县县委的指示，捉了孙业洪部一个名叫刘玉喜的干部，当时县委认为刘玉喜是个托派，把他杀了，加上另外一些事情的摩擦，孙业洪走了坚决反共的道路。但他活动在台枣路两侧，力量不大，还未形成对我军的重大威胁。苏鲁边游击司令韩治隆部经八路军一打一拉，已经开始改变对八路军的态度。第三支队梁继璐部虽然坚决反共，但经我一打，已成惊弓之鸟，他的第二大队长刘树一在我军争取之下，带着约200人脱离了梁继璐，参加了八路军，剩下400多人活动在枣庄以北的山区。这些国民党部队中除孙业洪原来对日军还采取积极抗日态度，其他都只游而不击，但在国民党掀起反共高潮之后，对日军都改变为消极态度，尽量避免打仗。因此，日军在进行第一期扫荡计划中，对他们都未采取扫荡行动，而使他们安然无恙。日军对国民党顽固派这种消极抗战的态度是求之不得的，这样就可以集中兵力对八路军根据地、游击区进行扫荡，扩大巩固占领区。

共产党为了加强抱犊崮根据地，划津浦路以东、陇海路以北、蒙山以南为鲁南区，4月成立鲁南区党委，一一五师后方司令部随即改为鲁南军区，仍属一一五师建制。7月初召开了鲁南抗日人民代表会议，成立了鲁南专员公署。鲁南区党委、鲁南军区、鲁南专员公署之下分设地委、军分区和行署。峄县党政机构和运河支队均直属鲁南党政军机关领导。这一组织形式的改变，对建设以抱犊崮山区为中心的抗日根据地，无疑是极其正确的措施。8月又开辟了天宝山区，自此，抱犊崮山区和天宝山区连成一片。罗荣桓政委在4月21日提出，目前任务是：（1）克服时局逆转，坚持抗战，发展进步力量，坚持统一战线；（2）准备长期坚持敌后游击战争，创建巩固的根据地，这是一切工作的指导原则；（3）深入进行阶级、民族教育，从组织上、政治上、思想上、理论上装备自己，争取发展和巩固自己的武装，完成再扩大一倍的任务。——五师在9月召开高级干部会议，研究会后扩大巩固根据地和整顿部队的任务；预定将运河支队第一大队升级为主力部队的工作，在苏鲁支队三营进入运河南北地区靠近运河支队活动以后逐步进行。早在运河支队建立之前，原来活动在滕（县）南峄（县）西的民众抗敌自卫军，即已离开原来活动的地区。北过临（城）枣（庄）铁路到滕县东部一带活动了。

9月，峄、滕、铜、邳地区已经形成以抱犊崮山区南侧、背靠临、郯、费、峄边联县的青石岭为中心、东西南北各40里的根据地。在山外运河南北地区，已经形成南北近百里，东西宽长者四五十里，窄者二三十里的游击根据地。各地区均建立了区乡政权和武装，工、农、青、妇各种群众团体都普遍建立，儿童团站岗放哨，盘查行人，遍地可见。为了便于部队在运（河）北平原区的行动，区乡政府动员群众在周营、阴平之间横向挖了两条交通沟。在敌人5月扫荡过后，八路军控制地区四处歌声，军民联欢会频频召开，有的边沿村庄也是如此，汽灯高挂，锣声、鼓声甚至传到了日军据点，俨然一片太平景象。讨孙茂墀战斗以后，峄县支队留在运河北岸活动，苏鲁支队三营和运河支队集中在涧头集周围休息整顿。

10月9日，贾汪据点的日军100多人，北出山口，经杜安、泉源、官庄，进到徐唐西北之周庄，为苏鲁支队三营所狙击，由于敌人力量不大，打了半天，终未突破我防守阵地，敌人撤退了。运河支队创建不足10个月，在兄弟部队协同下打了多次胜仗。10月10日晚，苏鲁支队三营和我运河支队在涧头集召开军民联欢庆祝大会。他们在涧头集周围驻防已经半月，日军策划的自1940年10月开始对他们的扫荡计划，实际上已经开始实施，但因情报失灵，对敌情变化毫无所知，大家仍然陶醉在一片欢庆胜利的歌声中。

十二　日伪兵偷袭根据地，
八路军拼死战库山

　　1940 年 10 月，日军策划对峄、滕、铜、邳地区南北合围扫荡。敌人注意了运河两岸八路军活动的规律，突然改变了战术，由原来的少数兵力变为集结重兵，由单路进攻改为多路分进合围，妄图把运河支队和苏鲁支队三营一举歼灭。敌驻徐州 21 师团 2000 余名日军，在田中师团长的亲自指挥下，于 10 月 10 日夜，就是苏鲁支队三营和运河支队在涧头集召开军民联欢庆祝大会的那天夜里，由徐州乘火车到达贾汪，接着分两路向八路军驻库山周围的部队开进。一路由贾汪东行，经过宗庄、上黄邱，于拂晓前进到库山的南头，与运河支驻金楼的三中队接了火。战斗打响以后，驻在徐楼的苏鲁支队三营和我运河支队部带特务队，也上了库山。库山高不过 200 米，山势比较陡，日本兵脚穿大皮靴，由下向上攻击是比较困难的。另一路经由侯孟东进到郑庄、后楼与运河支队二大队接上了火，二大队以一小部狙击敌人，有的部队也上了库山。

　　天大亮以后，日本兵在强大炮火掩护下，分两路一次次向我库山南坡发起冲锋，都被据守在这里的运河支队三中队打退。上午 10 时左右，由陇海路大许家据点北进的千余日军也进到库山东侧的山脚下，这路敌人也开始了进攻，战斗非常激烈。此时，几个方向的战斗都还是在主峰下小山头上进行。敌人并未取得多大进展。在上午的战斗中，敌人发起的几次冲锋都被打了下去。战士有些伤亡，轻伤较多，三中队的一排长王华堂牺牲了，但战士轻伤不下火线，重伤不呻吟，因此战斗力没有丝毫减弱。下午 2 时左右，战斗更加激烈，八路军的阵地已被敌人炮火轰起一层厚厚的泥土，压得我军抬不起头来，各路日军趁机发起猛攻，部队伤亡较大。但敌人因为在库山南头受阻，就一个劲地攻库山。库山后面还是安全地带，苏鲁支队三营没有任何伤亡，库山周围东西、南北都不过 3 里，也放不下大部队，部队多了反而会遭到敌人炮火的杀伤。时至黄昏，阵地仍在我军控制下，敌人的进攻停止了，但还都集结在山脚下。

黄昏时，八路军在苏鲁支队张光中司令的统一指挥下，甩脱敌人，撤下库山，连夜在涧头集召开紧急会议。张光中、孙伯龙、朱道南等研究决定除留下胡大勋、胡大毅带少数部队在运河以南坚持活动外，其他各部一律渡河北移。其具体部署是：张光中司令率领苏鲁支队三营在丁庙附近渡河，通过台枣铁路返回山区，朱道南也随着部队进山向师部汇报工作；运河支队二大队在花石场渡河，向西北进到郝家湖待机；运河支队机关、警卫队跟随一大队在万年闸渡河，进到朱阳沟一带宿营待机。会上，虽然有人提出敌人此次扫荡可能是两岸合击，应该敌进我退，化整为零，分散隐蔽。但因时间紧迫，未能继续研究。会后，各部立即按照部署，悄悄渡河北移。当时运河河水较深，都不能徒涉，各渡河点船只较少，因此渡河用去较多的时间。

十三 日本人设伏运河北，
孙伯龙血战朱阳沟

孙伯龙率领运河支队机关、警卫队跟随一大队在万年闸渡河，渡河中间，突然从东北方向传来了隆隆的炮声，是苏鲁支队渡河北上的队伍被敌人发现了。接着西面也响起来了，是运河支队一大队也在途中被敌人发现。不过夜色未尽，只是无目的地乱放。12 日晨 4 时许，孙伯龙带领支队机关、警卫队和四中队在朱阳沟刚刚宿营，天还未亮，意想不到的事情发生了，敌人进攻朱阳沟的枪声就响了。副支队长邵剑秋带领一、二、三中队，在敌人枪声打响后，趁拂晓前夜色，在阴平、曹庄之间继续朝西北方向行进，甩脱了敌人的包围。

原来敌人已经摸清了我军在遇到扫荡时的行动规律，计划先从运河南岸开始扫荡，料定我军必定北渡运河，分驻枣庄、峄城、韩庄等据点的日军第 10 混成旅团 2000 余人（日军和伪军各 1000 余人），在黑本的指挥下，在运南库山战役打响之后，就悄悄出动，于拂晓前隐蔽地埋伏在运北的曹庄、阴平、古邵一线，企图和运南之敌南北对进合围他们，进而一举歼灭之。天刚亮，朱阳沟的四面八方响起了敌人的炮声。起初，战斗还是与敌先头部队的小接触，但却吸引了敌人，日出以后，在曹庄、郝家湖方向攻击我运河支队二大队的敌人已经结束战斗，东西两路的敌人完成了对朱阳沟的合围，集中炮火攻打朱阳沟。

朱阳沟是一个较大的村庄，有两个独立的一大一小的土圩子。在四面受敌包围之后，孙伯龙指挥部队坚守两个土圩子。村内到处墙倒屋塌，烧夷弹引燃了草房，形成一片火海。炮火猛轰之后，敌步兵开始进攻了。战士们忍着烟熏火燎，依托迅速准备的工事，坚韧抵抗。进攻大圩子的敌人几次都被打退了，但是，正午，村西北的小圩子却被敌人突破占领了，四中队一个排撤进了大圩子。毕竟敌人步兵攻击力不强，在运河支队战士凭借围墙坚守的情况下，日军只好再集中炮火猛轰，炮弹高度密集，开花弹在圩子的上空连连爆炸，运河支队战士伤亡增加，但却暴露了敌人用炮火开路，步兵随后进攻的老一套战术。孙伯龙支队长对作战参谋褚雅青等人说："敌人不会钻进来挨自己的炮弹，他打炮的时候，咱们可以躲炮，庄子里屋多，找个死角歇着。炮停止了，鬼子要进攻，就得赶快去守圩子。这一阵子庄里落了少说也上百炮了，我们的伤亡并不大，可是战士们怕炮，这不行，要稳定情绪，告诉大家，现在敌人的炮火在伸延，快回去防守！"他又向身后的警卫员说："你也去，见着排长、班长都传达。"接着，他又大叫起来："注意节省子弹，天还早……"喊着也朝褚雅青后面跑去。褚雅青提着驳壳枪，满脸灰烟，哪里吃紧向哪里跑，一路炸雷般地喝叫："不要早打枪，不要早打枪……等他到30米以内！"

梁巾侠来到一个屋里，屋里全是后勤人员，约六七个人，他们蹲在地上，谈论着运河支队所取得的一次又一次的胜利。说比起杜家庄战斗，这次我们人比上次多，一定能够取得更大的胜利。炮声又紧张起来，显然敌人的又一轮猛轰开始了。有一个老兵，根据自己的经验，在地上画着弹道的弧线，论证他们所在的屋里最保险，忽然另一个叫起来："着火了，快走！"这时带着火屑的草木纷纷落下来，大家急忙跑出门外，未及站稳，西南方飞来的弹片便击中了老兵的右肩，顿时流出血来。旁边的人扶着他沿墙而走，他回头看看说："这是南边那屋上的火串过来的。"梁巾侠想起了支队长刚才说的话，忙说："是呀，是呀，刚才那屋里就是个死角，咱再去找。"那个老兵很自信，挪到西面两座屋死角的地方，扶他的人一把撕下他炸烂的袖子，灵活地盖上了他的伤口。炮弹拉着哨音从头顶飞过。梁巾侠向西走去，迎面又碰见褚雅青带着两个战士急速地踏着瓦砾，跳过烈火向东南奔去，那方的战斗紧张了，机枪、步枪响成一片。梁巾侠从绊脚的砖石土和杂物上闯过去，前面的密响中夹杂了手榴弹的爆炸，她看见褚雅青右腿跪地，驳壳枪支在枪眼上，一面大声叫道："近放，近放，沉住气！看，这样打！"只听得一声响亮的喝彩："好好好！一枪一个！"不知从哪里来的灵感，梁巾侠脱口唱出即时自改的歌词："上好子弹，要沉住气，一枪打一个，多杀敌人。我们是铁的队伍，我们是铁的心……"战士们有的回回头，有的挺挺身子，然后更加勇敢地投入战斗。猛地，褚雅青喊了一声："齐射！"只见战士们灵活地拉着枪栓，仿佛从背后都透出了英雄气概。"停止射击！"不知是班长还是排长又发了口令。褚雅青站起来，拍了身边的人一下："好！就这样打！"褚雅青又向东跑去，枪声里隐隐听到他的喊叫怒骂。梁巾侠找到了参战的方法，实在高兴，就唱着歌走向西墙、北墙……她的歌声鼓舞了战士们，大家愈战愈勇。

在敌人炮火的猛烈轰击下，朱阳沟剩余的完整房屋，可能都是死角啦。敌人未曾预料到会有如此顽强的抗拒，受了重创，便前紧后松了。到了下午进攻的间隙放长了，冲锋似乎缩短，打炮的时间拖长，炮弹却不如先前的紧密。傍晚前敌人轮番发动攻击，持续时间较久，然后便陆续后撤。

孙伯龙集合了队伍，调集20多支短枪，摆在先头。一部分日间作战较少的战斗单位随后；他说，这次敌人多，傍晚未退，还猛攻，可能还在附近包围着，我们先用短枪向两面急扫，杀出一条血路，用步枪占住有利地势，掩护伤员和机关人员从中间撤退。最后，他吩咐一个排长："机关退完了，你那个排就收回监视岗，掩护后卫。"

部队撤出了朱阳沟。预料的敌情并不存在，他们平安地走过一段乡间土路，在庄西南见到了副支队长邵剑秋和他率领的部队。大家握手、拥抱、跳跃……邵剑秋极度欢喜，哽咽着说："你们活着？我们又见面了！"

朱阳沟之战，从早至晚，激战一整天，共打退敌人 20 余次进攻，以伤亡近 50 人的代价，杀伤日伪 300 多人，吸引了敌人，客观上掩护了其他部队的安全转移，是运河支队战史上一次巨大的胜利。

战后，运河支队参谋长胡大勋作诗赞扬运河支队唯一的女同志宣传股长梁巾侠：

巾侠本姓梁，好个女儿郎。

襄助支队部，战斗有奇方。

朱阳保卫战，火线来往忙。

今日梁红玉，爱国把名扬。

十四 刘善云扼守运河闸，
众英雄血染巨梁桥

1940 年 10 月 11 日的库山战斗打响之后，苏鲁支队和运河支队的领导层还是以旧有的眼光来看待这次扫荡，因为这里是华北和华中的结合部，运河北岸属山东，运河南岸主要属江苏，过去扫荡的规律是北岸扫荡，南岸没什么动静，南岸扫荡则北岸无动静。整个部队渡河北进，想在北岸躲过这次扫荡。当时涧头集以北的运河水都比较深，都得靠船渡河，苏鲁支队三营在万年闸以东河段渡河，接着插过台（台儿庄）枣（枣庄）铁路支线，不顾疲劳，经过长途夜行军，转移到临（临沂）枣（枣庄）公路以北地区去了。运河支队的领导机关跟着一大队在万年闸渡河继续北进。第二大队在花石场渡河。二大队是否要渡河北去，事前中层干部中有不同意见，因为部队成员都是运河南岸地区土生土长的，运河北岸人地生疏，特别是原属运河大队的三个中队，都认为插向柳泉东北的三角地带为最好，那里已经是敌军扫荡前锋的后方，敌人估计他们绝对不会插向其据点附近隐蔽，这些正确意见未被采纳。二大队除七中队外渡过河已是下半夜，部队向西前进，走了 10 多里，接近曹庄东南的郝湖村时，天已似明非明，突然间敌人的炮弹轰轰地落在了行军纵队的旁边。队伍毫无准备，顿时乱了，纷纷后撤，指挥失灵。敌人的炮弹继续打来，战士们有的向南跑，有的向东跑，有的就在地瓜豆子地里蹲着观察情况。十中队南撤到运河边，有些战士徒涉过河，因为河水较深，会游泳的就渡过南岸，有些不会水的，就被水冲走了。向东撤的人撤到巨梁桥河口旁边，就被驻守巨梁桥的汉奸刘善云的人一个一个地捉了去。

运河支队二大队政治处副主任兼组织科长陈诚一和手枪队长沙玉坤，带着七八名战士脱离了大队，他们来到了巨梁桥西北不远的地方，本想从巨梁桥渡河赶上部队，但前面响起了枪声。他们随着慌乱的人群退却，撤到巨梁桥西侧不远的官庄在村民的家中休息隐蔽，也被刘善云的人捉住了。

滕县九区区长李彦召和几个队员从库山撤下来后，与大队失去了联系。他们渡过运河后想吃点东西再转移，不料在转移途中遇到了刘善云的人。他们打倒了几个敌人，自己也有了伤亡。李彦召意识到不能恋战，就叫王清雅、戴体正几个先走，自己打掩护。王清雅、戴体正要留下来掩护，让区长撤。李彦召头也不回地说："这是命令！"说完一举枪，又一个匪徒应声倒下。

打光了子弹后，李彦召把仅有的一颗手榴弹投进了蜂拥而来的匪群，刚要转身撤出战斗，却被旁边小巷蹿出来的几个匪徒拦腰抱住。当他被押送到巨梁桥关在张兴坡家里时，屋子里已经监禁了陈诚一等十多个人了。天傍晌午，王清雅等 5 位也被另一伙匪徒押了进来。仅一天的时间，刘善云就捉了运河支队 31 人。陈诚一、李彦召都是本地人，很快就被认出来了。

那时的巨梁桥村，并非现在的巨梁桥村，新中国成立后拓宽运河时，旧有的巨梁桥村已经夷为平地。旧时从韩庄到台儿庄间 80 里有 8 个闸，即韩庄闸、新闸子、巨梁桥闸、万年闸、丁庄闸、顿庄闸、侯迁闸、台儿庄闸。巨梁桥背靠运河，外有月河湾与运河相通。因为四周皆水，易守难攻。刘善云本是当地恶少，他在混乱之世，四处钻营，招兵买马，很快凑集了几十条枪参加了王亚平的红枪会。红枪会垮了就自称自卫队，仿着日军的样子，在巨梁桥头倚桥傍水筑起了一座炮楼，又打起了围子，控制着巨梁桥闸，称霸一方。口头上保家卫国，实际上当了汉奸，干着鱼肉乡里的勾当。共产党抗日政权成立以后，他视八路军和人民政府为仇敌，不准八路军进村，也不向抗日政府纳粮。在 7 月间，他曾率队夜袭穆庄抗日乡政府。其后，八路军也曾派队围困巨梁桥十多天，因为无法突破月河湾的防线，也只好撤回。

刘善云捉到的运河支队这些人，都是本地人，他想通过中间人，向其家属勒索巨款和枪支弹药，用以扩大自己的队伍。其中有两名战士跟六里石村的上层人士孙某沾亲带故，很快就被保释。其余的人则严加看守。不料在第三日的上午，一支日军队伍由台儿庄西经核桃园来到巨梁桥，刘善云带人打着旗欢迎所谓"皇军"进村。日军大队长通过翻译问他这里有"毛猴子"没有，他马上报告说他已经活捉了八路军 29 人关在房子里。他带日军大队长查看了监禁运河支队人员的地方。就在当天，日军大队长命令刘善云把运河支队被俘人员，一一捆住手臂带到运河边排列在巨梁桥闸头，日军士兵把他们一个一个地带到闸头水边用刺刀捅死，推到河里。陈诚一在监禁时对二大队被俘人员做了工作，所以他们没有一个孬种，都是挺胸走向河边，边走边喊："打倒日本帝国主义！"其中 23 岁的战士李明，自幼在运河里泡大，水性很好。当日本兵把他推到闸头水边，不等敌人刺他，就一头扎到激流的运河里，下落不明。当时在巨梁桥，运河支队 28 名干部战士遇害的悲壮场面，向日本帝国主义显示了中华儿女绝不当亡国奴，面对敌人刺刀而从容就义的英雄气概。28 名烈士的名字是：陈诚一、李彦召、沙玉坤、王清雅、戴体正、孙茂名、贺明漠、蔡敬启、刘安松、孙景凤、高文厚、王昌维、李玉银、李继、马成富、侯三、李思彦、徐生英、陈安生、武永法、王衍庆、王清印、王茂渭、张喻洲、王玉昭、戚成资、张志诚、王守良。现在看来，还要加上李明的名字。他因被反绑着手，跳入河中，又遭日寇乱枪射击，很难有生还的可能。

1945 年日本投降后，罪大恶极的刘善云被共产党抗日人民政府枪决。

希望29名烈士能够瞑目九泉！更希望这29名烈士的名字和事迹永不被遗忘！

十五　邵剑秋夜渡微山湖，
　　胡大勋重整二大队

1940年10月12日夜晚，邵剑秋带领运河支队一大队一、二、三中队赶到朱阳沟外围，同突围出来的孙伯龙带领的运河支队机关、警卫队、四中队会合，当夜一同进到周营以北的刘家河口等村庄隐蔽。峄县支队驻牛山西的杨庄，13日峄县支队在杨庄跟扫荡的日军打了一天，当夜他们就离开运河以北地区转移进抱犊崮山区了。13日夜运河支队机关跟一大队从刘家河口转移到距牛山后西北方向约10里的张庄一带。当时敌21师团、第10混成旅团和汪伪徐州的和平救国军、山东皇协军及警备队，在运河以南北展开了全面的"清剿"。敌人踏遍大大小小的村庄，烧杀抢掠，奸淫妇女，实行惨无人道的"三光"政策。处处枪声，处处火光，处处撕心裂肺的惨叫。15日夜，孙伯龙主持召开了紧急会议，决定由孙伯龙带一支便衣短枪队留在原地区活动，安置伤员，筹集子弹，观察敌人的动态。等待朱道南政委进山汇报请示工作回来副支队长邵剑秋和政治处主任文立正带着机关直属部队和一大队（除第五中队）西出津浦路，跳出铁路圈，进到微山湖东岸的郗山村隐蔽休息，严密封锁消息，伺机袭击敌人。

郗山是一座孤山，西濒微山湖，东临津浦路，离沙沟车站五里，山下有三四百户居民。在这遍地敌伪的狭小地带，背水扎营，虽是兵家之忌，但时值临城、沙沟、韩庄的日伪军被抽调去运河以南北地区扫荡，敌后兵力空虚之际，我军突然插到郗山隐蔽，出乎敌人意料。果然，直到两天以后，敌人密布的侦探和特务才发觉，于是开始调兵。根据几路侦察员的报告，敌人企图合击郗山，有包围运河支队的态势。在这紧要的关头，邵剑秋主持召开了部队干部紧急会议，他介绍了严重的敌情，有人主张当夜离

开郗山，这三面重兵、一面背水的郗山定然不是久留之地。有人主张回运南，敌人扫荡先从运河以南开始，已有第五天了，敌人在那里的扫荡可能已告一段落。有人当即提出反对意见，认为去运南要越过津浦铁路和运河，现在铁路、运河已被敌人封锁，这么长的路程，一个夜行军怎么也过不了运河。搞不好，又要钻进敌人的合击圈。与其被敌人堵住，倒不如死守郗山。这时，人称"猛张飞"、"黑煞神"的作战参谋褚雅青主张坐船过湖回运南。三中队长丁瑞庭说："我们是陆地部队，不熟悉湖上的情况，我是韩庄人，听说韩庄湖口闸停有鬼子的汽艇，万一在湖上与敌人相遇，我们会吃亏的。要慎重考虑！"家原住在湖边朱姬庄的一中队长华新乙附和着说，"从郗山到南陇子，水路约40里，一般帆船正常行驶每小时六七里，今晚9时出发，明天凌晨4时可到。到天明还有两三个小时，可以越过津浦路到运南。可是如果情况反常呢？比如说遇到大的逆风……"

会议对各种情况进行了反复的讨论，最后邵剑秋决定出奇制胜，夜渡微山湖，打到运南去。接着文立正布置了夜渡微山湖的政治动员和水上行军的鼓动工作。

会后以运粮为名动员了大小帆船20只，分编为5排，每排用绳索连在一起，每人带两天的熟食，做好夜渡微山湖和在湖上打游击的两手准备。夜9时从郗山起航，沿着微山岛东侧鱼贯驶去。

邵剑秋和文立正、褚雅青坐在第一排船的船头上，掌握着航船的方向，不时注视韩庄方向敌人的动静。

褚雅青侃侃而谈，看上去生就一副粗鲁莽撞的脾气。其实不然，在这么紧张的行军途中，他竟有心情讲起了三国：

"曹孟德百万人马下江南，一路取州过县，锐不可当。渡江的时候，曹操妙用连环计，把战船连在一起，结果……"说到这里，褚雅青不说话了，他知道说漏了嘴。

"后来呢？"几个同志故意追问。

"败了呗！"褚雅青有点无奈地说。

大家哈哈笑了起来。

"笑什么？连环计一样，时代可是不同，有了共产党毛主席领导，凭这个连环计，咱们准能胜利。"

东风渐大，深邃的夜空里，一行大雁由北向南徐徐飞过，发出一阵阵凄凉的叫声。

"大雁叫一声，穷人吃一惊。"身着单衣的抗日战士的确感到了深秋的寒意。伤病员和体弱的战士被"逼"着睡到了船舱里，留下的人互相依偎着坐在船头。

邵剑秋站在船头，夜风一次次掀起单薄的衣角。他在想：秋去冬来，敌人扫荡频繁，部队的棉衣怎么办？

夜更凝重了，单调的划水声越发显得清脆。船行到山头西部，东南方向的湖面忽然传来"叭、叭"的枪声，大家顺手抓起枪支，紧张地注视着枪响的方向。船老大王大顺沉着地侧耳听了听动静，安慰大伙说："没事，这是韩庄的二鬼子到湖上抢船，咱们偏西走吧。大家不要吸烟，这些家伙见亮就奔。"

这时，大家才知道船已驶到湖中心了，睡意立刻被紧张所代替。大家心里明白，夜渡微山湖这盘棋的输赢，这里是关键的一步。如果此时和敌人相遇，后果将不堪设想。船老大王大顺告诉大家："离留城不远啦！"

"留城？什么留城？"一个同志不解地问。

"汉朝时代的名城嘛！刘邦定鼎后封张良为留侯。刘邦、吕后大诛功臣，张良看到刘邦只能共患难，不能同安乐，乃隐居留城不远的微山。"

大概是在隋唐时代，这个留城就沉到湖中了。如今微山岛山坡下还有汉留侯张良墓的遗迹碑记。这时，政治处主任文立正听了同志们的对话，感叹地说："张良真算运筹帷幄，决胜千里的战略家啊！卒然临之而不惊，无故加之而不怒。他辅助刘邦，灭秦楚，定汉室，以弱胜强。咱们只要坚持毛主席持久战的战略方针，坚持游击战术，就一定会取得胜利。"

听完这些，大家又一次感到压在自己肩上的千斤重担。壮大我们的民族，建立一个崭新的国家，不正是我们奔波的一个宏伟目标吗？

偏东风越刮越大，船遇顶风，如果今夜不能过微山湖……难道华新乙说的那个境况真要发生？同志们都很着急。

"怎么办?"邵剑秋把热切和信任的目光盯在船老大王大顺脸上。

"船使八面风。"王大顺冷静地看了看风向,果断地说。于是各排船都调整了船桅。利用偏风偏向,S形迂回前进了。

由于各排船采取的角度不同,最后一排船恰在这时迷失了方向,掉队了。"停船寻找!"指挥船上下达了命令。人们都忐忑不安,计算着到天明的时间。派出的小划子在不到30分钟的时间里,用口哨与失去联络的船只取得了联系。指挥员心上的石头落地了。船队继续行驶。

越过日伪军据点韩庄,霜雾茫茫中透出了湖南部龟山的阴影,目的地就要到了。

凌晨4时,部队从距韩庄6华里的南陇子北边的湖岸上登陆,立即出其不意地从利国驿和韩庄的中间跨过了封锁严密的津浦铁路,在距利国驿10里的万庄一带扎下了大营。而在此刻,敌人还做着开往郗山、围歼运河支队的美梦。看着一队队敌人由东向西经过万庄旁边的大路,隐蔽在庄内的部队,先是紧张,准备作生死搏斗;继则感到分外惬意。一大队副大队长王默卿同志幽默地说:"嘿,鬼子和我们换防了!"果然,日军合击郗山,消灭运河支队的图谋落空了。

吃了早饭,大家怎么也高兴不起来了。每一个村庄还有敌人放火留下的袅袅余烟,还有那无人收殓的死尸,男人的、女人的、小孩的,惨不忍睹啊!

部队在这里稍作休息,又继续前进了。

当天下午,部队进驻运南重镇涧头集。在朱阳沟战斗之后,龙希贞投奔日军,敌人当即委任他为伪警备第八大队长,在涧头集发展伪军。当他知道八路军运河支队大队人马向涧头集前进时,就带着10多个伪军逃之夭夭了。二大队长孙斌全在朱阳沟战斗的当夜,就渡河回到涧头集以南地区,集结他跑散的队伍,六七天的时间收拢了200余人,就在东西于沟一带活动。支队机关和一大队回到涧头集会合了。日军扫荡运南以后,活动在燕子埠一带的邳县伪军梁广洁部不断到小山子一带骚扰,运河支队在白天向进到小山子村的梁广洁部百余人出击,敌人发现我部队较早,仓皇东撤。战斗虽然不大,但政治影响不小,老百姓传着这里还是八路军的天下。

库山战斗以后，支队主动北渡运河之时，一大队五中队没有渡河，隐蔽在中队长陈荣坡的老家官庄，当夜就放下武器，把枪支都捆起放在水塘里，让战士们都分散回家隐蔽。二大队七中队在随大队从花石场渡河以后，自行由运河北岸东行到丁庙隐蔽，接着也放下武器，在日寇继续清剿之时，中队长被捕，致使该中队改换了伪军旗号。在10月25日前后，朱道南同志从鲁南军区回到运北，随即通知部队进入运河北岸活动，二大队孙斌全带着八、九中队也随支队进入运北。11月初鲁南军区通知，运河支队除留下小部队坚持战斗在运河以南北以外，其余都进入抱犊崮山区休整。

胡大勋、胡大毅等人在不老河边的朱家湾一带，利用国民党苏鲁边游击司令韩治隆已转为对我采取友好的关系，收拢整顿原属运河大队的部队。十中队副政治指导员刘启家带着一排队伍插到距贾汪日军据点仅4里的宗庄老家放下武器，战士回家隐蔽。胡大毅集合刘启家带的人和渡河南撤收拢的人重新组织起第八中队。原来活动在徐州东北贺村佟昌勤的队伍，因为对敌斗争情况恶化，佟昌勤也牺牲了，最后剩下不足10人带着一挺机枪通过敌区和顽区来到上朱家，和胡大毅新成立的第八中队会合。恰在最困难的时期，投机到延安参加革命的二大队政委宋学敏自动脱离队伍，只身跑到上海敌区，在日军的密捕下，到徐州投敌，充当了汉奸。宋学敏是能说会道的大学生，平时抗日的漂亮话叫他说尽，如今变成了日军的特务，他的叛变对运河支队集结部队，继续在运河南岸坚持抗日斗争产生了极为不利的影响。五中队长陈荣坡是个坚定的抗日者，由于缺少斗争经验，在恶劣的环境中，为保存力量而放下武器。他在日军扫荡后又集合起队伍，但减员不少。老的十中队、十一中队都垮了。胡大毅指挥着五中队、八中队分散在贾汪东西及贾柳铁路支线南北敌区和黄邱山区隐蔽活动，并着手派杜玉环同志以第十中队的名义重新发展部队。三个月的时间，十中队又拉起30人的队伍。到1941年元旦后约三个多月的时间，他们经历了各种艰难困苦，准备迎接县委领导机关从抱犊崮山区南来黄邱套山区，领导恢复重建运河地区游击根据地。

十六　急行军秘泄梅花台，
邵剑秋血战弯槐树

运河支队部带着一大队于 1940 年 10 月 23 日进到运河以北地区活动。随之，第二大队长孙斌全带着 200 多人的队伍和峄县六区机关，在敌人继续扫荡运南的情况下，进到运河北岸靠近支队部。这时部队采取隐蔽活动，尽量跳出敌人扫荡的合击圈。但也有小的战斗。二大队在一次战斗中，供给处主任马瑞祥同志负伤，还伤了一匹驮运物资的毛驴，尔后部队中长时间把在战斗中"伤一驴一马"当作笑话流传。部队进入运北六七天后，支队主力进到抱犊崮山区休整，只留下朱道南政委、邵剑秋副支队长、褚雅青作战参谋带领的一大队一中队和孙怡然率领的峄县支队的一部分在山外运河北岸坚持斗争。

敌人扫荡运河区的部队在每次分路合击八路军之后，都撤到周围铁路线要点待机。1940 年 11 月 7 日，是农历十月初八，立冬。那天半夜，朱道南、邵剑秋率领运河支队一中队住在运河北岸的梅花台村后，根据情报，认为敌伪有扫荡的迹象。于是立即召开紧急会议。会上，向运南转移的提议，未能取得一致意见。去杏峪、张庄、黄风口的提议，又因为部队十分疲劳、路途过远而被否决。最后通过了移往弯槐树村的方案，弯槐树村离韩庄车站不远，过去从未住过，估计是敌人意想不到。部队争取休息一天，观察敌人的动向再转移。部队在当天的下半夜（11 月 8 日）进驻弯槐树村。当夜随运河支队活动的还有峄县支队直属中队孙倚亭部数十人，兼任峄县支队第二大队队长的四区区长孙怡然带着的区队约 30 人。

弯槐树是个不到百户人家的小村落，原来村中有土围墙，但这时围子都已倾塌，成为残垣断壁，有的已成平地，有的有半人或一人高。部队集中住在村子南头的一片宅院里，运河支队一中队住在西边，峄县四区区队住在东边，峄县支队直属中队住在沟东的一片住宅里。汉奸褚思杰的家就在梅花台村，村里有不少人就在韩庄褚思杰的汉奸队当兵，八路军由梅花台径直到达弯槐树，到处狗吠人叫，因此，韩庄日伪军很快就得到我军移住弯槐树村的情报。

拂晓，敌人包围了弯槐树。七班已与偷袭的敌人交上火了。在我们迎头痛击之下，敌人仓皇败退了。峄县支队直属中队一听到枪响就从村北敌人包围圈的缺口处撤离了弯槐树。邵剑秋决定坚守村落，布置一中队和四区队分担村南、村东和村西的坚守任务。天刚蒙蒙亮时，在熹微的晨光中，华新乙隐隐约约发现日军正向我前方一片狭长的洼地里运动，那时实际已被日军四面包围。洼地的南侧是一高台，敌人在那里的一挺重机枪正瞄向我阵地。华新乙意识到敌人即将对运河支队发起冲击。我们阵地前方有一道矮土墙，矮土墙后面还有一道高土墙成为运河支队防守的有利屏障。为了能有力地保住阵地，减少伤亡，华新乙命令在矮墙下防守的两个班只留下一个战斗小组，其余人员连同机枪组迅速后撤到高墙东面，隐藏起来，准备用密集火力有效地杀伤冲击的敌人。布置完毕，他要通讯员平开月立即向支队首长报告情况。

平开月刚刚离开，日军的轻重机枪、小炮一齐开火。沿阵地上霎时烟尘弥漫，弹片纷飞，矮土墙一带成了一片火海。留在那里的三名战士，一名牺牲，一名重伤。在火力掩护下的日军冲到矮土墙跟前，他们一窝蜂地蹿过土墙，向八路军前沿阵地逼近，那副凶相清清楚楚。华新乙下了"打"的命令，隐蔽在高土墙后面的部队早已满腔仇恨，机枪、步枪同时开火，急风暴雨般地向敌人扫去。冲进我前沿阵地的敌人，大部分非死即伤，矮土墙下尸骸狼藉，只有五个敌人躲过了弹雨，狂叫着端着上了刺刀的大盖枪扑了过来。战士关少文一跃而起，挺枪向一名日军刺去。敌人猝不及防，扑通倒地。几乎在这同时，关少文同志被另一个日军刺中，他怒目含恨，倒在阵地上。接着又有两个日军被我们击毙。剩下的两个日军冲进了我方阵地。华新乙已被敌人的炮弹炸伤了右腿，日军两把明晃晃的刺刀直向华新乙逼来，华新乙咬了咬牙跃起身来，迅猛地转过矮墙的拐角。就在这个当口，只听"叭叭叭"几声枪响，两个日军两手一张趴在地上不动了。华新乙回头一看，是副支队长邵剑秋正贴在矮墙的拐角处，他手中握着 20 响驳壳枪，枪口上的青烟还未散尽。话音未落，邵剑秋不容分说地招呼一个战士把华新乙扶了下去。敌人的冲击被我们打退了，战场上出现了一片沉寂。

日军又调整部队，支队首长调整了战斗部署，由褚雅青率警卫班和一中队二排两个班防守支队西南角空院，四区区队防守东南角空院，形成犄角之势。这片宅院都是邵剑秋家的，房子都是青砖黑瓦，院墙也是青砖垒成的，比较坚固，利于防守。战士们还挖了枪眼和掩体。

日军调整兵力，又一次进攻开始了。这次日军把突破口转移到一中队三排阵地上，仍然先用火力急袭，轻重机枪一起开火，大炮小炮连续袭击。战士们蹲在掩体里，专等着日军步兵的冲击。日军刚接近阵地前沿，八班长王厚田大喊一声"打！"一颗颗手榴弹飞进敌群。敌军立刻乱了营。接着王厚田大手一挥喊道："上！"战士们立即涌上前去，与日军展开肉搏战。一时刀光闪闪，杀声大震。刺刀的撞击声，敌人倒地的"咕咚"声还有战士们的喘息声响成一片。王厚田怒目圆睁，越杀越勇，他刚刚撂倒了一个日军，刺刀还未及拔出，突然听到后面有动静，连忙把身一转，一把明晃晃的钢刀擦身而过。日军用力过猛，一下收不住，正冲到王厚田的面前，王厚田这时已把枪收回，顺手一枪托向日军砸去，这个日军扑通一声倒下了。几分钟的肉搏战，使敌人胆战心惊，丢下了十几具尸体败退了。另一股向七班阵地冲击的日军也被贾成泉组织的侧射火力顶了回去。

敌人两次冲击受挫，转而采取了对我分割包围的战术。阵地有南北两个大院落，南院落又分东西两个场院，南北院落之间是一条宽阔的通道，日军用机枪火力严密封锁，妄图切断我南北院落的联系，使我们不能互相支援，把我军一口口吃掉。日军的这一招确实狠毒，局势变得更加严峻。支队首长传令各防守部队，要独立作战，誓与阵地共存亡。

约 8 时许，敌人已经完成了对我军阵地的分割包围，又开始用密集的炮火轰击我军阵地了。我军阵地一片火海：炮弹呼啸，弹雨纷飞，硝烟弥漫，草房着火，屋墙坍塌，不少战士被埋在坍塌下来的瓦砾下，战士们咬着牙甩掉身上的砖瓦碎石，不顾伤痛，继续战斗。政委朱道南、副支队长邵剑秋一直在阵地各处巡视，安慰伤员，密切注视敌人的动向。首长的坚定沉着和乐观情绪鼓舞着干部战士，大家的战斗情绪更加高涨了。敌人又一次发动了攻击。在一排阵地上，副排长李青愤然跃起，指挥战士与日军白刃格斗。机枪组长许长生端起轻机枪，狠狠地向冲过来的日军射击，一排排日军死在他的枪口下。许长生越打越勇，他甩掉帽子，解开衣扣，机枪吐着火舌，带着民族仇恨的子弹无情地飞向敌人。他完全沉浸在杀敌报国的豪情之中了。这时两个狡猾的日军不知怎样躲过了机枪的射击，偷偷绕到许长生侧后，挺枪向他刺来。明晃晃的刺刀眼看就要戳到许长生的脊背了，就在千钧一发之际，只听"当啷"一声，日军的两条枪一齐摔到了地上。许长生回头一看，是副排长李青用枪托砸掉了日军的枪。好李青，接着飞起一脚，对准一个日军的下腹，狠狠地踢去。只听"嗷"的一声，那个日军抱着肚子倒在了地上。另一个日军乘机挺起枪向李青刺过来，李青闪身一跳，躲过这一枪，顺手抓住敌人的枪管。许长生抽出机枪预备筒，对准敌人的后脑勺，狠狠地砸了下去，敌人的脑袋开花了。就这样，我们的战士，在敌人的炮火之下浴血奋战，又连续打退敌人三次冲锋。在激烈的战斗中，我们有些战士负了伤，轻伤的继续战斗。警卫员邵料理右手被炮弹炸伤，食指、中指炸掉半截，就用左手持枪战斗，不下火线。

在敌人的炮火密集轰击下，阵地已经没有一所完整的房屋。华新乙拖着伤腿重新调整了兵力布置，特别派人加强了防守阵地上出现的缺口。敌人硬攻不成，就施放毒气弹，大家赶紧往毛巾上解小便，捂到嘴上。这个办法非常有效。战场上出现了对峙的局面。

防守的阵地多是残垣断壁，为了保存自己，杀伤敌人，战士在墙上挖了许多射击孔。日军毒气战被粉碎后，战场上出现了暂时的沉寂。日军士气低落，而我军却斗志昂扬。战士们通过射击孔监视敌人。八班长王厚田从射击孔向外看，只见一个肥头大耳的日本军官，正举起望远镜往山边看。他立即举起枪来，瞄了一下，"叭"的一枪，日本军官仰面摔倒，望远镜一撂老远。王厚田的这一枪提醒了大家，战士们便利用射击孔进行冷枪射击，杀伤了一些敌人。日军发觉了我军的射击孔对他们是个很大的威胁，便组织了一些射手封锁我军的射击孔。华新乙发现这个情况，立即通报各个守候射击孔的战士，不要让身体对着射击孔，向外观察动作要快，防备敌人的冷枪。王厚田杀敌心切，他为自己的射击孔被敌人封锁十分恼火，便伏在射击孔下等待时机，脖子上的青筋直跳。他急躁地一起身，就在这一刹那，日军黑恶的子弹穿透了这位英雄的胸膛，他圆睁双眼倒在了血泊里。战友的牺牲，燃起了战士们心中熊熊的烈火。

为了对付敌人的恶毒伎俩，华新乙和郑林昌便召开了一个阵地"诸葛亮会"，决定诱敌上钩，集中歼灭日军的射手。办法是：一个战士用木棍挑着军帽，在射击孔上下或左右移动，诱敌射手开枪，另一名战士做好迅速射击的准备。当敌射击中断的一刹那，火速出枪射击。这个办法果然灵验，不一会儿的工夫便歼灭了十几个敌射击手。我军夺取了射击孔的主动权。

激战近10个小时。下午5点多钟，十几个敌人偷偷接近了我阵地前的一个麦草垛，企图借草垛掩护向八路军袭击。愚蠢的敌人从西向东运动，没想到快落山的太阳暴露了他们的秘密，他们尚未露面，可是影子就已暴露了他们的所在。两个敌人刚一露头，早就瞄准好的子弹立即把他们送上了西天。日军的诡计又失灵了。他们一怒之下放火点燃了麦草垛。这穷凶极恶的日军没有想到，点燃草垛却给我军阵地添了一堵火墙。

十几个日军凶神恶煞地闯进了农民刘世清的院子，这时，刘世清和儿子刘贵友、刘大勤及女儿刘国珍都躲在屋子里，日军用刺刀把他们逼到院子里。日军让刘世清劝降，刘世清坚决不答应，日军举起刀来向刘世清老人砍下去。刘世清的儿女们眼看着父亲死在敌人的屠刀下，他们疯了一般扑向敌人，用牙咬手撕，以死相拼。日军汉奸一时被他们的行动惊呆了，有个日军已被兄妹三人按倒在地。这时几个日军才清醒过来，举枪对刘贵友兄妹射击。刘贵友兄妹至死还紧紧地和敌人抱在一起。

月亮东升，日军拖着满载着尸体的牛车撤退了。我军不足200人，粉碎了敌人近千人的围攻，击退敌人10多次冲锋，部队牺牲近40人（包括四区区队3人），终于取得了胜利。这是运河支队战史上，在村落守备战中，大量歼灭敌人、保存自己的第三个模范战例。这次战斗，杀出了军威，沉重打击了日军的嚣张气焰，在运河南北地区的抗日斗争史上，写下了光辉的一页！

敌人撤退后，运河支队向大明山开进。由于伤亡较大，弹药也所剩无几，在战后第二天的夜晚，即越过台枣铁路线，进到抱犊崮山区。

这次战斗的教训是：在大扫荡中，部队本应该避免和日军作战，部队转移时又未采取保密的措施，以致遭到日军强大兵力的围攻。所以能战胜敌人，在客观上，日军的战术笨拙，火器虽比运河支队强大得多，而两军阵地相距太近，不能再用重炮轰击，敌士兵也缺少牺牲精神。而运河支队在客观上有村庄院落可守，在主观上则是干部、战士英勇善战，都抱有与阵地共存亡的决心，战术运用灵活。当时领导干部多，驳壳枪也多，有利于在砖墙阵地上灵活地射击敌人。

十七　众英雄进山短休整，
罗荣桓改编山外军

运河支队建立 10 个多月来，在支队长孙伯龙等人的率领下，同苏鲁支队、峄县支队密切配合，机动灵活地不断袭击敌人，使日军日夜不宁。尤其是在夏、秋两季的反扫荡中，运河支队常常同数倍、数十倍于我之强敌作战，挫败了日军一次又一次的猖狂进攻。但是，在连续多次较大规模的反扫荡中，运河支队伤亡不少，弹药所剩无几；加之 10 个多月来，部队一直在打大仗，打恶仗，始终未能得到较好的休整。

为了提高部队的军政素质，师部首长命令运河支队，除留下五、八中队在运河两岸坚持活动外，其余都进入抱犊崮山区进行休整。孙伯龙接此命令后，及时向运河支队干部进行了传达，作了思想动员，商定了进山的行动路线，并对留下的部队作了周密安排后，即率部队跨过台（庄）枣（庄）铁路，顺利到达抱犊崮山区，靠近教导二旅五团进行休息整顿。这样，山外的苏鲁支队、峄县支队、运河支队的主力都先后撤进抱犊崮山区，几个区的党政机关也随之撤到山区。

在休整期间，一一五师罗荣桓政委和陈光代师长，亲自看望支队领导和战士们，并进行了长时间的亲切交谈。

休整期间，运河支队领导孙伯龙、朱道南和邵剑秋等，认真回顾了十个多月的战斗历程，总结了许多经验。总的来说，就是战斗的实践证明，在平原地区敌据点的包围中，是可以开展游击战斗的。尤其是经过杜庄、朱阳沟、弯槐树等较大规模的战斗，充分说明即使被大量敌人包围，敌我力量悬殊，但只要弹药充足、善于指挥、依靠群众、机动灵活、沉着应战、敢于放敌人于近处狠狠打击，就可以坚持全天，而敌人又不敢夜战，就能取得突出的战果。

休整期间，师部首长对运河支队及其领导成员，作了较大的调整。支队长孙伯龙调任鲁南军区副司令，支队政委朱道南调任峄县县长，副支队长邵剑秋接任运河支队支队长。运河支队一大队和二大队的八、九中队被提升为主力，编入教导二旅五团。

运河支队部撤出运河地区的教训主要是：

（1）运河以南北地区处在邻近徐州战略要地和津浦铁路、陇海铁路交叉的三角地带，运北的枣庄既是矿区，又是控制鲁南山区外围的屯兵要地，运南的贾汪煤矿和利国驿铁矿又都是日军"以华制华，以战养战"必须确保的资源基地。因此，武汉失守以后，日军为了巩固其占领区，重兵回师华北，于1940年初春，开始加强对运河以南北地区的扫荡和控制。对出现的这种新形势、新情况，领导层未能冷静地分析研究和采取相应的对策，因而当敌重兵压境而措手不及。

（2）政权需要军队保护，军队也需要政权支持。1939年冬，共产党在王家湾成立了峄县县政府，而峄县县委则由涧头集地区移到抱犊崮山区，这在当时来说是必要的。但是，1940年初春至秋天，形势已经发生了很大的变化，而县委领导中心却仍然设在偏于一隅的山区，在山外对敌斗争千变万化的情况下，县委本该采取应变措施，但鞭长莫及，使部队缺乏依托。

（3）区乡武装的建立及其任务没有按就地坚持斗争的原则来定，有的区则由运支的大队长兼任区长，又没建立另外区的武装，因此在敌进行大的扫荡中，没有就地坚持斗争的观念。本来运河以南北我军回旋地区并不很大，队伍比较多，如果区队都由地方主力留下的精干的部队担任，明确他们就地坚持斗争，他们土生土长，人熟地熟，应付1940年敌军扫荡，形势则将会是另一种局面。

（4）在运河支队大发展的形势下，对敌斗争采取了过激政策，在军事上不时地对敌人军事要点进行袭击，给日军以极大压力。对贾汪据点的进攻缴获不多，相反，战后运河支队在该地区的情报关系，都先后遭日军特务机关破坏，以致情报失灵，甚至以后长期在贾汪方向掌握情报非常困难，得不偿失。在某些边沿村庄，也没有认真采取隐蔽的政策。如在好多靠近津浦路据点边沿的村庄，曾公开召集群众大会，敲锣打鼓，有的甚至汽灯高照，使日军十分恐慌，导致了敌华北、华中派遣军采取联合重大军事行动。

（5）自运河支队成立，军事行动较多，胜利较大，因而思想麻痹，对敌人两岸合围和夜间采取军事行动的变化，没能事先估计到。军事行动有时不注意保密。

（6）虽然有教导队训练班长、排长、优秀战士的措施，但是对大队、中队两级在职中层干部基本上没有进行必要的政治、军事教育，在艰苦条件下没有坚定抗日的信心。故在敌情突变的情况下，有的为保存力量而放下武器，有的则意志消沉回家不干，还有的竟然投敌。

（7）组织宣传群众工作，多采用"大呼隆"的办法，一些乡区群众抗日团体一哄而起，有少数村庄进行过减租减息，但很不彻底。从总的方面来说，没有采取改善农村基本群众生活、激发基本群众抗日积极性的措施。在共产党抗日民主政权领导下，虽然没有敌人的统治和汉奸的欺侮，但贫雇农仍然衣食温饱都不能解决，因此在恢复敌占区的活动和坚持敌、伪、顽、共的游击区活动中，有些农民采取中间态度，有的在压力下，甚至采取支持伪军和顽军的态度。这种教训在之后相当长的时期内并没有为领导所接受。

（8）统一战线工作中的某些做法不够慎重，对愿意靠近运河支队的原国民党游击队的工作未做到家，就强行改编为我们的部队，反而导致他们迅速投敌，成为敌人。

（9）对峄、滕、铜、邳游击地区，缺乏坚持公开斗争和隐蔽斗争的两手准备；在军事政策上没有全盘的考虑；对地方部队升为主力军的问题，采取了过激的政策；主力既要补充，也要保存一定数量的地方军，坚持地方斗争。有了抗日军队，才有抗日政权。当时已把峄县支队、运河支队一大队编入主力列为计划，但在部队撤出运北，地方全部伪化，运河支队二大队基本垮了的情况下，仍然把运支主要兵力编入五团，对一些中层干部又不好好使用，以致战士大量开小差，保留在主力的寥寥无几。如果另行采取适当办法，做到既有战士补充主力军，又适当保留地方军，峄、滕、铜、邳地区的斗争形势将会是另一种局面。

十八　山外地接连遭伪化，
　　八路军回师运河以南

1940 年，日军实行所谓重点扫荡八路军的计划。年底前后，八路军在峄、滕、铜、邳地区受到很大挫折。这是因为敌军加大兵力，改变战术，对八路军造成强大的压力，而八路军在主观指导上未能采取敌变我变的方针，在具体应变措施上犯有错误，以致不仅撤出山外的运北平原地区，接着又撤出抱犊崮东南侧的山区，共产党峄县县委领导机关则迁到临郯费峄边联地区。原峄县支队的叛逃分子孙茂墀公开投靠日军，当了古邵区的伪区长兼警备大队长；阴平的孙景义也被日军委任为周营区的伪区长。他们配合日军，到处搜捕和迫害革命群众，并分别在古邵、周营安设了据点，极力推行囚笼政策。继之南石沟、上辛庄、老和尚寺、牛山后、种庄、南常、多义沟、圩子、金寺、坊上、马兰屯、白山西、二里沟、东西于沟等数十个村镇，都先后安设了据点。运河沿岸所有大小渡口，也都修筑了碉堡。这样，运河地区全部伪化了，人民群众重新陷入水深火热之中。国民党方面也发生了某些变化，最反动的梁继璐残部约 400 余人，于1940 年 11 月下旬进到八路军抱犊崮东南侧根据地的木厂村一带，八路军峄县支队对其进行反击，歼敌近半。到 1941 年年初，敌军华北派遣军总部在总结 1940 年日军占领区的治安工作时，认为已经收到极大效果，但未能满意的是八路军对群众的地下工作还在不断地深入和扩大。敌人根据这一情况，制订了重点扫荡八路军的计划，把彻底剿灭八路军的战斗当作确保华北的头等大事来做。3 月 30 日开始实行治安强化运动，对八路军执行新的措施：（1）烧毁八路军根据地的设施；（2）采取蘑菇战、咬住不放，或者夜间和拂晓前突然袭击等战术；（3）组成特种突击队以对付八路军指挥机关；（4）利用在扫荡中新挖的封锁八路军的壕沟，制定势力范围，继续向外扩展；（5）加强经济封锁。鲁南区党委、鲁南军区在年初为适应敌我形势的变化决定对峄、滕、铜、邳地区在组织形式上加以改变，成立滕、峄边县，原属峄县管辖的抱犊崮山区部分划归滕、峄边县建制，把峄县党政军领导机构移到山外运河南岸地区，以适应领导峄、滕、铜、邳地区对敌斗争的需要。

在此之前，约在 1941 年元旦前夕，——五师罗荣桓政委等领导人在费（县）北山区的驻地召见了运河支队领导人邵剑秋，在听取汇报后他指出："运河支队一部分升为主力，还留有一部分作为基础。支队领导人是当地人，与群众有密切的联系。回到山外地区，很快可以发展壮大起来。山外地区地处徐州附近，地理位置重要，是华中和山东联系的纽带，坚持这个地区具有战略意义。""支队领导必须注意，前一段虽然打了一些胜仗，却暴露了目标，引起了敌人的注意。运河支队好比在敌人头上跳舞，敌人能让你跳吗？这次敌人集中兵力连续对你们进行扫荡，部队遭受损失，应该引为教训。要记住游击战术的原则，出其不意，攻其不备，分散隐蔽，机动灵活。这次回去在那个狭窄地区，部队可穿便衣，以连为单位活动。如果能够保持住 500 人的精干部队，坚持到最后胜利，作为我军反攻徐州的前沿阵地，就算胜利完成了任务。"

孙伯龙接任鲁南军区副司令员之后，具体分管军事训练和机关工作，这比在山外带兵打仗、南征北战轻松得多，安定得多。但是，他在思想上并不轻松，也并不安定。他觉得在高级机关不如回到山外地区发展部队更能发挥作用，于是，他坚决要求出山。当时鲁南军区党委和军区的领导，根据当时斗争的形势，研究同意了他的请求。但是，孙伯龙到山外重新组织部队，又以什么名义呢？当时正值山东分局成立国民党抗协自卫军，又因孙伯龙与国民党的渊源关系，便任命他兼国民党鲁南抗协自卫军峄山支队支队长，彭畏三为政治委员，原峄县支队副支队长孙云亭为副支队长。对以国民党鲁南抗协自卫军这个名义，孙伯龙又转喜为忧，闷闷不乐。他觉得自己曾被国民党开除，又冠以"国民党"的名义，并且八路军的军区副司令去做国民党抗协支队长，难免有屈辱之感。为此，他心里矛盾了数日，便找鲁南区党委书记赵镈同志反映。赵与孙是黄埔军校的同学，平素两人很要好。经过与赵镈同志的谈话，他才乐于接受这个委任。

为了重新打开运河以南北地区的局面，鲁南区党委、鲁南军区根据一一五师首长的指示，决定派以孙伯龙为首的峄山支队、以邵剑秋为首的运河支队和峄县党、政机关回到运河以南，坚持运河以南北地区的斗争。因为运河支队一部分升入主力，力量薄弱，又派教导二旅五团副团长王根培同志兼任运河支队副支队长，带五团三营随运河支队活动。随军南下的峄县党政领导是中共峄县县委书记孙振华，县长朱道南。

随运河支队出山的还有峄县县大队一中队，中队长孙景山、副中队长陈继全、指导员王振南，全队约70余人。该中队出山后参加了周营战斗、新闸子战斗，又到夏镇附近打击了冯子固的土顽势力。一中队始终跟随县政府、支队活动，保卫出山的领导机关。

夏镇反顽后，八路军发觉敌人集结兵力，上级决定部队向东转移。当部队转移到津浦铁路东牛山后时，遭到敌人的包围合击。一中队担任掩护部队转移的任务，战斗中副中队长陈继全英勇牺牲。牛山后战斗后，上级决定曹杰同志带小部武装在临枣支线南侧山区筹款，其余全部随主力开辟运南。月余，曹杰决定让王振南带武装南下运南，峄县县大队划归运河支队建制。

十九　孙景义固守金汤地，
众英雄首战克周营

八路军重返运南后，必须首先打几个胜仗，造出声势，站住脚跟，重新发展部队，才能重新打开局面。但选什么地方作为突破口呢？孙伯龙、朱道南、邵剑秋等经过反复研究，决定先打运北重镇周营。

周营原是运河支队成立和经常活动的地方，也是孙伯龙和邵剑秋的家乡，干部战士中不少都是周营及其附近的人，地理民情都了如指掌。根据侦察得知，当时周营为伪峄县第七区区长兼警备大队长孙景义所盘踞，兵力共3个中队约200余人，分驻3个小据点。据点围墙高约3米，外有围壕宽3米、深3米，壕外并有铁丝网，围墙四角各有一个碉堡，可谓深沟高垒，易守难攻。夜间据点周围汽油灯高照，明如白昼。伪军首脑认为阵地固若金汤，八路军不可逾越。

1941年2月10日夜，出山部队和党政机关，越过枣庄至峄城的铁路支线，进到枣庄西南的放马场村隐蔽，并严密封锁消息，充分做好强攻周营的一切准备，确保首战必胜。

2月11日夜9时许，部队由放马场出发，夜半1时许到达周营外围。担任主攻任务的各连连长带领排的干部，实地察看了地形。担任防御韩庄、阴平两处敌人增援的两个连队，分头开进了防御阵地。3时整，一声令下，突击队迅速剪断了铁丝网，用梯子架桥越过了壕沟。碉堡里的敌军发觉八路军行动后，开枪射击。掩护部队立即用机枪打灭了敌人围墙上的汽油灯，以密集的火力压制碉堡内的敌人。突击队迅速爬进围墙，后续部队接着跟进，对东西两据点展开攻击。不到半个小时，我军无任何伤亡，两个据点里的敌人就缴械投降了。九连攻打中心据点，一排长巴华堂、班长陈桂友带领部队猛冲进去，如入无人之境。敌人纷纷缴械投降，只有伪区长孙景义带领几个护兵，据守在中心碉堡楼上。八路军先是喊话，劝其缴械投降。而孙景义却傲气十足，负隅顽抗。接着，孙伯龙又向他喊话说："大哥，你下来，我保证你的生命安全。"孙景义仍然不愿放下武器，八路军立即用机枪掩护，突击队抱起用煤油浇过的秫秸向楼门冲去。而楼门是用铁皮裹着的，怎么也烧不着。时近中午，韩庄的日军来援，与埋伏在河湾村的打援部队交火，鬼子的炮声隆隆。阴平附近宁楼的敌人也已出动，情况十分紧急。

王根培看到孙景义至死顽抗，战斗不能获得全胜，怒火中烧。命令班长陈桂友、副班长赵庆云、战士王大洋等人把梯子靠上碉堡楼，他抢先登上梯子，爬到楼的水溜子附近，向楼上猛甩了两颗手榴弹。孙景义被炸伤，在楼上哀叫："别打了！我投降！我缴枪！"战斗至此胜利结束。八路军以牺牲副连长张少从一人的代价，攻克周营据点，俘获人枪200多。主攻部队、打援部队安全撤至周营以北十里的王楼等村。韩庄、阴平前来增援的日军进入周营以后，盲目地向周营北发了一阵子枪炮，未敢北犯，垂头丧气返回据点。

周营战斗之所以能迅速解决，其原因是：

（1）部队干部战士中有不少周营及其周围的人，人熟地熟，对敌情了如指掌，战前对作战方案研究得具体。

（2）敌人认为八路军远在鲁南山里，思想麻痹，突然长途奔袭的战法，敌人毫无准备，当突击组迅速突进外壕围墙，敌人无法应付，只好缴枪投降。

（3）战士勇猛顽强，战斗热情高涨，特别是副团长兼副支队长王根培同志，身先士卒，抢先登上梯子，对解决中心据点的炮楼、生俘孙景义，起了决定性的作用。

二十　日本人偷袭新闸子，
八路军再克六里石

为了营造我军出山的巨大声势，孙伯龙、邵剑秋等领导研究决定，部队跳到运河以南，继续出其不意地打击敌人。部队在王楼休息后，于当晚

10 时许开始南下，12 日 2 时到达运河渡口，可渡船早已被敌人控制，只找到一只渔船，天亮时部队全部渡过运河，住进新闸子村。九连住新闸子村东头，13 日战士们正在吃早饭时，忽然传来岗哨的枪声，是台儿庄的日军乘汽艇来了，已经登了岸。九连连长任振家指挥战士就地展开，立即占领阵地。二班班长陈桂友、副班长赵庆云带领战士迅速占领园沟、土岭。十几个日兵冲了过来。二班是九连有名的战斗勇敢青年班，当日军进到距阵地 20 多米时，战士用轻机枪、步枪猛烈射击，手榴弹在敌群中开了花。在激烈战斗中赵庆云腿部受重伤，仍然坚守阵地，不下火线。他打开两颗手榴弹盖，准备与日军拼命。战斗相持约两个小时，运河支队作战参谋褚雅青带着一个排，利用地形迂回到敌人侧后对敌人发起突然袭击。我正面部队发起冲锋，敌人腹背受敌，慌忙撤退，蹿上汽艇，向六里石方向疾驶溃逃。运河支队乘胜沿运河南岸追击。日军的汽艇在六里石据点伪军的掩护下，向台儿庄方向逃去。

六里石村是运河线上的闸口之一，驻有伪军一个中队，碉堡修筑在运河的月河圈内，四面河水环绕，形势险要。据点的前面是运河大闸，闸口宽 6 米，水流湍急。当我部队追到六里石村时，伪军急忙把闸口跳板抽掉，妄图凭借运河天险进行抵抗。我军决心拿下六里石。但直到黄昏，始终未能接近敌据点。各部立即召开战地动员会，研究分析此次战斗的重要意义。一致认为，攻打六里石，是八路军出山后的第三仗，如果拿不下六里石，势必影响部队的声威。大家纷纷表示，要发扬红军强渡大渡河的精神，坚决拔掉六里石据点。运河支队十一连王连长主动接受了强攻任务，组织突击队强搭跳板，机枪组以密集火力掩护突击队，终于用 20 多块方板在闸口搭起了跳板。部队渡过闸口，向敌人碉堡进攻，敌人被歼大半，少数跳河泅水逃命。我军当即发动群众破坏了碉堡。六里石之战，我十一连王连长英勇牺牲。另以负伤 1 人的代价，取得赶跑日军和攻克六里石伪军据点的胜利。

部队攻下六里石据点后，当夜进到黄邱山套和胡大勋、胡大毅等留在运南的五、八、十中队会师，部队在黄邱山套休息了两天。2 月 15 日峄县党政军领导人，趁机在贾汪日军据点东南侧的鹿楼村，约见了国民党苏鲁边游击司令韩治隆。当共产党方领导人进到鹿楼村时，韩治隆迎到村头。此次会见，韩治隆首先表示悔恨自己因上当而做摩擦错事，今后愿意和八路军合作抗日。我方当即表示，过去的事已成历史，唯愿双方以和为贵，合作抗日有利，闹摩擦则日军坐收渔人之利。相互诚恳交谈，为和韩部继续合作抗日打下了基础。

2月18日日军出动扫荡黄邱山区，八路军和敌人打了一天，八中队指导员龚纲整在战斗中殉国。三营因出山以来连续作战，十分疲劳，为避免和日军纠缠，当夜又跳到运北地区。日军采取了咬住不放的战术，继续追踪到运北。三营继则过津浦路，西进到夏镇附近地区。顽军周侗部见我三营进到他们活动地区之边沿，遂对三营不断袭扰。三营为了自卫，在杏园村对周侗部进行了反击，消灭其一个团部，取得了胜利。部队在连续战斗中，由于战士伤亡减员，弹药的消耗未能得到补充，所以在路西反顽战斗之后，撤回抱犊崮山区，回归——五师建制。

留在运南的孙伯龙、邵剑秋诸部和党政机关，在敌强我弱、地区伪化、极其艰难的环境中，艰苦斗争，重新站住了脚，并得到了很快的发展，重新开辟了黄邱套山区抗日根据地。首先，以涧头集为界，恢复建立了两个区政权，并要求各区委首先着手建立自己的区武装，在自己的活动区域内，独立坚持对敌斗争，不是在万不得已的情况下，不能脱离本区域活动。运河支队重新编组，五中队仍为一大队的基础，活动在利国驿以东的新河区。一大队长邵子真、副大队长王默卿带少数人进到津浦路沙沟站以南的铁路两侧隐蔽活动，依靠自己良好的社会基础，以运河支队第一大队的名义大力发展自己的部队。第二大队以八、十中队为基础，另将原参加五中队的杨茂浦分队和县大队合编为九中队，编入二大队序列，任命胡大毅为大队长，曹杰为教导员。由于支队副政委文立正调出运河支队，曹杰同志并兼任支队的总支书记。派作战参谋褚雅青回到他自己的家乡——微山湖东岸的张阿村周围发展部队。派原二大队侦察参谋谢绍唐在黄邱山套和贾汪周围以龙门大队的名义发展部队，任命谢绍唐为大队长，李浩为政委。同时，孙伯龙以国民党抗协自卫军峄山支队的名义，在运河以南北发展了200人的武装，与运河支队共同战斗在运河以南北。

二十一 日伪军合围根据地，
八路军粉碎大扫荡

　　孙伯龙、邵剑秋所带领的党政机关集中精力在敌强我弱的艰难的环境中，经过艰苦斗争，站住了脚跟，取得了很快的发展，重新开辟了黄邱套山区抗日根据地。运河支队重新进行改编。五中队活动在利国驿以东的新河区。一大队长邵子真带领部队活动在沙沟南面的铁路两侧。邵子真在战前是个小学教员，家住津浦路沙沟车站东侧 10 里左右的李店村。他出于民族义愤，在七七事变后，日军占领济南等地的时候，就组织抗日队伍。他带领的队伍升入八路军主力部队后，奉命回到家乡一带以运河支队第一大队的名义重新发展队伍。三个多月的时间，队伍已近百人，又建立起两个中队。6 月，在邵子真和王默卿的带领下，拔除了南常、多义沟等伪军据点，然后访问在抱犊崮山区的教导二旅五团，五团的首长赠送他两挺轻机枪，成为当时微山湖东、津浦路两侧人数最多的一支队伍。

　　1941 年 4 月中旬，运河支队和县党政机关驻防在北许阳村，截获从台儿庄送回的情报：日军对郯（郯城）、马（马头）的扫荡已结束，其中驻徐州的日军已经撤到台儿庄，在返回徐州的途中很可能对运河支队进行一次扫荡。接着各路的情报都送到运河支队的参谋处。经过对敌情的分析，估计敌人的扫荡已不可避免，且规模很大。敌人的具体部署和进攻路线很可能是以南北许阳为中心，兵分五路，对运河支队进行合击：北面有枣庄和峄县的日军和伪县长王徽文带领的伪军；西北面有韩庄的日军和汉奸张来余、叛徒褚思杰的伪军营；东北方向有扫荡郯、马回撤徐州的日军很可能和台儿庄的日军一齐来犯；西面有贾汪、涧头集的日军，铁杆汉奸龙希贞的伪军也可能从北面压来。敌人扫荡的总兵力估计会有 3000 多人。而运河支队不足 300 人，情况异常严重。当时韩治隆的司令部驻苑河村，与北许阳村仅隔数里，运河支队领导人驱马到苑河村会见韩治隆，因有鹿楼之约，韩治隆自认为自己的兵力比运河支队多，当即表示他的部队担任正北面主要方向的阻击任务，运河支队负责阻击东西两侧合围之敌。韩治隆能下此决心和运河支队联合作战，是国共统一战线政策的重大胜利，对运河支队粉碎敌人的合围扫荡也增强了信心。

运河支队采取了集中兵力，打击最弱一路敌人的决定，以涧头集铁杆汉奸龙希贞为重点打击对象。具体部署是支队首长带领主力部队，跳出敌人的合击圈，到黄邱山套里的赵圩子、张塘隐蔽，待机截击由涧头集出发途经张塘进攻南北许阳的龙希贞的部队；二大队长胡大毅率领八中队埋伏在黑山口，阻击来自台儿庄方向的敌人。另外，在许阳东面的朱古山口设一个游击小组迷惑敌人，任务是把敌人引诱到运河支队伏击圈，以便围歼。作战任务下达后，各部立即开往作战地区，准备迎击敌人。当夜，韩治隆部的邢焕章营进到北许阳村。

果然不出所料，第二天敌人兵分五路向南北许阳地区进攻。天还未明，枣庄峄县的敌人已经进到北许阳村北山的山北脚下，迅速爬山，企图占领北山。韩治隆部的邢焕章营进驻北许阳以后，在北山只放了一个班哨，哨兵听到有人从北山脚向山顶上爬的响声，便鸣枪报警，他的队伍也立即集合向北山运动。可是日军已先到达山顶，这时天已微明，哨兵未敢抵抗而向山下撤来。就这样，邢营未作抵抗就让日军压下山来，在退却中伤亡数十人。日军轻易占领了南北许阳。这时，运河支队设在朱古山上的游击小组便向敌人开了火，主动地暴露了目标。敌人踏着露水奔走了一夜，没发现一个八路军，正在又气又急之际，忽然听到枪响，以为发现了运河支队主力，便一窝蜂地向小小的朱古山头开炮并发起了攻击。游击小组按照计划，虚晃一枪，趁着微明的天色，撤离阵地向南退去。敌人一见我们撤退了，便紧追不舍。游击小组的几个战士且战且退，很快消失得无影无踪了。

与此同时，涧头集的日军和龙希贞带领的伪军经过张塘东侧的山沟时，突然遭到我支队主力的拦腰截击。这时天色似明非明，朦胧中敌人被打得晕头转向，许多伪军吓得抱头鼠窜。战斗很快就结束了。运河支队缴获敌人轻机枪一挺，步枪20余支，俘虏伪军数十人。日军和龙希贞带着残兵败将一溜烟往涧头集据点逃窜。运河支队则乘胜追击，一直追到涧头集附近。在许阳的日军大队人马得到涧头集据点被围的消息，急忙北返奔向涧头集，但为时已晚，运河支队早已向黄邱山套西部转移了。

另一路由台儿庄出动进攻的敌人，下半夜进入运河支队黑山口伏击圈，遭到胡大毅率领的八中队的迎头痛击，敌人被密集的射击打散了，在黑夜中失去了指挥，乱窜乱撞，死伤一片，溃不成军，直到天明很久才把队伍集合起来，没敢前进。八中队在完成任务之后，趁着黑夜转移走了。

韩庄敌人早晨进到杨家埠，西区区队阻击一下也转移了，敌人也再未向东前进。

这样，敌人煞费苦心组织的五路合击南北许阳的扫荡，被运河支队巧妙地彻底粉碎了，运河支队大获全胜。这次反扫荡，峄县县政府赵静波科长英勇牺牲，新河区中队也有伤亡。

二十二　狗汉奸强占微山岛，褚雅青智退阎尹团

微山湖上有个微山岛，岛上有吕蒙、杨村、大小官庄、墓前村等18个村庄，居民大都姓殷。其时岛上设有伪滕县八区的乡公所，伪乡长是殷占鳌。3月之前有的兄弟部队曾进微山岛活动，接着邵子真派工作人员褚衍启利用社会关系进入了微山，不多久邵子真带部进岛，跟伪乡长谈判，允许他公开存在，应付日本人，运河支队的一切供给不需要岛上居民负担。因此岛上居民是欢迎的。这样，活动在微山湖里和岸上的铁道游击队、微湖大队、滕沛大队等几支部队都进微山岛活动，都把微山岛作为自己的后方基地。我们在岛上建立了滕县第八区抗日区政府，等到6月，伪乡公所就不存在了。临城日军首脑鉴于微山岛出现了这样的情况，对他维持占领区的治安和津浦铁路的安全不利，决定派伪鲁南剿共自卫军阎成田团占领微山岛。

1941年6月16日夜，临城日军一个分队和伪军一个大队300多人，及韩庄据点伪军数十人同时进占微山岛。其时，各游击队都在岛外活动，

岛上留有几十个后方留守人员。敌人虽然夜间进岛，因要乘船渡湖，声势较大，难以保密。留守人员闻讯后分散乘船进入微山湖中的芦苇荡。敌人扑了空，日军在几天后撤回临城，接着阎成田本人也回临城，留副团长苏海如带队驻微山岛。

当时八路军几支游击队，分属湖西湖东各自上级领导，没有统一的指挥。运河支队的作战参谋褚雅青、一大队的邵子真、铁道游击队的杜季伟、微湖大队张新华、滕沛大队钟勇飞和水上区、滕八区等部的负责人于6月22日夜在小袁庄南坝齐集开会，共同商定一定要打掉阎团，重新占领微山岛。大家分析敌我情况，认为敌方兵力虽比我多，但战斗力不强，驻地分散，人地生疏，群众痛恨，不了解八路军游击队的情况，又处在远离日军据点的孤岛之中；各游击队参战人员虽然不足200人，武器不如伪军的好，但是地势熟，敌情明，深得群众的拥护和支持，指战员抗日觉悟又高，作战勇敢，完全可以取得胜利。大家一致公推作战参谋褚雅青为作战总指挥，同时研究作战方案，对各部队的任务也作了明确的分工。这就为作战胜利打下了基础。

6月23日夜，各部队齐集微山湖东岸蒋集南坝子，于晚8时分乘10多艘小船向微山岛进发。晚11时，战斗在杨村、吕蒙村、小官庄打响。铁道游击队负责围歼杨村住殷延榜院子的敌人。当队伍包围了院落，趁着两枚手榴弹爆炸的声响和硝烟冲进去时，里边却空无一人，就炸死了一头驴。原来伪军怕我夜袭，早已迁到殷茂全的大院去了。守吕蒙的伪军是韩庄的褚思杰部，他在头一天晚上已经撤回了韩庄，微湖大队轻易占领了吕蒙村。

驻守小官庄的伪军，这天晚上正在村头的麦场上乘凉睡觉，运河支队一大队战士突然出现在村头，打死打伤伪军20余人，其余逃回杨村。战斗仅用了1个小时，除伪军团部外均被围歼掉。

褚雅青在旧军队曾当过连长，是20世纪30年代的地下党员，当过八路军陇海南进支队的作战参谋，富有作战经验。他在战前就让部队准备了云梯，借用渔民的四支大鸭枪，并买了若干只大公鸡和煤油。午夜后一时许，进攻杨村伪军团部的战斗开始了。伪军团部驻杨村大户殷茂全的大院，堂屋一幢五间，南屋一幢三间，墙高屋高。院的东南角有一座炮楼，高一丈二，宽八尺见方。院落的主人称其是"望海楼"。伪军占领炮楼后居高临下，控制四面胡同，拼命顽抗。

褚雅青的指挥所设在殷茂全大院东北殷延印的家里，直对着炮楼口。部队组织了三次进攻，两个小时没有攻下大院。伪军见我没有攻坚武器，就更加嚣张起来。有的在楼垛口打冷枪，个别狂徒伸出半截身子向我射击。战士王兰坡在观察敌情时被射中牺牲。八路军立即组织几个射手，专打放冷枪的敌人。阎团有一个叫"能不够"的阮队长，把头探出寻找目标，我神枪手袁振华举枪射击，随着枪声，"能不够"中枪死亡。

八路军冷枪压得伪军抬不起头了，战士趁机到院西墙和堂屋后墙，挖枪眼放鸭枪。满装火药和锅铁的鸭枪发射起来响如钢炮，喷射出烟雾的火龙，落地杀伤力很大。四支鸭枪连续射击，敌人院子里硝烟弥漫，伪军死伤多人，乱作一团。

伪军副团长苏海如见状拼命抵抗，用枪逼着士兵爬上屋顶，对付我鸭枪射手。事先埋伏在对面房顶上的战士，一枪一个，爬上房顶的伪军纷纷掉落下来。苏海如六神无主，发射信号弹向临城日军求援，但远水解不得近渴。褚雅青趁机命令战士纷纷把浇上油点燃的大公鸡朝敌防守的大院里扔去，被烧得疼痛难忍的大公鸡在敌人的院子里四面乱窜，吓得伪军四面躲藏。褚雅青果断地命令："架云梯！"一旁待命的李全义和王颇迅速把云梯靠上炮楼北墙，勇敢地登上去，一排手榴弹扔进了炮楼里。冲锋号响了，战士们喊着"冲呀！杀呀！"，冲进大院。伪军推倒院东北角的墙头，朝湖边逃去。

敌人拼命逃跑，战士乘胜追击。被称为"黑煞神"的褚雅青，手提大刀，带着战士追得伪军失魂落魄，终于在杨村的西头柴草垛里，活捉了苏海如。同时俘获伪军官兵30多人。

湖边的乱葬营，湖水很浅，离湖外地面近，企图逃跑回临城的伪军，跑到这就"扑通扑通"地往湖里跳。正巧，伪军涉水的地方因为水浅鱼多，渔民祁民昭等人，早就在这里下了鱼钩。微山湖渔民的渔钩有30多种：坐钩、地钩、滚钩、划钩等。鱼钩是钢制品，小的似绣花针，大的似秤钩，钩尖锋利，有倒刺系在粗细不同的绳子上，鱼碰上鱼钩，一晃一拽，就会把附近的钩牵扯过来，越动缠得越多，越动钩得肉越深。就是鲶鱼、泥鳅碰上鱼钩也绝难逃脱。

阎团的伪军从滕县来到微山湖才几天，哪里知道水下有鱼钩呢！跳进水后，鱼钩钩身，疼痛难忍，也无可奈何。天明了，战士从四面八方的芦苇荡中摇船划桨来到乱葬营，个个伪军向八路军战士求饶。这样在水里俘房了几十个敌人。

这次战斗大约进行了 10 个小时，消灭伪军阎成田团的一个大队，活捉副团长苏海如，毙、伤、俘伪军官兵共 200 多人，缴获枪支 200 多支。运河支队牺牲一队队长王习箴和战士两人。四五天后，临城日军又从邹县调来一个伪军团来报复，团长姓尹。他们刚进到湖滨建闸处，就遭八路军部队伏击，他也没敢渡湖进岛，而狼狈地窜回了临城。

打阎团、尹团的胜利，大大鼓舞了微山湖地区抗日军民的胜利信心，出现了一个崭新的抗日局面。县委为了统一在微山湖地区的行政工作，成立微山办事处，委任张捷三为办事处主任，不久县委民运部长刘向一代替张捷三的工作。湖内外建立区乡政权，八路军一一五师和鲁南军区首长经过微山湖时，经常到那里歇脚。微山湖地区的抗日斗争，如火如荼地开展起来。

二十三 日伪军夏季大扫荡，
八路军两次破伪倭

日军华北派遣军，根据华北实施第一次治安强化运动的结果，对八路军做出如下判断：共产党八路军是党、政、军民结成一体的组织，具有明确的使命观。他们为了革命，力图通过争取民众、组织民众，以扩大加强其势力。他们巧妙地把思想、军事、政治、经济的各项措施统一起来，且将其努力分配于七分政治、三分军事之上，从而使日军单靠军事力量无法镇压。故此，必须采取多元的、综合措施。从这个观点出发，日军华北派遣军将其占领区划分为"治安地区"即日方治安稳定地区，"准治安地区"即敌我双方势力均可进入的地区和"未治安地区"即日军势力不能进入的地区。时至 1941 年 7 月底，华北派遣军综合判断：日军和八路军的势力大致相等，即"治安地区"占 10%，"未治安地区"占 10%，80% 为敌我双方势力交错的地带，其中约有 60% 属于日方实力占优势的"准治安地区"。同时拟定了既不急于求成，又不稍有放松的扩大华北"治安地区"的三年计划。他们的总目标是：划分地域，限定时间，巩固"治安地区"，隐蔽其在"准治安地区"的兵力，有计划地使其成为"治安地区"，并以剩余兵力向"未治安地区"挺进，使之向"准治安地区"发展。敌人决定从 7 月 7 日开始，以两个月的时间，开展第二次强化治安运动。汉奸头目伪华北政务委员会委员长王揖唐提出此次的运动以"实行剿共"、"巩固治安"作为重点。

运河地区基本属于敌占优势的游击区，从此进入严重困难的时期。是年 5 月，鲁南区党委决定峄县县委和运河支队分别划归鲁南第三区委（即沂河地委）第三军分区领导，这个措施将会加强对运河地区党政军各项工作的具体指导。

1941 年 6 月下旬，运河支队得到运北地下区委送来的秘密情报：古邵等据点的伪军，正在筹集装运粮食的麻袋，并计划预定征用农民装运粮食的牛车。经过分析研究，估计敌人的夏季扫荡计划主要是抢夺运河以南抗日队伍活动地区人民群众的麦子，一是增加他的军需给养，更重要的是要使我抗日军民没有粮吃，更加困难。运河以南地区抗日队伍在粉碎敌人春季扫荡以后，力量又有所扩大，在上年秋季大扫荡中改变了旗帜的七中队，在原中队长褚思惠带领下于 5 月反正归来，和孙斌全重新组织的部队合在一起，编为抗协自卫军峄山支队的独立团，与运河支队联合在一起。保护麦收，不让敌人将我运河以南地区的一粒粮食带回运北，这是粉碎敌人夏季扫荡的主要任务。

敌人的进攻开始后，抗日部队按预定计划撤离旺庄、许阳地区，隐蔽进入黄邱山套待机。枣庄、峄县、台儿庄、韩庄的日伪军约计 2000 余人，分别从韩庄、涧头集、台儿庄三个方向，向南北许阳扑来。进入我军活动地区之后，到处烧、杀、掠夺，见粮抢粮，见牛羊就牵，见鸡就逮，见人就捉，并强迫抓来的几百名老百姓在旺庄和北许阳为他们伐木筑寨，挖防御工事。敌人把抢到的粮食集中堆放在旺庄和北许阳，并派重兵把守。

过了 4 天，敌人准备用强行征集来的几十辆牛车，满载粮食，陆续运往涧头集以及运河以北的古邵等据点。支队首长根据获得的情报，当即决定部队在夜间由黄邱套隐蔽转入敌人后方，在旺庄至涧头集之间的于沟、毛楼两个村庄附近进行埋伏。这里是敌人运粮队必经之地，天明之后，太阳高高升起，约 9 点，南边大道上远远走来一大溜牛车，几十条黄牛拉着满载粮食的大车，几十名伪军士兵躺在牛车上，有的还南腔北调地哼着小曲。他们满以为八路军运河支队早已被赶跑了，却万万没有料到自己正一步步走进运河支队部队设下的埋伏圈。

敌人的车队进入埋伏圈后，运河支队的战士便一齐呐喊，鸣着枪从两边堵来，几十个伪军还没明白过来怎么回事，便举起双手被缴了枪，部队战士动员老乡把粮食运到指定地点卸下，并让运粮的敌占区群众赶着他们的牛车，返回自己的家乡。敌人费了九牛二虎之力抢来的粮食和抓来的车队，却送到我们这里来了。我们在老百姓的帮助下，迅速把粮食分散到各村，由乡亲们坚壁起来。

夺下运粮车队以后，夜间又派出小部队向驻在旺庄、许阳的敌人进行袭扰，敌人眼见粮食运不走，继续在旺庄、许阳又驻不下去，只好撤回他们的老巢去了。这次敌人的抢粮计划彻底粉碎了。

原来负责指挥各伪警备大队抢粮的伪县长王徽文在回到峄县之后，日军指挥官认为他无能，对他进行了严厉的训斥。这个被日军视为模范县的伪县长，气急败坏地对峄城伪警备大队官兵打气说："铁路好比人身上的大动脉，城市好比人身上的五脏六腑，大动脉和五脏六腑都被皇军占领了，运河支队几个土八路在乡下还能成什么气候！这次不成功，下次再来，让土八路知道我们的厉害。"

敌人的抢粮计划被粉碎后，日军和伪县长王徽文并不甘心。在当年的 8 月上旬，他们又纠集枣庄、峄县城、台儿庄、韩庄、涧头集、古邵的日军和伪军 2000 人，分路合击驻在旺庄地区的部队，进行报复性的扫荡。

伪县长王徽文在出发扫荡的前夕，亲自从峄城赶到涧头集，布置对抗日队伍的进攻。为了粉碎这次扫荡，部队领导决定由褚思惠大队长带两个中队进到边沿区设伏，打击涧头集南来进犯的这路敌人。

部队在预定的时间进到毛楼村设伏，这里距涧头集仅五六里。当东方微明时，涧头集的敌人果真来了。王徽文指挥的伪军走在大队的前面，日军在大队后面。他们以为刚走出几里，哪里会有八路？因此，毫无战斗准备，一路长蛇阵经毛楼向南前进。当大队人马走到我设伏阵地前的时候，褚思惠一声令下，瞬时机枪、步枪、手榴弹齐发。敌人突然遭到密集火力的袭击，伤亡一片，前面的伪军失去了指挥，队伍乱了套，扭头就向涧头集方向逃跑，走在后面的日军也往后撤了。褚思惠端着一挺轻机枪，指挥部队，一口气把敌人追回了涧头集。其他几路敌人进到旺庄扑了空，也一无所获。敌人的这次报复性扫荡，又被我军粉碎了。

二十四　谢绍唐创建龙门队，贾汪城周围屡建功

原二大队侦察参谋谢绍唐，战前曾闯荡江湖多年，在三番子,辈分比较高，运河支队领导为发展部队，于1941年5月初任命他为龙门游击大队长，交给他在贾汪周围利用他在三番子的关系进行扩军的任务，相机重建贾汪据点里的情报关系。允许摆香堂、收徒弟，实际是利用这种旧形式进行扩军。谢绍唐就只带警卫员高茂盛去执行扩军任务。部队当时大部分活动在敌共两面政权地区，或敌、顽、共三面政权地区，在群众还没有觉悟的时候，利用这种封建落后的形式，和敌人争夺群众，也是一种可行的办法。仅仅一个多月的时间，就组织起30多人的队伍。但缺少枪支，唯一的办法，就是向敌人去夺。

1941年6月底，他们首先进行智取小杏窝的战斗。小杏窝位于贾汪煤矿北山口外沿，距贾汪约四五里，住着20多个伪军。队长李昌连就是小杏窝人，在小杏窝周围人熟地熟。贾汪的日军利用他作为看门狗，并负

责收集抗日军队在贾汪、柳泉、利国驿三角地区活动的情报。这对我军的活动是一个重大的障碍。谢绍唐利用小杏窝李昌荣是他仁侄的关系，把小杏窝的情况摸得一清二楚。

谢绍唐挑选手枪班班长孔宪玉、李成业等八人执行夺取小杏窝据点的任务。一天中午，正是农村吃午饭的时候，小杏窝来了个卖盐的，因为要价太高，根本没人买，卖盐人蹲在一棵树下，又挪到另一棵树下。这时，在正北大路口村通往小杏窝的土路上，过来一行人，其中四人抬着一顶脱了轿衣的空轿子，轿前走着两个人，一个扛着一把大红伞，另一个肩披一条马褂子，轿后跟着一个空手的，看样子他们是送完新娘子往回赶路的。

花轿进了庄，却换成了另一副样子，四个抬轿的歪三斜四、醉眼蒙眬，轿子摇摇摆摆，忽高忽低，个个都像喝得大醉似的。只见背马褂子的人，凑到卖盐人跟前讲起买盐的价钱来。

这些人都是龙门大队的人化装的，背马褂子的是手枪班班长孔宪玉，卖盐的是个战士，两人用暗语对话。孔宪玉得知可以按原计划闯进据点炮楼行动，就高嗓子喊着："盐都卖给我了，你得给我送去。"卖盐人把盘秤往篮子里一放，挎起来跟着就走。

炮楼门口有个站岗的伪军，刚才发生的一切他都看得清清楚楚，没有任何怀疑。孔宪玉他们走到炮楼大门口，掏出一盒"吉祥牌"香烟，抽出一支双手递给门岗说："喜烟！"站岗的伪军接过烟，叼在嘴上，神气十足地等着点火。孔宪玉浑身上下乱摸一气，就是找不出火柴来，十分抱歉地说："撒喜烟，把火柴也撒丢了。"伪军见状不由地摸着自己的衣服口袋，身上背着的长枪，也从肩上滑到胳膊弯里了。孔宪玉和卖盐人眼疾手快，两人一起下了伪军的枪，然后用布堵住嘴，捆绑在地甩在门后。抬轿的个个亮出家伙，八个人按原计划分成四组，两人在门口警戒，两人进了堂屋，两人进了西屋，两人进了炮楼。给敌人来了个措手不及。

原来这天，除队长李昌连带着个护兵到大路村去喝喜酒外，其余20多个伪军大多在屋里睡觉，只有伪部队里坐着4个人。孔宪玉、李昌林二人突然出现在他们眼前，孔宪玉大喝一声："不许动！"李昌林也把手枪对着敌人命令道："谁动打死谁！"一个叫李大金的伪军慌忙去摘挂在墙上的枪企图顽抗，被李昌林一枪打伤左臂，其余伪军都不敢轻举妄动了。袭击西屋和炮楼的同志，也只用了几分钟的时间，就干净利索地结束了战斗。此次战斗共缴获长枪19支、短枪3支、手榴弹50余枚、子弹千余发、军装20余套。

7月中旬，贾汪镇北门外逢集，谢绍唐组织五个有战斗经验的战士，身揣短枪和匕首，扮成赶集的，进入贾汪镇北门外的集市，相机夺取敌人的枪支。太阳刚出山，五个人随着赶集的人群，向熙熙攘攘的贾汪北门外集市涌来，进入集市的路口上。伪军设了哨卡子，专门检查来往行人，名曰检查八路军，实为搜刮民财。一个农民打扮的中年人，挎着篮子大摇大摆向哨卡走来，全副武装的哨兵盘查他："篮子里是什么？"答曰："鸡蛋！"又问："生的熟的？"答曰："熟的。"两汉奸一听是熟鸡蛋，便扑向来人，那人显出很害怕的样子，把竹篮子一歪，鸡蛋滚了个满地，两个汉奸忙着抢鸡蛋。这时后面又来了四个"赶集"的人，两个一伙，分头夹住汉奸，一人双手钳住汉奸的脖子猛力往下按，另一个用布堵住岗哨的嘴，照屁股猛踢一脚，掏出寒光闪闪的匕首一晃说："动一动就要你的狗命！"说完下了伪军的枪，又七溜八叉地把两个汉奸捆绑在地。

这五个赶集的龙门游击大队战士训斥汉奸说："以后再不许横行霸道。"并风趣地对汉奸说："回去告诉你们的上司，我们的八路军不是白要你的枪，是用鸡蛋换的。"

在用鸡蛋换枪不久，上级交给龙门游击大队到徐州城搞一部石印机的任务。当时石印机属于日本鬼子控制的军用物资，到处弄不着。侦察得知徐州日军宪兵队有这种东西，放在少华街宪兵队的仓库里。谢绍唐把到徐州搞石印机的任务交给战士胡传德。胡传德扮作驴贩子进徐州，找到跟谢绍唐有关系的姚成柏，请姚帮助他完成这项任务。姚成柏慷慨答应说他有个本家兄弟叫姚成喜，是徐州报社的送报人，跟报社要人宋文清关系很好，可以托宋文清想办法，并让胡传德听信。

几天以后，姚成柏果然来到胡传德的住处，高兴地对胡说："宋文清找到宪兵队的特务张忠达，说自己要在报社附近开办一个小印刷所，需要一部石印机，可出大价购买。张忠达是个大烟鬼，正愁没钱买烟土，所以很爽快答应下来了。"胡传德听后，就千方百计地买了十两烟土、一两海洛因，还有几个金戒指交给姚成柏。张忠达收到这些东西对宋文清说："我在仓库交货，你必须趁下雨天晚上把墙头推倒，自己派人去提货。路上出了事，我不负责。"过了几天，果然下了一场大雨，胡传德、姚成柏、姚成喜三人趁天下大雨，在晚上9点以后，来到少华街宪兵队仓库，用铁锹把墙头放倒，"呼通"一声惊动了日本鬼子的哨兵。他们以为被发现了，掉头便跑了。

第二天日军在仓库外边拉上了铁丝网，更增加了取货的困难。宋文清去找张忠达，问他怎么办？张说："有办法！晚上你们尽管来提货，以拍三声巴掌为号，听到信号，我把电闸刀拉下来，断了电，你们把铁丝网剪断，直接进仓库拉货好了。"当晚9点多，他们拉着两辆平板车第二次去宪兵队仓库，很顺利地把石印机运了出来，拉到四道街王德友家里。胡传德出城弄了辆牛车把石印机装在木箱里，上边用大粪覆盖着，就像农民进城拉粪似的，谁也不会注意。牛车拉到露子街第六检查厅，日军的哨兵用铁棍捣了三次，都未检查出来，最后只得说声"开路马司"就走了。

石印机运到黄邱套，但是没有油墨，还得派胡传德再下徐州。胡传德到了徐州，只好再找姚成柏帮忙。开始，姚感到困难，说现在油墨难买，拿着证明信才能买到一点，买到了也不好出城，各处都查得很严。姚成柏考虑了一阵说："西关日本人开办的西木洋行经营油墨，那里也有个我认识的人，名叫马从礼，是个非常机灵能干的人，他在洋行当勤工，让他想想办法我看差不多。"次日，姚成柏带马从礼来到胡传德住的旅店，三人秘密地研究出一套偷搞西木洋行油墨的办法。

一个漆黑的晚上，西木洋行结束了一天的营业，关了店门，马从礼特为西木夫妇准备了丰盛的晚餐，好酒好菜摆满一桌。西木夫妇很高兴，他们都是见酒不要命的家伙，夫妻二人盘腿而坐，大吃大喝起来，一直喝到深夜，西木的妻子醉倒在床上不省人事，西木也喝得又呕又吐，非常难受，喊着马从礼把他送进医院。这时早已藏在暗处的胡传德、姚成柏二人悄悄砸开库房门锁，用西木洋行拉货的单板车，神不知鬼不觉地把油墨拉走了。

以后这支游击队，长期活动在贾汪周围，直至1944年，上升为支队的主力。

二十五　八路军威震河两岸，
日伪顽疯狂来报复

1941年的春夏两季，运河支队不断发展，积极进行战斗活动，接连粉碎日伪军对运河地区的扫荡。秋季中，日伪军除了在津浦线的柳泉至韩庄段东侧对运河支队边沿进行出扰之外，北线峄城之敌对运河以南暂时采取保守的政策。但贾汪之敌对贾汪以北则积极出扰。运河支队活动在贾汪、柳泉、韩庄地区的五中队和区中队都遭到一次突然袭击：一是在8月13日前夕，五中队驻在利国驿东侧的马鞍村，为了避免敌人的突然包围，就在夜12点以后，移往贾汪正北运河支队活动区的边沿梁庄村。部队在梁庄刚驻下不久，天已渐明，贾汪煤矿的伪矿警队200人包围了梁庄，五中队就地仓促抵抗，在战斗中中队指导员李海牺牲，伤亡20余人，轻机枪也丢失了，尔后突围。这是运河支队在1941年损失最大的一次战斗。10月3日，中队长陈荣坡带领中队隐蔽住在利国驿东之万庄，不幸被叛徒宋作亮暗枪所害，时年33岁。二是10月中旬，新河区中队驻侯孟村，天明时部队还未吃早饭，贾汪日军骑兵、步兵百余人进到杜安，骑兵先行，包围了侯孟，在敌步兵骑兵配合进攻下，区中队据围坚守，多次击退敌人的进攻，战斗至下午2时许，始将敌人击退。随队活动的县民政科科长赵静波牺牲，区政府会计任钟祥负重伤。

1941年8月下旬，为了与新四军取得联系，邵剑秋、县委民运部长刘向一带领二大队进行了一次越过陇海路南访新四军的活动。

1941年陇海路南的邳、睢、铜地区，在新四军三师九旅的支援下，根据地有相当大的发展，特别是陇海路南的铜山地区，建立了连成一片的三个区政权。以单集为中心的九区，与运河支队活动区的南沿相隔只有50余里的顽伪占领区，过去没有直接联系，因此互不了解。其时运河以南北地区归沂河地委、军分区管辖，两地有枣（庄）台（儿庄）铁路支线相隔，来往还要通过封锁线，联系是不大方便的。经过二大队长胡大毅和铜山县委的联系，得知陇海路南邳、睢、铜地区的情况后，县委和支队领导遂决定派人南访，向新四军学习和互通情况，以便相互支援。邵剑秋、刘向一二人带着这两个任务到了邳、睢、铜地区，在铜（山）东会见了军分区三大队田宝湖大队长，尔后拜见了九旅旅长韦国清，并和地方党组织的负责同志见了面。经过这次南访，和铜山县委沟通了联系，尔后运河支队的秘密交通员，经常来往于陇海路南北，长期互通情报。

9月初旬，县委提出为扩大在运河北岸敌占区的政治影响，也为下一步在运北敌占区腹地建立游击区创造条件，有必要对运北进行一次显示力量的扰乱性行动。

运北地区，已被敌占领近一年，据点稠密，敌人通信联络、交通运输都比较方便。部队进入运北腹地后，随时都可能遭到三面铁路线上的日伪军的合击，因此这次的军事行动非同小可。经过几天的周密筹划，运河支队决定采取南北对进，要活动在微山湖地区的部队和运南部队同时隐蔽进入运北中心地区的南北两端，相机应付敌情。在敌进行扫荡时，南北可以互相策应，使敌人南北不能兼顾，难以实现合击我军的目的。只要做到这点，运河支队进军敌区的任务就能顺利进行。

运河支队长邵剑秋带领第二大队八、九中队，趁黑夜由德胜庄渡过运河，开进了运河以北距津浦路韩庄车站据点有十三四里的曹庄。同时运河支队的一大队、铁道游击队以及活动在微山湖里的微湖大队，由微山湖东进到距敌周营据点仅五六里的中冶寺、下郭家等村。南北部队都已深深插入运北敌占区的腹地。

敌人发觉运河支队进驻曹庄后，恼羞成怒，急忙调集峄县城、台儿庄、古邳的日伪军约千人，由东向西扫荡。津浦铁路上韩庄的日军，也纠集伪军共五六百人，由西向东合击曹庄。敌人企图用东西对进之势，把运河支队北过运河的部队一口吃掉。运河支队获悉敌人行动的情报后，立即趁黑夜由曹庄出发北进，驻于上郭家村，向微山湖东进的部队靠拢。

拂晓时两路敌人会合，满以为能把北渡运河的部队围在曹庄，谁知扑了个空，日军指挥官气得暴跳如雷。日伪军在曹庄吃过早饭，兵分两路进行搜剿，一路向东、一路向北。正午时分，一路敌人已经到了距上郭家村只有三里的褚庄。根据敌人的动向，势必向上郭家村前进，考虑到部队在白天不易转移，决心就地阻击敌人，遂命令九中队由作战参谋王福堂、二大队政治教导员曹杰指挥，隐蔽进占上郭家村东南角的民房正对褚庄方向的阵地上，利用有利地形抢筑工事，等敌人进到阵地前沿时突然开火，给敌人迎头痛击。开火时越突然越好。八中队作为九中队的预备队，以对付不断过来的敌人。牛山后、周营据点的敌人在战斗打响之后，有可能向上郭家村出动。支队首长布置完上郭家村的狙击任务之后，又立即通知驻在中冶寺、下郭家等村的一大队、铁道游击队和微湖大队，要他们分头阻击牛山后和周营方向增援的敌人。

后半晌，敌人果然从褚庄方向一溜长蛇阵开来了。王福堂叮嘱自己身旁的九中队排长李守山和机枪班班长马玉坡说："敌人不靠近，不要开枪，听我的口令！"敌人越来越近了，已经能听到日军大皮靴的声音了。王福堂大喝一声："打！""突！突！突！"马玉坡的机枪立即响了起来，步枪也一齐向敌人开火。敌人给打懵了头，扔下20多具尸体退了下来。

不一会儿，敌人的后续部队上来了，他们用炮火掩护，向九中队阵地发起了疯狂的进攻。张新华率领的微湖大队进到了九中队的阵地，刘金山、杜季伟率领的铁道游击队进到上郭家村北，跟牛山后南来的敌人交了火。兄弟部队并肩作战，互相配合，战斗异常激烈。最后，敌人向我阵地施放毒气，战士们用毛巾沾上尿蒙住嘴、鼻继续作战。一连打退了敌人的多次进攻，直到黄昏敌人还没有撤退的动向。此时支队首长命令一大队副大队长王默卿带领四中队由新屋村火速向敌人后方穿插，袭击敌人的指挥所。时已日落西山，四中队进到上刘村，机枪、步枪齐鸣，日军指挥官和伪县长王徽文惊慌失措，就向阴平镇逃窜，敌人的指挥所一乱，部队接着施放烟幕，趁烟雾的掩护，全线溃退了。部队趁势发起追击，一口气追击敌人好几里。上郭家战斗八路军以微湖大队孙殿法1人牺牲、九中队5人轻伤的代价，获得全面胜利。这次战斗毙伤日伪军百余人，缴获长短枪50余支。预定进军运河以北敌区的任务完成了，部队胜利分别返回运河南岸和微山湖。

部队在进军运北返回运南后，9 月中旬，顽军孙业洪部跟运河支队闹了一次意外的摩擦事件。孙业洪部在台儿庄以东地区，遭到沂河支队的反击，突然进到台儿庄西南的东西河泉村一带活动。1941 年 10 月 17 日（农历八月二十七日）夜，运河支队二大队在教导员曹杰的带领下，进驻西河泉，孙部进驻东河泉，由于是夜间，两军的行动相互都不明情况。运河支队二大队长胡大毅完成专门任务回来去找部队，他带战士二人在夜间误进东河泉，被孙部扣留。1940 年秋季大扫荡前，时任运河支队第二大队副大队长的胡大毅奉峄县县委的指示，捉了孙业洪部一个名叫刘玉喜的干部，当时县委认为刘玉喜是个托派，把他杀了，因此孙业洪和胡大毅结仇。后几经交涉都被孙部拒绝。几日后，胡大毅同志被顽固派孙业洪部国民党特务分子朱启明活埋于横山附近的张家沟，胡大毅遭顽固派杀害，使运河支队受到重大损失。

1941 年 5 月，为了从地方取得物资，运河支队在五中队下属建立一个 12 人的铁路飞行队，它的任务主要是在津浦路的韩庄到柳泉段，从北往南过往的货车上夺取敌人的物资。飞行队队员中有的是过去铁路工作人员，有的也曾是扒车能手，他们的行动都是从韩庄车站扒上货车，车到利国驿以南、三张茂车站以北之地段，把货物扔下地面，在天亮以前把夺到的物资分散藏在附近群众家里，第二天晚上再派人运回我活动区。在他们多次的行动中，最重要和最有成绩的是 9 月飞行队在利国驿以南的三张茂火车站地段，两次成功截获敌人的军用火车，缴获大量布匹。11 月，飞行队与铁道游击队、微湖大队、滕沛大队配合，在塘湖车站附近，巧截日军布车，截获棉布 1200 匹，皮箱 200 只，日军服装 800 余套，缎子被 100 余床，显微镜 4 架和一些呢子、地毯。是年冬，运河以南地区党政军人员的棉衣，全是用截运的布匹解决的。但由于这种行动给敌铁路货运造成极大威胁，敌人加强了铁路沿线的清剿活动，并且由于截货车全在江苏地段，因而引起日军对贾汪、柳泉、利国驿三角地带我军活动的注意，加紧了对这一地区运河支队部队的扫荡。日伪军在战术上采取夜间行动，拂晓时对我进行包围攻击，因之使五中队受到重大损失。鉴于飞行队的活动对日军刺激过大，促使敌人对我进行报复，县委和支队领导在10月初决定停止这种军事行动，撤销了铁路飞行队。

多半年来，部队有较大的发展，但也产生了某种不良倾向，诸如盲目骄傲、地方独立主义、不听指挥、不执行上级指示、违反政策等无政府主义的现象时有发生。在对策上除加强教育外，县委决定以两个政治基础好的区中队和褚雅青发展起来的部队，在12月合组为峄县县大队。军分区任命县长朱道南兼大队长，褚雅青、李明和为副大队长，花如景、程泮芹为正副教导员，以图加强部队的建设，要求他们在执行党的方针政策上起模范作用，达到迅速提高部队政治素质的目的。

二十六　孙伯龙殉国库山下，
　　　梁巾侠血战毛楼村

1941年12月8日，日本帝国主义发动了太平洋战争，在此前后，11月1日到12月25日，日军在华北占领区进行了第三次治安强化运动。从11月5日开始至年底，日军纠集5万余兵力，对鲁南、鲁中山区进行了为期近两个月的疯狂大扫荡。加之国民党顽固势力对我军的摩擦和压迫，抱犊崮山区八路军活动范围大大缩小。当时，由于日军不能同时兼顾运河以南北地区，故从初秋开始到年底为止，运河的黄邱套和旺庄等中心区，还暂时处于相对稳定的局面。县级的党政机关驻防旺庄达82天之久尚未移防，这是运河支队出山以来未曾出现过的情况。

孙伯龙任峄山支队支队长之后，一直同运河支队、峄县县大队一中队并肩作战，参加春夏两季中的反扫荡斗争，取得了一个又一个的胜利。初夏，他根据共产党抗日民族统一战线政策，经过争取，驻周营的伪军队长孙晋德带领数十人枪反正。但其大队长朱玉相投敌当了敌军剿共司令，驻防邹坞。9月，副支队长孙云亭因日军捉了他的家属，而离开了抗日阵营，向敌人投降，把他带的几十人枪交给古邵据点的孙茂墂，自己回到了运河北岸的东楼老家当了寓公。峄山支队番号虽然名为国民党抗协自卫军，而日军、国民党顽固派仍然把他们当作共产党八路军，必须彻底消灭而后快。

驻枣庄、峄县日军首脑和伪峄县县长王徽文，在结束对鲁南、鲁中山区大扫荡之后，就开始进行对运河以南北地区的扫荡和蚕食。1942 年 1 月 2 日集中日伪军 1000 余人，对峄山支队驻毛楼的防地进行了远距离的奔袭。敌人鉴于 1941 年春夏两次多路合击扫荡战果不佳的教训而改变了战术。

孙伯龙驻防毛楼，距敌涧头集据点仅 6 里，也近半月没有移防。天色朦胧，敌人四面包围了毛楼。峄山支队发现敌情后就紧急集合，向西面库山方向撤退。

曙色朦胧，峄山支队搜索尖兵未能发现西面有情况。突然，埋伏的敌人用机枪从山口、山脚向我们开火，队伍一时被打乱，有些同志负伤或阵亡。这是日寇对峄山支队的一次远距离的偷袭。支队长孙伯龙用望远镜观察了一下，立即命令返回毛楼固守。退路已被西于沟、东于沟敌人的火力封锁，三个村子相距里许，队伍完全暴露在敌人的射程之内，十几位战士当场牺牲。活着的同志抱着枪滚进村子里，其中多是非战斗人员，有支队部的秘书、副官、勤务员等。只有后卫的两个班全部返回。梁巾侠当时是支队部的秘书，不择地形顺原路回到后卫班里。这时，东于沟的敌人已经冲了出来。为了等后面的战士及支队长，梁巾侠和几个战士守候在毛楼南圩门前，直到天大亮，敌人距我十多米时，才关上了圩门。围上来的敌人被我东西两侧炮楼上和墙头上的战士打退了。这时，两个班长检点人数，向梁巾侠报告说：共有 24 名战斗员。四周的敌人蜂拥而上，已将毛楼包围，情况十分严重。

敌人看到峄山支队兵力薄弱，就以村外房舍和草垛作掩护，使用掷弹筒从村西面进攻，并不断地向村内炮轰威胁。把大部分力量集中到西面抗击敌人。敌人攻不进村，就乱炮猛轰，毛楼村不大，一时硝烟弥漫，墙倒屋塌，到处起火。圩门西侧的五间草屋大火熊熊，东侧的炮楼被削掉了大半，楼上的两名战士一伤一亡，小李头部中弹，全身是血，他艰难地从瓦砾中爬出来，倚到墙根喘息着，等待着。梁巾侠跑去一看，小李勉强睁了睁眼急促地说:"炮楼不能守,外边——那门炮太近,威胁大,快到墙上掏枪眼,把它——赶跑。"梁巾侠从衬衫上撕下一块布,给他包扎好伤口。他挣扎着说:"别管我,别管——我。快去赶——赶跑敌人的炮。"说话间,附近又落下两颗炮弹。其时,班长薛永才已经在墙上挖开枪眼,梁巾侠从挖开的枪眼中看出去,墙外是一片开阔地,敌人的迫击炮距我们不到半里。梁调集北面的战士,到东墙下掏枪眼,一阵齐射,鬼子招架不住就拖着炮逃窜了。梁再回到小李那里,见他仍倚墙坐着,梁喊了几声:"小李!敌人的炮已被我们赶跑了。"可是小李已经停止了呼吸。16岁的勤务员大朱,在战斗中左脚齐脚踝骨被弹皮削掉了,很难想象他是跳着还是爬着进入附近仅存的房子里。大家见了忙为他包扎处理,安顿他休息,可他强忍剧痛,怒火中烧,咬着牙,瞪着眼,脸朝门外,紧握着手中枪,直到流尽最后一滴血。

日军的进攻更加频繁,东面未停,西北面的敌人也向村内进攻,而这时峄山支队只有23人坚持战斗,东奔西跑哪里吃紧就向哪里集中,较松的地方就一两个人坚守。大约上午9点,敌人后退了,枪炮一时俱停。不一会儿,就听到有人喊"开门!"是一个被俘获的峄山支队战士跑回来叫门,薛永才听清了把圩门打开放他进来。梁巾侠忙问:"你怎么来的?""鬼子放我进来的。""放你回来干什么?""哼,还不是让我们投降!"他垂着眼帘低声说:"支队长牺牲了。"

"支队长牺牲了?"梁巾侠竭力摆脱沉重而又复杂的心情,冷静一下头脑,想到敌人放回俘虏来招降,支队长牺牲了,无可隐瞒,没有更多考虑的余地。于是梁巾侠让那个战士到大朱所在的房子里休息以后,便找到薛永才、张善德两位班长,向他们说:"支队长牺牲了,你看咱们怎么办?"他俩齐声说:"打!报仇!"梁巾侠说:"好,咱就分头告诉大家,为了报仇,每人至少消灭3个鬼子,一定要够本,一定要报仇!"梁巾侠不假思索地一口气把话说完,他俩急忙离去。梁巾侠去安顿那个归来的战士,便急促进屋,只见勤务员静静地躺在那里,那个被俘归来的战士已拿起了大朱的马枪加入了复仇的行列。

战斗间歇,敌派汉奸在西北角上喊话:

"土八路，投降吧！你们跑不了啦！"

"太君说了，只要你们缴枪，绝对保证你们的生命……"从口音听出，好像是翻译官之类。

"狗汉奸，亏你还说中国话！丧尽天良的杂种！来，老子缴给你一颗子弹头！"接着是一场对骂，骂声不止。更激烈的战斗开始了。敌人的炮火更猛，房屋燃烧，墙壁轰缺。张、薛两班之间的直接联系被大火遮断，村外的敌人全占了围墙外的草屋，一股日军由屋后蜂拥而出，冲到西南门外。他们用杉木棒、石滚子撞门。战士齐甩手榴弹，张班长带几个战士冲出去反击，敌人因意外的打击而仓皇逃窜。我们收复了一座房屋便可压制敌人的小炮了。有的战士提出去夺敌人的炮。张班长命令齐向敌人射击后，闪电般地带同志退了回来，他说："咱们不能太突出，还是守住圩子，杀伤更多的敌人。"

西圩墙的北部，可听到墙外草垛后鬼子的军官发布命令的叫喊声。接着看到几十个鬼子头戴钢盔匍匐前进，有的端着枪跳跃着扑上来，敌人顺着墙豁口冲上来。战士们用短枪，用刺刀，用石块一次次把敌人打退。敌人扔进来的手榴弹多被机警的战士捡起来，扔出去回敬了敌人。有一颗未及捡起来就爆炸了，一个战士的腿与腹部受伤，他拖着枪，沿着土堆向上爬，到较为缓和的防守点替换强壮的战友。敌人急了，一个穿呢子大衣的家伙从草垛后转出来，向小屋跑，被一枪撂倒了。那可能是个小指挥官。这一枪之后，敌人的气焰明显地减弱，开始后撤。我们的战士喊着："不能让敌人溜掉，是每人消灭3个鬼子的最好机会！""3个早超过了，咱一人揍死他10个！"说着说着，一声枪响又放倒一个。决死的力量是无敌的。战士们头发烧焦了，棉衣撕烂了，满脸血迹杂着烟尘。战斗中配合默契，沉着迎击。

在战斗中，战士们深切地感受到，人民群众是我们的靠山。

长时间的射击，石崩土掩，枪栓失灵，枪油用完，意外的困难发生了。

"擦枪油用完了！"没有油擦枪，唯一的武器——步枪，就宣告不能正常使用了。严酷的事实使大家非常焦急。

"鸡油能擦枪。"不知谁提醒一句。该立即安排人到群众家里找鸡油。战斗一开始还听到一些人哭喊，这半天人影不见，群众都躲到哪里去了呢？

"给你鸡油！"突然一位大嫂走进来，手里托着刚刚扒出来的鸡油。一个小闺女，急忙走来，将一只剁掉头的母鸡扔在地上转头就走。一位老大爷端着炼好的鸡油也来了，他说："鸡油有的是。鬼子来得早，鸡窝都还没打开。我再去找，你们只管放心地打。"勤务员小朱跟着老大爷去收集鸡油分送给战士，枪又管用了。我们的战士又一次次打退了敌人的轮番进攻。

鬼子靠枪炮征服不了我们，便施放毒气。我们的战士对付毒气，已经有经验。都知道只要用尿湿的毛巾掩住口及鼻子，就能坚持。问题是大半天没有喝水，且流汗过多，哪有尿呢？敌人的毒气弹在地上陀螺似的打转，黄黑色的浓烟直着升至二米高，随之向四下扩散，扑压下来。催泪，窒息，刺激咽喉和胸膛，战士干咳不止，有的战士咳出血来。我们的战士缺少尿，而此时此刻它对于我们是多么重要、多么珍贵啊！

危急时刻，一个半大男孩子跑来说："我有尿！"梁巾侠找来一个脸盆叫他尿到脸盆里，小朱集中毛巾，沾了尿分送给战士。找不到毛巾的就喝一口，群众得知战士们急需要尿防毒，便各家收集支持我们。

正是人民群众，在最危难的时刻，及时出手，帮助峄山支队的战士们渡过了难关。

下午3点，敌势已挫。梁巾侠看看太阳西斜，估计至晚突围是可能的，便沿着圩墙告诉同志们节省子弹。以往到这时，鬼子就打疲了，这次却不同，敌人倚仗人数和武器的优势，收场之前又猛攻了一个多小时。攻上来，打下去，冲进来，推出去。用完了手榴弹就用刺刀，本来可以杀伤更多的鬼子，但剩下的一点子弹不可以打光。眼看着稳能命中的活靶子，因节省子弹而放过了。敌人怕死，碰了几次就向后退。

我们以整建制的两个班，加上零散人员共30多人，抗击着500多日军的轮番进攻和1000多伪军的外围警戒。一天毙伤日军百余人。当时梁巾侠想，只要我们能有人活着杀出毛楼，就是胜利。

战斗持续到傍晚，敌人撤到东于沟、西于沟、小山子、徐楼等村。大家正在准备突围，忽然听到西于沟方向枪声大作，大家侧耳静听，断定是我们的援军来了。绝路逢生，顿时活跃起来了。运河支队作战参谋王福堂带着部队突破了日军的阵线，进入毛楼。敌人怯于夜战，我们安排了善后工作，布置转移。梁巾侠集合起幸存的 20 余人，同增援部队出南门向西撤去。走出不到 200 米，遇到了殉国的孙伯龙支队长，双腿被打穿，头上脸上都是血迹。他静静地躺在地上，永远地安息了。战友们低着头哭泣，为失去一位优秀的指挥员而悲痛。大家要抬他走，这时东、西于沟敌人的轻重机枪狂扫乱射，夜色中织成了稠密的火网，目标大了不便于行动。况且战斗一天的同志们已筋疲力尽，只好把他及其他烈士的遗体交王福堂同志率领的战友们迁运了。

峰山支队队长孙伯龙牺牲后，指挥这次战斗胜利的竟是位女子梁巾侠。这种战例在峄、滕、铜、邳的战斗中是绝无仅有的。

生还者一个个从烈士们的身旁默默地走过，为了民族的生存和解放，踏着烈士们的血迹，继续迈步前进！

战犹酣，路正长。

毛楼之战，使峰山支队遭受重大打击，使八路军继续坚持反蚕食斗争受到一定的影响。毛楼被围的原因是指挥员在对敌斗争暂时和缓的情况下，思想麻痹，轻信涧头集伪军首脑的一些不实之言，在距敌据点仅有 6 里之地，驻防半月而不移防，是一严重错误；另外，在毛楼战斗打响之后，其他部队都未采取积极支援的行动，只是在接近黄昏时，五中队冲进毛楼，敌人才行撤退。如果外围部队及时采取积极行动，将会是另一种局面。

第三章　孙伯龙殉国后的运河支队

1942年1月2日，峄山支队长孙伯龙在毛楼牺牲以后，运河以南北地区的抗日斗争进入了最困难的时期。3月，日军开展第四次治安强化运动，步步为营，先后在运河南岸安设了多处据点。4月古邵据点的赵仁义中队两次起义，和运河北岸的地下区委组织的文峰游击队合组为文峰游击大队。4月21日，日军进攻微山岛，褚雅青和二中队全部战死，三、四、五中队先后投敌。峄县县委及时调整运河支队领导班子，并整编部队。8月中旬，根据鲁南区党委、鲁南军区的指示，运河支队进一步精兵简政，战斗力大大加强。10月，峄县县委组织召开了运河支队连队政治工作会议，使部队走上了党军建设的道路。运河支队运河以南北的部队，粉碎了日伪一次次的扫荡，在困境中不断发展壮大。

1943年起，国际反法西斯战争的形势已经开始好转，运河支队主动出击新河区，改变了运河以南平原地区的抗日局面。从夏季开始，运河支队的后勤供应有所改善。7月，运河支队先后粉碎了顽敌郑继筠和丛维三的蚕食活动，9月智克六里石伪军据点，开辟了贾柳区，开辟了由华中经运河支队去延安的交通线。10月初，运河支队划归新四军四师邳、睢、铜军分区领导，运河支队改名为峄、滕、铜、邳总队（习惯上仍称运河支队）。运河支队先后于10月、11月，分别打退了伪军、顽军对黄邱山套的蚕食和进攻。11月中旬，运河支队成功护送新四军代军长陈毅去延安参加党的第七次代表大会。

1943年冬到1944年春，世界反法西斯战争取得更大的胜利，山东战场，日军开始收缩兵力，重点防守交通线、战略支点及工矿资源区，其他地区的防务交给伪军，运河支队也开始了局部的反攻。1944年春，运河支队主动出击，先拿下运河西部的几个据点，使运河以南北的游击区连成一片。5月打下涧头集南侧一线据点，继而攻克侯孟至徐唐一线据点，接着南面消灭韩治隆部，解放了不老河地区，建立了阚山区和柳河区。北面解放了涧头集，建立了涧头集区。运河南岸的形势因此大好。9月3日主动出击运河以北面，在磨庄重创韩庄伪军，有力支援了运河北岸的抗日斗争。为了保卫不老河南岸的新解放区，11月上旬又进行了针对日伪的十里沟遭遇战和孔庄坚守战。11月中旬，运河支队整编，改设营的编制。11月到12月间，运河支队在不老河地区，先后四次打退抢粮的敌人。12月拔除大庙伪军据点。

　　运河支队于1945年春节前两打扒头山，于3月10日解放汴塘镇，于3月27日农历正月十五这一天智取马家楼，打开了进入邳铜边境的大门。4月初，运河支队攻打坝子，开辟了马兰屯区。4月底峄、滕、铜、邳县归入山东鲁南地区建制，统归鲁南三地委、三军分区领导，峄、滕、铜、邳县和峄县合并为运河县，部队恢复运河支队番号。运河支队接着发起夏季攻势，5月17日发起了讨伐张里元的战役，消灭了张里元部和孙业洪部。接着，解放安庄，强攻老淹子，消灭刘斐然"格楞眼子"部队。大反攻前夕，运河支队保卫耿集，刀劈峄县黉学兵营。8月，运河支队改编为山东野战军警备第九旅第十八团。8月14日，日本宣布无条件投降，十八团跟随共产党对日展开了大反攻，为保卫胜利果实而英勇奋战。

一　贾庆平车站传情报，褚思惠夜袭台儿庄[①]

　　褚思惠，字子宽，1896年出生，台儿庄区涧头集镇孙庄村人。幼时褚家是一个大家族，而他这支人丁稀少，生活贫寒。到了褚思惠青年时代，

---

　　① 见中共枣庄市委党史资料征集办公室、童邱龙主编《运河支队抗日史略》，山东新闻出版局发行，山东新华印刷厂临沂厂印刷，1988年版，邵士营、黄馨茹《大众网·鲁南论坛·革命世家：运河支队褚思惠和他的后人们》，2011年8月18日，峄县参议长孙倚亭《烈士褚营长思惠碑文》。

他家开始有了一定的资产。随后的十几年间，他家的资产不断增加，社会地位也不断提高。他生性刚直，有正义感，待人宽厚，抑强扶弱，济困拯危，常与恶霸地主作斗争，颇得乡里拥护。北伐时曾主动给北伐军当向导。20 世纪 20 年代末，积极参加孙斌全发起的对封建恶霸王荣宣、反动区长王幼平父子的斗争，协助民选乡长兴办学校及合作社，兴修水利，为民造福。30 年代中期结识共产党员褚雅青，受其革命思想影响，并曾支持褚雅青的革命活动。1938 年峄县沦陷后，他率子侄等成立了地方抗日武装，既不参加国民党的游击队，也不参与汉奸的维持会，直到 1939 年褚思惠协助孙斌全击溃了汉奸领导的红枪会，参加了中共峄县县委领导下的第十四区队，1939 年春被编入八路军——五师运河支队，褚思惠任二大队七中队中队长。1940 年年初，部队驻上黄邱村，遭到贾汪日军三面包围，他带领部队绕到敌侧后发起攻击，致使敌人伤亡十余人被迫撤退。1940 年夏的反顽斗争，他带领精干分队黑夜进到夏桥口，俘获反动派峄县抗日自卫总团团长龙希贞及其卫士班多人。1940 年 9 月，日伪军开始对运河支队和运河以南北地区进行大扫荡，大部队不得已转移到运河以北，褚思惠率领的第七中队随大队在花石场渡河以后，又由运河北岸东行至丁庙隐蔽。就在这时，运河支队机枪班长耿守堂叛变了，褚思惠连同他的二十多口家人均被逮捕，第七中队从此消失，运河以南北地区从此伪化了。在经过一系列的变化以后，褚思惠不得不忍辱接受伪军中队长的职务，以保全二十多口家人的性命。不久他秘密回到县委报告情况并请示工作，县委指示他暂以合法形式保存力量等待时机，并派县委组织部长张允峙以其部作掩护，在敌占区进行地下党的恢复和整顿工作。1941 年 5 月褚思惠率部举义，在叛徒耿守堂拜堂成亲的那天突袭耿家，将其从房中拉出，很多人要求把这个汉奸枪毙。当耿守堂被带到褚思惠的面前时，褚思惠念及旧情，心一软就把他放掉了。但因为汉奸作恶实在太多，耿守堂还是被愤怒的人们打死了。

褚思惠作战勇猛，绰号"褚老虎"。1941 年运河支队和峄山支队出山，他带 50 余人和孙斌全重新组织的部队合在一起，编为孙伯龙领导的抗协自卫军峄山支队的独立团，褚思惠任营长。1941 年夏峄县伪县长王徽文纠合日伪千余人进攻徐楼，褚思惠率队夜伏金楼，拂晓截击来犯之敌，他手端轻机枪冲在队伍的前列，一直把日伪追回涧头集。毛楼战斗，粉碎敌人清剿蚕食计划，所向无敌，伪军望风披靡。

毛楼之战一个月之后，即2月3日夜晚，褚思惠带领一支20多人的小分队，走雪地过冰河，绕行40里，对台儿庄火车站进行了一次夜间袭击。台儿庄火车站驻有日军一个小分队，伪军近30人。在内线铁道工人贾庆平的帮助下，褚思惠对台儿庄火车站的日、伪军设防情况摸得比较清楚。是日夜，西北风刺人肌骨，部队自东于沟出发，经丁庙闸北渡运河，过坝子、黄口、巫山、彭家楼等村到达火车站近处。夜12时，小分队伪装为北洛巡道队混过伪军哨兵身旁，班长褚庆福上前夺取哨兵的枪后，带着全班战士孙承耀、李凤岭、褚庆珍等人闯进伪军队部，一群伪军正围坐在一起烤火，在褚庆福等战士的命令之下都举手投降。解决伪军之后，褚思惠带领小分队直奔站长室，途经一个碉堡旁边，从碉堡的枪眼里伸出半截三八式枪管，褚思惠眼疾手快，抓住枪管猛向外拉，里边的敌人拼命拽住，褚思惠用尽全身力气，把三八式步枪给拽了出来。

与此同时，褚庆平、董茂源踢开了站长室的门，敌军站长"哦哦"两声还没来得及说话，就被英勇的战士击毙，屋里的火油灯也被枪声震灭。战士们摸黑探索，从写字台下又搜出日军副站长。在车站月台南边，战士吴修真、孙茂基端着机枪，监视桥头碉堡内敌人的行动，突然发现一个日本兵大步向监视哨走来，吴修真一扣枪机，鬼子应声倒地死了。不到两个小时便结束了战斗，小分队随即撤到运河南岸。此次战斗共俘虏敌军副站长和伪军20多人，击毙日军伍长清水和车站站长，缴获步枪近20支和其他军用物资一宗。

二　日伪军南岸紧蚕食，八路军组建文峰队

1942年，日军华北占领军仍然继续扩大占领区的方针，并以剿共作战为重点，敌华北派遣军和伪华北政务委员会，又在1942年3月开展第

四次治安强化运动，从军事、政治、经济等各方面，对所谓准治安区进行强大的攻击。在毛楼战斗以后，敌人采取步步为营的办法，先在涧头集稍为偏东南的小山子、徐楼等村安设了据点。这对我们运河支队活动的中心区旺庄一带造成严重的威胁。峄县、韩庄、古邵、涧头集、薛庄等据点敌伪军千余人，又在3月中旬，倾巢而出，占领旺庄，在一天一夜之内，用在敌区征用的民夫1500余人，构筑起有碉堡、壕沟、鹿寨工事的据点。敌人中心突破的一招如果得逞，我们在运南的活动区域将可能全部变为敌占区，造成极其不利的困难局面。

面对困难，运河支队对进占旺庄之敌采取围困之策。在四天之后运河支队调来活动在微山湖运河支队四中队和县大队，军分区派沂河支队八连越过枣台铁路支线，配合运河支队作战，随即发起对旺庄的进攻。旺庄由前马家、腰儿黄、后赵家三个小村落组成。沂河支队八连攻前马家，九连和县大队攻后赵家，孙斌全、褚雅青指挥两个连和县大队另一部分军力进入金楼西山设伏，狙击可能由涧头集南援之敌。四、五中队做预备队。战斗由夜12时开始，敌人虽然顽固抵抗，终因碉堡、壕沟、鹿寨均是仓促抢修而成，加之伪军战斗力不强，运河支队攻后赵家、前马家的部队都很快突破外围，进行逐屋争夺。九连政治指挥员张茂文和县大队分队长马安荣在逐屋争夺的战斗中英勇牺牲了。两处敌人都退守几个大的院落，进一步顽抗。运河支队攻击部队因未准备炸药而久攻不克，形成胶着状态。运河支队领导考虑如坚持强攻，天亮后涧头集敌人会组织来援助，鉴于兵力弹药又不充足，于是决定撤出攻击部队，继续采取三面围困、断其粮源的办法，逼走他们。运河支队攻击部队虽然撤出旺庄，由于围困和攻击，敌人遇到极大困难，伪军首领相互埋怨，都不愿丢掉自己的据点而留在旺庄和八路军拼命。遂在天明之后，多路突围，经金楼西山口，过后楼直奔徐塘向涧头集逃去。此时运河支队扼守库山以南几个山头的部队并未撤出，正好用火力侧击狂逃敌人。敌人在运河支队火力射击之下，丢盔卸甲，有的当场被击中，伤亡不少。这次战斗虽然未能全部歼灭敌人，但打垮了敌人蚕食旺庄的计划。总结这次战斗未获重大战果的原因，一是未能集中所有部队参加战斗；二是敌人数量比运河支队多，而我使用兵力分散，未能集中最大兵力攻其一个村落，导致在突破前沿后形成胶着状态，只得改为外围围困之策；三是在兵力布置上没在后楼设伏，如在后楼设伏，将会给逃敌以重大杀伤，截其尾部会有很多缴获。

在结束旺庄战斗的第三天，运河支队在沂河支队八连配合下，进行了夜间攻击新庄伪军据点的战斗。新庄位于涧头集头，驻有伪军一个大队，约200多人。伪军副大队长张元太原为国民党苏鲁边游击司令韩治隆部的大队长。他依靠黄家仓房围墙、炮楼据守。战斗发起的当晚，张元太去台儿庄未回，其参谋长孙玉成，跟我方早有联系，但他没有掌握部队。运河支队进攻部队在夜11时许进入围子，孙玉成出来和运河支队指挥员见了面，答应待他返回据点后，劝说伪军们起义。孙回去后，敌人据守大地主黄家仓库高大炮楼，顽固抵抗。围攻部队没有强攻准备，致攻取新庄未成而撤出战斗。这次战斗未获战果的原因是发起战斗时间仓促，事前没有做好应有的准备工作，对可能出现的各种情况及其对策事前未有深入细致的研究，又没有做强攻的准备，导致空劳往返。新庄战斗之后，沂河支队八连返回沂河地区。

取得旺庄反蚕食斗争的胜利之后，运河以南的局面稍微稳定。时到4月，驻防运北古邵据点的伪军赵仁义中队举行了起义。赵仁义为中共党员，他带领的部队就是孙云亭从峄山支队逃归运北交给伪军首领孙茂墀的那支部队，部队中原有共产党员数人，在进入古邵以后，即派人回县委汇报请示部队如何行动。县委根据当时的情况，要他们暂时隐蔽在那里，暗地进行争取其他伪军的工作，待机举行起义归来。他们经过半年多的争取工作，联络了近百人，组织了第一次起义。由于组织不够严密，被伪军首脑发觉，齐凤池等四位同志被逮捕，受尽酷刑，宁死不屈，最后被日军杀害于峄县城西关帝庙面前。当月又组织第二次起义，起义军近百人，增强了我军力量。时值敌人对运河以南地区进行蚕食，粮食、弹药、药品等物资紧缺，部队生活极其艰苦，打一枪换一个地方，天天行军，好多士兵怕苦怕死，逃离部队，导致部队在很短时间内大量减员，最后剩下十余人和运北地下区委组织的文峰游击队合组为文峰游击大队，在运河北岸敌军占领的腹地坚持游击战争。

三　日伪军偷袭微山岛，褚雅青战死守杨村

微山岛地处津浦线西，与津浦线直线距离 10 里，与韩庄火车站日军据点一水之隔，仅有 16 里，与沙沟火车站不足 20 里。从消灭伪军阎团一个大队，重新夺回微山岛以后，各个游击队都有新的发展。运河支队一大队，除五中队活动在运河以南以外，又新建立了三中队，队伍已有 200 余人。褚雅青亲自带的峄县大队第一中队也有 40 余人。他们在军事上对敌采取积极行动，成为敌人的眼中钉、肉中刺。敌人于 1942 年 4 月对他们进行了围攻。

4 月 20 日下午，微山湖地区的八支游击部队都驻防于微山岛。各方都得到情报，临城、沙沟、塘湖、韩庄、夏镇诸要点都增加了日军的兵力，合围扫荡微山湖岛的迹象已很明显。其时，邵剑秋带九中队在岛上检查部队工作，他考虑微山岛为湖中孤岛，没有机动的余地，当即指示一大队撤出微山岛，并动员邵子真在黄昏后随他一道出湖。邵子真主张待和其他兄弟部队的领导人开会商量后再做行动决定。邵剑秋因返回运南夜行军路线很长，在夜幕来临即带九中队出湖返回运河以南。

4 月 20 日晚，驻微山湖岛的运河支队一大队、铁道游击队、峄县县大队、微湖大队、滕沛大队、水上区、微山办事处的负责人在吕蒙村召开紧急碰头会议。由于没有统一的领导和指挥，只能对下一步如何行动协商。会上有人提出微山岛绝对不能固守的正确意见，但多数领导认为在微山岛活动较久，与当地群众关系密切，不愿意轻易离开。有的竟然讲起粗话："谁走谁就是孬种！"加之对敌情的严重性估计不足，又有过去打退敌人进攻的经验，故而会议做出"只阻击，不恋战，惩罚一下来犯敌人迅速撤退"的错误决定，并公推运河支队一大队邵子真大队长为联合作战的总指挥，铁道游击队副大队长王志胜、峄县大队的副大队长褚雅青、微湖大队大队长张新华、滕沛大队大队长钟勇飞等人为副总指挥。决定作战布置如下：邵子真和政治教导员唐绍钦率四中队守吕蒙村；褚雅青带运

河支队二中队和县大队一部分守杨村；铁道游击队、滕沛大队分守大小官庄；微湖大队守墓前村。要求微山办事处、水上区迅速连夜动员群众和干部家属向湖外转移。

21日天刚破晓，微湖东岸的郗山和张阿闸上发出"隆隆"炮声，呼啸的炮弹落在微山岛上。随后，鬼子的汽艇舢板划子和舰船从东南、正东、东北三方湖面向微山岛进发。防守吕蒙村的四中队，凭着以前曾经打退少数敌人进攻的老经验，等敌汽艇、舢板划子进到500米内，机枪步枪才开始射击，殊不知敌人汽艇上机枪、掷弹筒火力异常猛烈，掩护舢板、划子直插滩头阵地，前边的舢板、划子被打翻了，后面接着跟上来。接近湖岸浅滩时，日军和伪军跳入水中，推着划子作掩护，拼命向阵地冲来。四中队以密集火力射击，日军和伪军纷纷倒在水中。敌人强行登陆成功。四中队伤亡较大，邵子真和其他同志商量，认为硬拼不行，决定部队全部撤退。四中队从吕蒙村向西北谢楼渡口转移。在渡口又和敌人发生战斗，边打边撤，分队长马道举肩部负重伤，倒在湖边水中，还被敌人在胸部又穿一刺刀惨烈牺牲。部队突围到沙沟车站以北的姬庄，白天强过津浦路，又遭到敌人铁甲车的截击，教导员唐绍钦负伤，黄昏后才转移到路东的界沟村。

在杨村的阵地上，凌晨4时许，飞来了敌人的炮弹。天色渐明，满载日伪军渡湖的船只向杨庄驶来，汽艇上的机枪向我阵地猛烈射击。褚雅青料到敌人是火力侦察，便命令部队隐藏。划子接近湖岸阵地不远时，30多个日本兵跳下划子，端着轻机枪和上了刺刀的步枪，向湖岸阵地冲来。由于淤泥又厚又黏，穿着深筒皮靴的日本兵一陷多深，怎么也走不快。他们一直没发现我军的防守阵地，胆子更大了。当离岸只有30米时，八路军战士一阵猛烈射击，日本兵倒下一片，剩下的退回船上，敌人第一次进攻失败了。他们又组织第二次登陆进攻，在汽艇上机枪炮火的掩护下，一批日本兵冲上了岸。当接近我战壕时，战士们一排手榴弹扔过去，日军有一半倒在前沿阵地，第二次进攻又被打垮了。日军恼羞成怒，集中火力炮击，日军指挥官指挥约一个小队的兵力第三次冲上来，这时已是上午9点钟，防守吕蒙村的四中队已经转移，铁道游击队换上了日伪军衣由大小官庄突围出去，防守墓前村的微湖大队也撤离阵地向山西边转移了。褚雅青没有接到作战指挥部要他撤退的命令，杨村阵地已完全陷入孤立。一大批敌人占领了杨村的西山头，居高临下，集中火力向杨村阵地射击。同时，湖上进攻的敌人也已登岸，东西夹击杨村的形势已经形成。在这关键时刻，褚雅青又身负重伤，为了保存革命的种子，他命令战士立即突围。同志们要背他走，他说："我的伤很重，你们走，我给你们作掩护。"他边说着边转身端起一支步枪，按上一排子弹，又拿起一支步枪，也按上一排子弹，对准上来的敌人开枪，战士们趁机向湖边突围了。褚雅青同志只身与逼近的敌群战斗，子弹打尽，他又用短枪打倒了几个敌人之后，按照他平时经常讲的"战斗中绝不当俘虏，打死一个够本，打死两个赚一个"的誓言，用最后一颗子弹打向自己的太阳穴。他为了民族的解放事业流尽了最后一滴血，献出了宝贵的生命。

微山岛战斗虽然击毙日军100余人，八路军付出的代价更为惨重。所有部队不得不撤出微山岛，微山岛失守。这次战斗英勇牺牲的除褚雅青同志外，还有二中队副队长王保楼、战士王波、王清明、刘长德、李义泉、孙茂全、褚敬恩、褚敬全、张振武和张善德等近百人。部队撤出微山岛的第二天，敌人咬住不放，尾追零散撤退人员，于上午在德胜庄渡河，继续南犯运河以南地区。运河支队驻平山子村的机关部队，为了保存实力以利再战，即先行南撤到尤窝子。当夜日军大队窜犯至黄邱套，八路军部队拂晓前由尤窝子向南北许阳方向转移，日军尾追到黄邱山套又直抵督公唐山的北山，在朦胧的晨光中发现运河支队的行动，于是用机枪向八路军射击。此时运河支队已走出机枪、步枪的射程，日军停止前进，此次战斗才宣告结束。

微山岛失守的原因是多方面的，最主要的还是主观指挥上。我们大队指挥员在开辟微山岛根据地之后被胜利冲昏头脑，在敌人眼皮底下未能隐蔽自己的力量，而是处处刺激敌人。微山岛与津浦线上的韩庄车站据点一水之隔，仅有16里，部队起居操课都用军号施令，敌人每天都听得清清楚楚，他们岂能让你如此欺侮。撤出微山岛的运河支队一大队的三、四中队，在中队长孙茂山和张某的带领下，到韩庄据点投敌，当了汉奸。微山岛失守，对运河南岸坚持对敌人斗争产生了极为不利的影响。因此，驻峄县城的日伪军首脑加紧推行对运河以南地区的蚕食政策，日伪军步步逼近，给运河支队继续坚持斗争增大了困难。

一大队除二中队在微山岛全部被敌歼灭以外，其余剩下的三、四、五中队都先后投敌。究其原因，主要是新成立的部队，成分复杂，忽视政治工作所致。领导选用干部重才轻德，各队虽有政工干部，但有的形同虚设，对部队中出现的反对政治工作甚至打骂政工干部的行为不加过问，以致部队干部各种不良倾向层出不穷。这样，遇到艰难困苦，加之敌人进行针对性的策反，部队中出现投敌叛变的现象是很自然的事了。

四　共产党调整峄县委，八路军改编运南军

4月下旬，微山岛失守，运河地区的形势急转直下。在一大队三、四中队投敌后，五中队队长徐保友经韩庄伪军煽动，于5月初带所属部队到韩庄投敌。至此，在黄邱山套北侧到津浦路之间，仅有县大队的一个中队在那一大片地区活动。韩庄日军一个小队和叛徒褚思杰部的百余人，趁机在利国驿火车站东万庄安设了新据点。新据点靠近津浦铁路，运河支队难以攻克敌人。5月中旬原国民党韩治隆部由峄县六区区长王云溪带部队投敌。王云溪是泉源人，他在泉源官庄是个地头蛇，于几天之内，利用涧头集敌人的支持，在泉源筑起了钢筋水泥碉堡据点。涧头集的伪军继之在侯孟新设了据点。不久，由泉源派出一个伪军分队在王佑民带领下平山子新设据点。对运河以南地区采取步步为营的堡垒政策。这样，黄邱山套北侧和运河之间完全成了敌占区。运河支队在4月至6月之间，处在天天行军，天天打仗的局面。为了适应新的斗争形势，县委决定以黄邱山套为中心，山北、山南地区新建一个黄邱区，组建黄邱中队，就地坚持斗争。当时整个运河以南部地区形势岌岌可危。

形成这种局面的原因一方面在主观，由于上层领导对当前的形势分析不透，思想意见不统一，部队不能集中使用，不能做到高度集中的指挥，

在艰苦环境中有的投机抗日分子在敌人策反政策之下叛变投敌，大大削弱我军的力量，影响了我军的士气。另一方面是运河支队上层领导思想不统一，出现矛盾，使部队在艰苦斗争中处于被动地位。

6月上旬，老百姓正在收割麦子，枣庄、峄县城、韩庄、台儿庄等地区的日伪军2000余人又发动了一次对我驻防在东西朱古地区运河支队和县党政机关的数路合击扫荡。运河支队得到情报后即安排四五个人的游击小组在午夜占领朱古山，第二天拂晓，雾色茫茫，敌人到达朱古村，游击小组打了排枪后迅速撤离。敌人以为运河支队占领了朱古山，当即用炮火掩护攻占朱古山，随后南追，直抵小马头村。驻防小马头村的韩治隆部杨茂林营正在出早操，日军认为是八路军随即包围，不到两个小时把杨营的200余人全部消灭。

运河支队和党政机关撤出东西朱谷村，转移到上黄邱靠近贾汪东北山下村庄隐蔽。

鉴于峄、腾、铜、沛地区严峻的斗争形势，鲁南区党委、鲁南军区报请山东分局和一一五师领导批准，调鲁南第四军分区政治委员纪华同志重回峄县任县委书记兼任运河支队政治委员，孙振华改任县委副书记。以加强县委对党政军全面工作的领导，便于改善八路军在运河以南北的对敌斗争形势。纪华来运河支队之前，罗荣桓政委在接见他时着重讲了两点意见：一是要指导好部队的军事行动，在反对敌人蚕食斗争中要力争主动，要打好仗，这就要把情报工作做好，通过各种渠道，掌握好敌伪方面的动向，做到知己知彼，才能百战百胜，要重视抓好对伪军的工作，可以选派得力的人打入伪军里去。二是尽快组织一个地下秘密县委，把地下党的工作交给秘密县委管。陪纪华见罗政委的还有刘亦夫。

1942年4月初，纪华和新的峄县县委员刘亦夫、王磊以及工作人员胡方、徐志尧、张勇、亓世勋等人到达运河以南地区，对运河支队处于敌人不断蚕食、部队天天行军、天天打仗、不断减员、领导层严重存在思想不和、不能实行统一指挥、部队士气锐减的问题进行认真分析研究，统一思想，统一认识，认为解决部队统一指挥统一领导问题是头等大事。邵剑秋同志因微山岛失守自愧领导不力主动辞去支队长职务，建议支队长由参谋长胡大勋同志担任。根据当前对敌斗争的形势和目前运河支队状况，县委决定改组运河支队的领导班子。由胡大勋任支队长，孙斌全任副支队长，邵剑秋同志另行安排。决定统一整编部队，自卫军峄山支队所属部队、县大队等统一编入运河支队。将运河支队整编为两个大队：一大队编为一连、二连，二大队编为八连、九连，另外保留一个警卫连，担任机关的安全保卫。任命褚思惠为第一大队大队长，杨荣为教导员，李明和为副大队长。王墨卿为第二大队大队长，花如景为第二大队教导员，蒲沛霖为副大队长。支队领导层的改组和部队的整编，得到了干部战士的热烈拥护，稳定了官兵的情绪，提高了官兵的士气，改善了对敌斗争的形势。对积极争取国民党苏鲁边游击司令韩治隆和我军继续保持合作抗日、坚持运河以南北对敌斗争起到了重大作用。进入夏季的青纱帐时期，是日伪军对我军扫荡的不利时期，我部队也抓住有利时机进行整顿。

纪华和邵剑秋同志在 8 月初在九连的护送下越过敌人临城、枣庄铁路的封锁线，经过一天两夜的行程到达抱犊崮驻地汇报工作。纪华和邵剑秋向鲁南区党委和鲁南军区汇报了部队整编的情况。鲁南区党委和鲁南军区的领导同志对如何加强运河支队的领导、加强部队的政治工作、加强干部的培养训练、改善部队的物资供应、继续加强统一战线等问题，提出了很多正确的意见。为加强运河支队的领导力量，决定任命邵剑秋为运河支队副队长。童邱龙任政治处主任，阎超为参谋长。同时来运河支队的干部还有刘振东、冯继隆、孔云、王乐泉、殷延绪、克古、郭国祥、武魁、权启后、权兴普、胡林、张仲先、张连晋等人。运河支队迅速成为在峄、滕、铜、邳地区由党绝对领导的一支坚强抗日武装。

8 月中旬，县委根据鲁南区党委和鲁南军区的指示，进一步研究精兵简政问题。决定减少部队领导层次，撤销一、二大队，确定由支队直接领导主力连队的体制。连队实行政治委员制度，干部降职使用，大队长当连长，大队教导员当连政治委员，在连队中专设党的支部书记做党的领导工作。有的连队撤销排级单位，改设分队体制，排长改任分队长，由连长、政委直接领导分队。这样不仅加强了连级单位在分散活动中的领导力量和指挥能力，又加强了班一级单独活动的能力。鉴于县政府的财粮科主要任务是筹集军费和军需给养，决定支队的供给处和财粮科合并，成立财粮供应科。财粮供应科既是县政府的财粮科，又是支队的供给科。

在撤销一、二大队的同时，另外仍保持两个游击大队的建制，保留龙门游击大队在黄邱山套内外坚持活动，又新建了农民游击大队。这两支部队虽冠有大队的名义，实际是连队的组织形式，大队之下设分队。原一大队大队长邵子真在微山岛失利之后，不灰心、不丧气，一面检讨自己的过失，一面又带着赵怀德、邵世德等几位忠诚的战士在自己家乡一带隐蔽活动。为了解决部队急需的费用，不惜卖掉自家的驴、磨和几棵枣树。几个月的时间又发展到30多人。因为没有番号，自称为农民抗战。原三中队长丁瑞庭，在地方当了一年多的区长，1942年春天调回运河支队。丁瑞庭当过小学教员，办事机警灵活，很有活动能力，过去在部队立过不少战功。为了用其所长，让他只身发展部队，在三四个月的时间里，拉起了30多人的武装。为了加强这两支部队的领导，决定把他们编在一起，就命名为农民游击大队。邵子真为大队长，丁瑞庭为副大队长，不久任命华新乙为副政治委员。这支队伍活动在津浦铁路东侧运河两岸的周营南北和整个新河地区，坚持对敌斗争，帮助地方党地方政府在那一带开展工作。这支部队不久成为运河支队的主力连队，解放战争中被命名为英雄"平山连"，连队的红旗一直插到丹山群岛上。

运河支队响应党中央关于"自己动手，丰衣足食"的号召，开展生产运动。二连和龙门大队的同志也在旺庄以南和上黄邱一带开荒种地。又战斗又生产，在人民群众中起到了明显的政治影响，促进了战士的思想改造。

五　阴平镇建立文峰队，运河以北开创新局面

1942年运河北岸地区除了铁道游击队和邵子真的游击队坚持在临城、沙沟以东一线活动外，仅在台儿庄以北的枣台铁路支线两侧，还有小部分孙业洪顽军的活动地区，其他大片区域全被日伪军占领。日伪军在这里实

行保甲制度，对人民群众的统治更加严密。保甲（独立的村）长每天都要向伪乡公所报告治安情况。日伪布置的暗探遍地皆是，武装特务到处横行。在运北敌伪军占领区的腹地开展游击战争，只有三种可能：一是派部队挺进运北，打一两个据点，尔后留下部队在运北进行公开活动；二是组织小型武装工作队，进入运北腹地开始秘密活动；三是运河以北地区的地下党员，自己拿起枪，利用人熟地熟群众好的条件，开始进行秘密武装活动，逐渐发展壮大游击队伍。当时，前两个方案都不太合适，只能采取第三方案。

1942 年春天以前，县委多次讨论在运河以北阴平周围地区建立武装问题，县委成员张允峙在此地区秘密活动，伺机组织武装力量。4 月，运北地下秘密区委书记张东明身份暴露，敌军驻临城特务机关派人捉拿张东明，宁楼据点伪乡公所有内线人提前密报，张东明得以脱险。他是阴平集人，无法秘密隐蔽下去。县委决定由他拿起枪，组织游击队就地和敌人进行公开的武装斗争。张东明本是部队连指导员，有战斗经验。县委的决策正符合他自己的愿望。张允峙组织张东明、姚兴华、谢学举、张连营、曹山等人在阴平集附近的胡庄，开会成立游击小组。两个月的时间发展到12 人，以石头楼山套主峰——文峰山为名，正式命名为"文峰游击队"。实际就是党的武装工作队。不久，县委决定让他们和赵仁义带回的起义部队合并为文峰游击大队，赵仁义为大队长，严运厚为一队队长。

这支部队成立以后，面临以下任务：一是镇压日伪特务和暗探的活动，敲掉敌人的耳目，保护地下秘密工作人员。二是做伪乡保长的工作，变敌一面政权为两面政权，取得活动基地和部队给养的保证。三是镇压土匪的活动，为民除害，取得敌区各阶层人民的支持和拥护。四是做伪军的工作，争取分化瓦解他们，为文峰游击队送情报。7 月，文峰游击大队已经在这个地区站住脚跟，县委决定成立运北工委，加强对运北各项工作的领导。工委书记先为鹿光连，后为刘向一，不久换为刘亦夫。县委原组织部长张允峙、宣传部长朱奇民为工委成员，刘亦夫、张允峙分别兼任文峰大队的正副政委。尔后又成立峄县县政府运北办事处，办事处主任由运河支队副支队长孙斌全兼任，1943 年夏由孙怡然接任。

文峰队成立之后，打掉敌人的武装特务和暗探是最迫切的任务。八月初正是高粱、玉米等农作物秋收前的青纱帐期间，在石头楼山套周围一带，不断地发生我地下党领导、党员以及与文峰大队接近的积极的分子被敌人新民会特务逮捕，重者被枪毙，轻者被送东北当劳工的事件。文峰队经过周密地调查，得知敌人所得情报系二郎庙的暗探孙景五所为。文峰队派张东明和张敬富等人在日军韩庄据点东面附近的路上，抓住往日军韩庄据点特务机关送情报的孙景五。经过当面审问，就地枪毙。镇压日伪特务，最成功的要算文峰队组长郑仁东只身一人打死日伪特务邵泽民一事。邵泽民是阴平集的一霸，他在韩庄当上了日军的特务，身怀两支短枪，骑着脚踏车到处横行霸道，敲诈勒索，向日军报告黑名单。文峰队的组长郑仁东一人一枪，白天就在阴平集到韩庄的路上，打死了邵泽民。日后峄县参议长爱国民主人士孙琦亭赋诗赞曰：

风尘汗漫月色黄，豕突狼奔日伪狂。

据点密布如蛛网，日特出没甚乖张。

此乡爱国英雄广，锄奸杀敌威名扬。

日特密聚黑名单，认贼作父邀功赏。

今日名单入敌手，诘朝此地见三光。

郑君闻之怒发指，立奔敌侧伏路旁。

伪军远远向东来，日特西去走慌忙。

郑君突出刹那间，日特丢车手掣枪。

郑君矫捷枪先发，万恶日特顷刻亡。

名单枪车都入手，从容归去共举觞。

伪军赶到空忙乱，郑君英勇永留芳。

1942 年初冬，文峰队在鞠庄智歼土匪孙晋绪。孙晋绪拉起 12 人，活动在曹庄一带，打着抗日的旗号，干着土匪的勾当。这伙土匪所到之处，打家劫舍，谋财害命，奸淫掠夺，无恶不作。曹庄一带处在日伪敌区，文峰队兵力过小，只能昼伏夜出，武力直接消灭他们难度较大，智取方可成功。文峰队决定以联合抗日为名，结识孙晋绪，接头两次后交谈甚好，孙晋绪已无戒心。第三次约孙晋绪打麻将时，文峰队一举活捉到全部土匪，把孙晋绪就地处决，其他人释放回家。歼灭这支土匪，曹庄各阶层人民群众无不拍手称快。另一伙是以薛永才、薛永贵兄弟为首的十多人的一支武装。薛氏兄弟都参加过毛楼战斗，在战斗中表现也好。可在撤出战斗之后，都离开部队，回到运北敌区老家，以抗日名义拉起武装。他们离开运河支队后在敌占区单独活动，有流寇行为，群众对其也有反感。文峰队领导人亲自与其联络，劝其改邪归正，回到自己的队伍。薛氏兄弟受过教育，毅然带队回到运河支队，薛氏兄弟编入文峰大队，工委决定把他们和在曹庄地区开展工作的原县大队指导员王子尧组织起来的小武装合编在一起，命名为文峰大队第二队，任命王子尧为队长，张允峙兼任指导员，薛永贵为副队长。这样，文峰游击大队武装力量得以壮大，到年底发展到近60人。

敌区的伪村保长情况相当复杂，真正死心塌地为日寇卖命的只是极少数，大部分是迫不得已。其中大多数人脚踏两条船，见风使舵，好为自己留条后路。也有个别的是运河支队的人，或者是地下党组织掌握的基本群众。对伪军保长的工作，文峰队运用统一战线的政策和策略，走到哪里就做到哪里。对脚踏两条船的多数伪村保长，积极争取，鼓励为抗日出力。凡是有正义感的人，一经启发教育，都能迅速转变成假心向敌、真心向我的"两面派"。有些我方活动的重点村，一时又难以转变的就由地下党组织采取合法手续，安排可以信赖的人。对个别真心向敌，做尽坏事，甘当铁杆汉奸，不可救药的家伙，只有狠狠打击，杀一儆百。当时，对勾结日本特务的汉奸孙伯祥常向伪乡公所密报文峰队活动情况的金庄伪保长和有同样罪行的尹庄伪保长赵文炳，文峰队就设法抓捕处决了。1942年初冬，文峰队根据鲁南地区党委的安排和县委的指示，陆续用"武装请客"的方式，把一些伪乡保长"请"到抱犊崮山区集训。经过短期的集训，收效很好，伪乡保长们回去后有了不同程度的转变，如石庙乡伪乡长马景章就是一个典型。文峰队使尽手段捉到马景章，强行送他去抱犊崮山区集训两个月，有了很大转变，释放回家后，马景章依然当上了伪乡长，他管辖的以褚楼村为中心的铁佛沟、纸坊等十多个村庄，成为文峰队隐蔽的游击区，游击队可以半公开地活动了。他还经常给我们秘送日伪军活动的情报。

文峰队在做好地下工作的同时积极组织武装力量。半年时间内成为一支战斗力比较强的部队。1942 年初冬，文峰队赵仁义大队长由运南返回运北的途中与敌遭遇，在战斗中英勇牺牲，支队首长派去富有战斗经验的红军干部李明和继任大队长。1943 年春，运北工委先后建立四个区政府，游击活动的范围得以扩大，开始引起日伪的注意。开始对文峰队实施打击，清乡、扫荡接连不断。此时，离开抗日阵营的东楼大绅士孙云亭又和文峰队取得了联系，由于他的儿子在我方，仍然采取支持文峰队的行动。

1943 年 3 月上旬，文峰队得到敌伪军将要扫荡的消息，为了避免遭到合击，李明和带领一队在夜间 9 时许秘密进到距宁楼据点西北只有一里多地的涝坡村隐蔽，可是在第二天上午 8 时许，古邵、宁楼的伪军 400 人由宁楼出发，经涝坡村向北去，发现涝坡驻有八路军游击队。涝坡村是只有五六十户人家的小村，文峰队 30 多人住在村东北的一个土围子里，围子不大，围墙约有两米多高，一尺半厚，利于防守。里面住有不足 20 户人家。村东距围很近的地方是一条南北走向没有水的小沙河，河沟的北边就是宁楼北去的大路。围子北边是一片开阔地，围子的东南、西南、西北各有些分散的居民住宅。伪军接近围子不远处就开了枪，从围子东边利用小沙河的岸坡向围子东北方向进攻。文峰队决定利用围墙的有利条件，据围坚守，在围墙上挖枪眼向敌人射击。用耙靠上墙一边瞭望，一边射击，绝不准敌人爬上岸坡。由于伪军战斗力弱，在被打伤几个之后，不敢强攻。加之伪军官兵姓孙的较多，有人散布围子里面是孙景杰的人，由于孙云亭的影响，进攻者更不积极。在对峙的情况下，开始了一场对骂。伪军也极其笨拙，不敢分兵进行多路攻击，后来周营伪军来了近百人，为了保存实力，也不敢积极进攻，因此战斗长时间处于胶着状态。下午 3 时许，文峰队主动撤出涝坡，战斗就告结束。这次战斗共打了 7 个多小时，文峰队无一伤亡，增强了干部战士在敌区据围坚守取胜的信心。

5 月 27 日深夜，文峰队二队在大队副政委兼二队政治指导员、曹庄区委书记张允峙的带领下，进驻据韩庄据点不足十里的沙路口村。由于暗探郑良才的告密，第二天拂晓，韩庄的伪军四五百人包围了沙路口。战斗打响之后，四面八方的伪军统统包围上来，在事发突然、没有外援又无坚可守的情况下，28 人与近千伪军激战一天，子弹打光，几次突围未成。张允峙、张景芬（区长）、刘文章（副区长）、薛永才、王金柱、王后阔、薛永贵（副队长）、刘中顺、姚大成、韩金亭、傅士清等坚持到战斗的最后一刻，英勇牺牲。只有二队军事负责人姚兴华身负重伤侥幸活下。

沙路口战斗失利后，工委决定派孙承楫和马景标两人再进曹庄地区。短时间内，白手起家，又组织了 20 多人的游击队，继续坚持在曹庄地区进行抗日斗争。

10 月初，运北工委成员朱奇民带领文峰队一队驻在牛山后西约四五里的侯许庄，遭到牛山后和周营两路日伪军约四百人的合击。与涝坡战斗一样，坚守围子从上午打到下午 3 时，一队集中火力向西路敌人反击，这路敌人在一队勇猛攻击下，慌忙撤退。一队追击约半里路，趁机向西北转移，甩掉了敌人。此次战斗缴获战利品一宗，一队斗志昂扬。

侯许庄战斗后月余，伪县长王薇文亲自指挥警备大队 500 余人，扫荡郭庄、逍遥庄、坊子、石门和侯许庄一带。一队得到情报说，王薇文带领的队伍，黄昏时进抵牛山后就地宿营。他们分析伪军经过一天的扫荡行动，到达据点宿营，定是疲惫不堪，麻痹大意，兵无斗志。一队指导员朱奇民和严运厚为了锻炼队伍，打击敌人，鼓舞群众，决定部队进到牛山后的南山坡隐蔽，伏击敌人，打个措手不及，捻一把就走。正值黄昏之时，伪军一路长蛇阵向牛山后南山坡走来，士兵都倒背着枪，晃晃荡荡，队形混乱。一声令下，一队战士顿时机枪、步枪齐射，手榴弹飞向敌群。敌人猝不及防，有些被打死打伤，有的趴在地上不敢动，更多的则是四处奔逃，不听号令了。一队抓了十几个溃散的俘虏，缴获了十几支步枪，迅速撤离了战场。以一人轻伤的代价取得牛山后伏击战的胜利。敌人遭到突然的伏击，绝大部分溃散到北山，四五天还没有完全把队伍集合起来。文峰队在运北工委的领导下，一年半的时间，从无到有，从小到大。虽一度遭到曲折，但也迎来了胜利。

六　峄县委召开政工会，各连队贯彻新精神

1942 年 10 月，部队实行精兵简政之后，在峄县县委的领导下，召开了连队政治工作会议。参加人员为大队（连）和机关的政治工作人员。会议的目的是研究贯彻鲁南区党委、鲁南军区提出的加强部队政治工作建设的指示。此时部队虽然处在最艰苦的战斗环境中，队伍缩小到 500 人，但经过 4 个月的整顿，部队已趋向稳定。会上首先学习了毛主席关于整顿"三风"的报告，与会人员学习这个报告之后，思想焕然一新。其次听取各单位工作汇报，共同研究部队现状，统一对部队情况的认识。最后研究加强连队建设的措施。会议期间，对下述三个问题研究的情况是：

（1）正确地认识部队现状。领导层和部队的团结状况，已有很好的改善，互不合作、不能集中统一指挥的现象已不复存在。由于精兵简政、干部下放、连队政治委员制度的设立，党的威信、部队领导的威信、连队政治工作人员的威信得到普遍的提高。反对政治工作和反对政治工作人员的现象已经克服。由于时事政策教育的加强，干部战士的抗战胜利的信念更加坚定。开展拥政爱民活动，严格群众纪律，军民关系更加密切。部队人员虽然大为缩小，但由于投机分子在危急情况下的叛逃，部队成分更加纯洁，战斗力大大增强。

上、中层军事干部多为地方中年党外干部，他们土生土长，人熟地熟，与地方上层和人民群众联系极为广泛，社会阅历深，绝大多数抗日坚决，战斗勇敢，在政治上要求进步，但政治思想水平不高，军事政治素养亟待提高。

战士多为贫苦青年农民，思想比较单纯，也有少数人出身和在国民党游击队、土匪、伪军中的游离分子，思想复杂，坏习气较多。连队中有的是父子、师徒、师兄弟、把兄弟，更多的是乡邻和亲戚。这些情况在地方部队中本属自然，但改变由此产生的某些落后思想，工作异常艰巨。

基层干部战士的思想主流是具有坚决抗日、要求进步和解放自己的愿

望，能够吃苦，对艰苦生活没有怨言，要求学习政治文化。但游击习气，乡土观念，极端民主化思想浓厚，部队中还有拜把兄弟、拜干亲的现象。由于缺乏政治教育，革命道理懂的少，对坚持持久抗战、渡过困难、争取抗战胜利，在思想认识上还模糊不清。少数人遇到恶性环境，易于动摇，逃亡现象和请假不归现象时有发生。在敌人策反之下，也有拖枪投敌者。

部队中党的工作基础不一，个别连队基础比较好，建有党支部，但党的活动不公开。半数连队中只有个别党员，有的连队还没有党员。青年队、俱乐部等群众性组织极不健全。

鉴于部队前期的混乱现象，支队领导层和中层干部积极支持政治机关的工作，希望部队在政治思想上迅速得到整顿和提高。但对干部的认识和使用，门户之见、山头主义、宗派主义明显存在。

（2）政治干部队伍，在组织、思想、作风和工作方法上，都必须完全适应加强政治工作建设的需要。政治干部多为外来干部，有的是红军干部，有的是经过学校培养的，有的是从兄弟部队调来的，他们有工作经验；少数则是本地干部，其中有的是从地方党员干部中选来部队工作的，有的则是从班、排中培养选拔出来的，各有特长，但都是青年，缺少社会阅历，他们对党忠诚，工作热情，作战勇敢，组织纪律性强，执行党的政策好，能够吃苦耐劳，待人热情诚恳，事事处处能起模范作用，密切联系群众和战士打成一片。其主要问题是在思想上存在一定的片面性，对部队现状缺乏全面正确的估价，看不惯部队的某些落后现象，有的存在不安心工作的情绪，工作积极性受到一定的影响。他们在思想上存在所谓看不惯的问题：认为这支部队是个联合体，军内、党内搞统一战线，执行任务、处理问题都要照顾山头，照顾这是谁的部队，那是谁的部队。认为在我们共产党队伍里，应该真诚坦白，有什么就说什么，一视同仁，现在是提个什么意见，不怕伤害这，就怕伤害那，还怕伤了某人的面子。

认为部队里到处都是封建关系，父子兵，师傅徒弟师兄弟在一起，家族、亲戚关系更多。到处是叔叔大爷，表叔表侄，跟共产党队伍里的革命同志关系混在一起，不好做工作。本来把个别人的思想做通了，可是遇到他近乎的亲戚本家、师兄弟跟他一捅，思想就有了反复，甚至把事情弄坏。

认为部队天天穿着便衣，终日在敌占区、游击区活动，吊儿郎当，不像个部队的样子。有的人跟自己过去所在的部队情况相比，就觉得什么也比不上，到处都落后，思想转不过弯来。

通过学习毛主席关于整顿"三风"的报告，察觉自己思想上存有主观主义，教条主义、经验主义在作怪。会议要求全体政工干部在思想认识上来个大转变，以适应加强部队政治工作建设的需要。

这支部队就是运用抗日民族统一战线政策，团结本地区爱国人士建立起来的，把他们联合到我们共产党的队伍里一起抗日，就是党的一个重大成就。这件事的本身就存在团结党外干部的问题，这些党外干部由于本身在地方群众中的威望，而联系、带领、发展一些农民参加我们共产党军队，就是了不起的事。我们要学习他们的长处，并依靠他们维系部队、建设部队，来坚守这块极为重要的游击根据地。他们不足的方面，就要依靠共产党员去帮助提高。团结、帮助党外干部，是政工干部本身的责任。为了部队团结这个大前提，在工作中注意不要出现影响团结的事，这在政治工作上既是重要任务，又是重要的工作方法。

运河支队战斗在情况极为复杂艰苦的敌占区、游击区。所处环境不同于有比较固定后方根据地的部队，斗争更艰苦，穿便衣是为了适应客观环境的需要。有父子兵、师傅徒弟兵、家族和亲戚兵，正是这些关系的维系，才使得这支部队能在极为恶劣的环境中坚持下来。

会议要求部队在独立活动中，政治工作干部不仅要做好部队本身的工作，而且要学会做统一战线的工作，做敌伪军的工作，支持其他部队利用收徒弟的办法来扩军，利用拜把兄弟的旧形式广交朋友。在敌区活动广交朋友时，既要坚持原则立场和提高政治警惕性，又要注意方法的灵活性，还要不被某些社会恶习所感染，而失去立场被拉下水。

会议希望政治干部一定要和所在部队的干部战士同甘共苦，通过细致的工作，圆满完成上级党组织赋予的任务。

（3）加强连队政治工作建设的措施。一是连队政治干部的配置。除政治委员外再设支部书记一人，专做党的工作；设青年干事一人，做青年文化工作。所缺人员能从本单位班、排长中提升解决的就一定自己解决，本单位不能解决的则由支队政治处调配。

支队举办干部轮训队，除选调班长、排长参加轮训学习外，还可选送优秀战士参加学习，为连队培养骨干。

二是连队党的活动，自此完全公开，积极发展党员。首先要注意在班、排长中发展党员，成熟一个发展一个。做到班有党员，排（分队）有小组。有了三个党员，就建立党的支部。公开建立党日制度，党日主要是开党的小组会、支部大会或上党课，可以吸收非党积极分子听课，提高他们对党的认识。建立党内汇报会议制度，党员每周进行一次思想汇报，支委会两周一次，支部大会一月一次，小组会每周一次，每月四次分为两次学习党的知识，两次民主生活。要求党员分工联系非党群众，进行党的宣传工作。

三是抓好政治教育。按照鲁南军区政治部编印的战士政治课本，给战士上政治课，形成制度，按军政教育时间比例，政治占1/3的时间安排。首先抓好我党最高纲领的教育和抓好谁剥削谁的阶级教育，启发战士政治觉悟，树立革命的人生观。对于革命的传统教育还要结合革命纪念日进行，经常唱《三大纪律八项注意》，要求部队把建军宗旨和革命传统贯彻在每天的行动中。做到官兵一致，军民一致。在战士和人民群众中，使"好铁打好钉，好男要当兵，吃菜要吃白菜心，当兵要当八路军"形成广泛的社会舆论，鼓励人民群众参加八路军。

利用峄县县委宣传部印发的新华社时事电讯，进行时事政策教育。还要利用一切空隙进行宣传，使干部战士知道世界大事、抗日大事和党的政策。鼓励战士学习文化，要求做到干部战士中没有不识字的人。

四是防奸、防止战士逃亡。组织干部战士与敌策反活动作斗争是连队锄奸工作的重要任务。在支委会设锄奸委员。每个连队，挑选优秀党员和先进战士建立锄奸小组。锄奸小组受支部书记的直接领导，通过锄奸小组成员掌握战士的可疑行动。在锄奸行动中要反对逼供。连队首长只有禁闭战士权，坚决制止随意杀人行为，逮捕权、杀人权均属支队领导。

会议时间不长，以群众路线的方法，整顿了政工干部的思想，共同制定了加强连队政治工作的制度和方法，达到了预期的目的。与会人员感到担子重了，工作信心也增强了。但因时间短，有的认识问题还解决得不深透，对加强连队政治工作的方法措施，有的方面研究得不够细致。自此以后，开始了有领导、有布置、有检查、有总结的政治工作，走上了党军建设的道路。这次会议成为运河支队在建设史上一次重要的会议。

七　战日伪开辟根据地，斗顽敌保卫运河以南

1943 年起，国际反法西斯战争的形势已经开始好转。2 月，苏联红军在斯大林格勒打垮德军进攻之后，转入全线反攻，德国法西斯开始败退。日军在太平洋战场逐渐失利，山东敌后战场形势也有了新的变化。日军从山东调走部队兵力，执行另外任务，因此日军兵力明显不足。在扫荡时使用更多的伪军。由于敌人扩大"面"的占领，兵力更加分散，新兵比例加大，日军的素质也日益下降。日本士兵的反战厌战情绪日益增强，逐渐丧失了战争初期那种武士道精神。1943 年年底，从涧头集撤走了日军，在四周铁路围绕的运河以南北地区之内，除贾汪矿区仍有少量日军外，其余据点均由伪军驻守。但由于当时运河支队相对弱小，日伪军仍比我强大，因此 1943 年的对敌斗争仍处困难阶段。

1943 年 9 月起，国民党反动派在全国发动了第三次反共高潮。蒋介石在阴谋策划进攻陕甘宁边区的同时，令其第九十二军李先洲部由皖北进入山东，以加强山东反攻阵地。李部一四二师于 3 月上旬进入鲁南山区，叫嚣"驱逐逆流，收复失地"，公开进行反共，鲁南地区的斗争形式更趋严重。峄、滕、铜、邳地区的国民党反动派顽固军为配合山区国民党军队向八路军发动的进攻，也先后闹起摩擦。因此，1943 年形成敌、顽、共错综复杂的斗争形式。

运河支队面对错综复杂的斗争形式，坚定立场厘清思路，积极行动，变被动为主动。加强连队政治工作，加强干部的培训，进行以"一年打败希特勒，两年打败日本"为中心的形势教育来整顿部队，部队军政素

质都有所提高，在反扫荡、反摩擦的斗争中取得了一系列的胜利。

南从黄邱山套北沿起，北抵运河，西达津浦路三角地带，多是平原地区。1942年以来，部队多是隐蔽活动。为了改变这种形势，运河支队在冬天分散活动，空隙整顿训练部队，于3月底集中八、九两个主力连队，主动北出黄邱山套，进驻侯孟据点西南四里杜安集至西伊家一线，伺机再深入平原地区，帮助区中队，打开局面，以图使该地区成为可以公开活动的游击区。杜安集南靠黄邱套西北部，东西一溜高约200多米的群山，有两个山口可与套里相通，南北山口之间都是崎岖不平的小路。部队进驻该地，进可攻，退可守，是一个非常机动的位置。

贾汪和涧头集的敌人闻知运河支队主力公开进入套北平原地区，立即采取东西对进之策，力图把运河支队主力挤出平原地区。东路的涧头集鬼子和伪军200余人，于黎明前进到侯孟，早8时许开炮射击驻防于杜安集的九连并发起进攻，九连即由杜安集进到唐庄南山坡一线固守。敌人见我未守杜安集而占领唐山南庄，又未见贾汪敌人东进，日伪军当即撤回侯孟。贾汪的日伪军300余人，北出贾汪山口，沿着大小杏窝、黑古堆向东扫荡。时近中午，才向驻西伊家村之八连发动进攻。八连连长王墨卿率八连依靠西伊家村西一片菜园地埂、坟地固守抵抗。敌人进攻约1个多小时，未有进展，又未见东边日伪军配合，随即西撤。当进攻西伊家的敌人刚刚撤退，退到侯孟的敌人又进到唐庄，发动对九连的进攻。相互对峙，敌人不敢继续进攻，又行撤退。敌方两部之间配合不一，运河支队一天打退敌人三次进攻。八连连长王墨卿同志在战斗中英勇牺牲。运河支队主力趁势北进到张山子，尔后又进到距津浦路不远的黄龙山活动，从此黄邱山套以北，三角平原地区的心腹地带，部队由分散隐蔽地活动，改为半隐蔽半公开地活动，这也成为运河以南面地区对敌斗争最为艰苦激烈的地区。自1943年3月起，敌人多是进行单路出发清乡扫荡或者仅是北边峄县伪军的相互配合，未再见南北配合进行大规模多路扫荡的情况了。

当年夏季开始，峄县县政府并用运河支队驻峄、滕、铜、邳办事处的名义，对运河支队所有活动地区征收公粮，征收货物过境税。这一地区为滨海区赣榆、日照等县海盐运往鲁西南、皖北、河南等区的必经要道。征收公粮和收税之后，不仅部队供给大为改善，改吃摊子饭为连队独立起伙，每人每天有 3 钱油、5 钱盐、1 斤半粮食和菜金的保证。一切军需费用统由政府供给。当时运河以南地区税收款不仅供给全区党政军一切费用，多余部分支援抱犊崮山区八路军之用。在春末之时，部队在黄邱山套南北建立了活动的隐蔽医院，改伤病员分散在群众家中隐蔽治疗或回家治疗为统一集中治疗，这样伤病员不仅治疗及时，而且使干部战士有安全感。这些措施对鼓舞部队士气，提高战斗力，都起到积极作用。

正当运河支队在战斗间隙进行整顿训练之时，韩治隆和微山湖西岸国民党土顽司令冯子固，在蒋介石发动第三次反共高潮的形势下，为了配合李仙洲部队北进山东的行动，共同合谋，导演了一场企图南北夹击运河支队的摩擦行动。原国民党特种工作团的大队长郑继筠在特种工作团垮台之后，进入微山湖西岸，担任冯子固部队第十九挺进大队长。他带着不足百人的队伍，突然于 7 月初东过津浦铁路，进到黄邱山套以北新河地区进行隐蔽活动。这里是运河支队北进鲁南地区、西通微山湖的咽喉要地。郑继筠的突然到来，运河支队不能等闲视之。运河支队领导当即决定首先麻痹顽敌，不打草惊蛇，通知区政权不要拒绝郑继筠顽敌征粮派款的要求，并与之周旋。其次，利用运河支队方面与顽方士兵多是本土同乡、同宗同姓的有利条件，联络感情不存敌意，注意他们的活动情况和活动规律。这样郑继筠顽敌更为骄横，放松了警惕。运河支队摸清了顽敌的情况后决定消灭他们。支队领导立即组织八、九两个连发起讨伐郑继筠顽敌的战斗。郑继筠部队驻防在杨家埠村，郑继筠本人带一个中队驻在村西头一家有炮楼的大院，其余部队驻在村东头一家大院里。天刚微明，八、九两连以移防行军之势接近杨家埠，顽军哨兵不知有异，八、九两连以迅雷不及掩耳之势分头包围了东西两院。八连捉了东院门岗，打死一哨兵，八连长刘启家、排长单立珍带着突击班用人梯跳过围墙，在院中打死敌正副中队长，并命令俘虏喊话。东院的顽敌都举手投降。郑继筠所驻大院，除郑本人带两个随员逃脱外，都当了九连的俘虏。仅仅几分钟的时间，就结束了战斗，运河支队无一伤亡。解决了郑继筠顽敌部队，为下一步反顽斗争奠定了基础。

在 7 月中旬，微山湖西岸顽军冯子固的第十九进挺大队被打掉后，冯子固所属丛维三纵队 800 余人由丰县经过铜山县西北部，过津浦铁路东来韩治隆部地区。先头部队占领了土盆村，并在南许阳村的西南山设岗、放哨。看其态势，他们有与韩治隆部联合进攻运河支队的可能。运河支队当即决定，针锋相对，设防据守，坚决打退顽军的进攻。调回正在运河北岸敌区配合文峰大队行动的一连，进至南许阳村，掘壕，设堡，并动员群众，砍去村子周围的青纱帐高秆作物，扫清射界。支队主力八、九两连布置在督公唐山杨围子。干部轮训队进入南许阳的后翼南涧溪村，掘壕设堡，保障南许阳后背的安全。在黄邱山套的东西两侧和杜安山口，由二连和两个游击大队监视贾汪、韩庄、涧头集等地日伪军的动态。独立支队的主力也进到黄邱套南侧的尤窝子村，随运河支队指挥部作为预备队。当时正是青纱帐的季节，日伪军出动的可能性甚小。因此固守阵地，与顽军对峙，争取时间，依情况变化再做决定。果然，双方相持 20 天，丛维三不敢越雷池一步，而韩、丛之间的矛盾却日益暴露。韩占地心切，促使丛维三迅速出兵。丛维三原来以为只要稍加威吓，就可逼迫运河支队让出地盘，以便他从中渔利。谁知运河支队不吃那一套。他们自知这手不行，于是也龟缩不出。韩、丛之间，你推我，我推你，都不肯先出兵，唯恐枪打出头鸟，消耗自己的实力。韩治隆眼看军事威胁已不能达其目的，出面调和，想在谈判桌上捞到好处。

韩治隆假意出面调停，约运河支队领导人在南许阳见面。韩治隆做贼心虚，见面地点一改再改，最后定在韩顽地区桥头村，胡大勋支队长带警卫分队应约至桥头，韩部如临大敌加岗放哨，戒备森严。在会谈中，韩治隆提出：丛维三纵队东来目的是去邳（县）北抗日，希望贵方让出南北许阳、南北涧溪等地，以免行军时发生误会伤了和气。胡大勋回答说："丛维三驻在丰、沛两县，那里并不是没有日军。为何不就地抗日，反而舍近求远。果真去邳（县）北抗日，我方也无权干涉。可是通往邳北的道路很多，为何非走南北许阳不可？"继之韩治隆辩道："丛维三是抗日军队，在中国国土上不是哪里都可以走吗？不让抗日军通过，岂不是搞封建割据?"胡大勋则慷慨陈词答之:"事实并非如此。丛维三过津浦铁路东来的目的如真抗日,我军真诚欢迎。然而,丛维三自到路东以来,驻在鹿楼一带已过20余天,与贾汪据点的日伪军相距很近,却和平共处,互不侵犯,这就使人难以理解。你说我军是封建割据,那么请问你们有丰、沛两县,又有铜北地区,不允许八路军到这些地方进行抗日活动,不也是封建割据?可不要只许州官放火,不许百姓点灯啊!运河支队就这么巴掌大的一块地方,难道你们也要强占吗?"

韩治隆眼看自己的诡计被戳穿,只得话不由衷地说:"别误会!我韩某绝没有要强占南北许阳的意思,只是不忍心看你们两家打起来,自己在中间不好做人。"胡大勋故意不动声色地说道:"那么依你之见呢?"韩治隆做出一副为难的样子说:"依我之见,你们双方部队各自后撤,贵军撤到黄邱山套以内,丛维三的部队撤到不老河一线,我的部队驻在中间一带。这样可以消除误会,避免冲突,精诚团结,一致抗日。"胡大勋说:"谢谢司令的美意。"又接着说:"我军一贯方针是人不犯我,我不犯人,人若犯我,我必犯人。对丛维三我们是针锋相对,寸土不让。"韩治隆听到这里,脸色突然变白了。胡大勋见其窘态,便换口气说:"韩司令不必多虑,运河支队绝不会先发第一枪。如果丛维三胆敢发第一枪,我军就坚决奉陪到底!请司令转告丛维三。"韩治隆感到在谈判桌上已经输了,只得勉强说:"一定转告丛维三,劝他另走他路。"桥头谈判结束之后不几天,丛维三部就悄悄溜回了津浦路西。顽军首脑冯子固、韩治隆相互勾结策划的类似春秋战国时晋国"假道于虞以伐虢"的诡计就此破灭。

9月中旬,枣庄日寇指挥官和伪峄县县长王徽文突然以开会为名,把张来余、孙茂墀、褚思杰等死硬汉奸扣留在枣庄。这一突发事件,引起伪军内部一片恐慌。运河支队打入伪军孙茂墀部第三中队的王怀信,担任孙景仁分队的班长,此时驻防枣(庄)台(儿庄)铁路东侧的柿树园据点,原驻防柿树园的日军已经撤走。王怀信借战士思想混乱之机,策动分队长孙景仁把队伍带回六里石,跟褚敬山分队住在一起。六里石原是孙景仁的老家,他的这个分队原为其父孙茂贵掌握,孙茂贵和褚敬山和运河支队副队长孙斌全、褚思惠既有封建家族关系,又是旧交。支队领导当得到王怀信密报情况后，当即派遣班长褚庆密只身进入六里石，以孙斌全、褚思惠名义邀请孙茂贵、褚敬山在村外相见。当时孙茂贵、褚敬山六神无主，加之宗族观念极重，又在王怀信的劝说下，两人随即跟褚庆密出村，接着又到了离六里石仅有三四里的支队部驻地新闸子村，随后王怀信也到了支队部，其实孙斌全并不在那里。经过支队首长的指点和王怀信的劝说，孙、褚两人自觉身不由己，只得被迫就范，同意举义参加八路军。他们提出三条：第一，队伍不编散，队长原职不动；第二，不没收孙茂贵的家产；第三，孙茂贵的家属撤出后，与运河支队干部家属一视同仁。褚思惠当面作保，他们参加运河支队后，部队定按照三条执行。此时，六里石据点被运河支队包围，孙茂贵、褚敬山只得把孙景仁叫出据点，组织部队撤离六里石，运河支队组织战士和群众彻底摧毁了月河圈里的碉堡工事。六里石据点宣告解放，日伪组织的运河封锁线让我军打出一个缺口。

　　1943年下半年，县委决定开辟贾柳区，把敌占区和隐蔽的游击区，改变为运河支队占优势的游击区。县委决定成立公开的贾柳区委和政府，把新河区的区中队改为贾柳中队，进入贾汪利国驿一线西南的三角地带活动。派县政府科长王书荃为区委书记兼区长，派较有战斗经验而又机智灵活的原八连连长刘启家为贾柳中队长，权兴普为政治指导员。原新河区区委、区政府随农民大队在夹河套活动，继续发展新的区中队。贾柳中队进入这个三角地区，开始打开那里的局面。新河区紧邻的村庄，贾柳中队都可以公开活动，只是进到津浦路附近的村庄，日伪才会出击。贾柳中队摸清了这个规律，采取时而隐蔽、时而进攻的游击活动，打得日寇和伪军防不胜防。日伪对其采取更加保守的政策，只要不过分刺激，他们就听之任之。区委区政府着手改造村政权，允许一些村保长应付日军和伪政权，逐步扩大抗日政权的范围。有的伪乡长也随之跟他们联系，愿暗地为抗日政府服务。1944年冬，大李庄伪乡长郑庆章，表面假意应付抗日政府，实际死心塌地效忠日军，每天暗地向贾汪日寇特务机关密送情报。郑庆章还组建拥有20余人的汉奸武装，住在大李庄一高墙大院里，并有石头到底的二层碉堡楼。贾柳中队在区长任海臣和刘启家等的带领下，夜间进入大李庄，一举活捉伪乡长郑庆章，将其20余人全部俘虏，当即宣布郑庆章罪行并处决，极大震动了贾柳沿线的汉奸政权。

1943 年 10 月初，运河支队划归新四军四师邳、睢、铜军分区领导。运河支队根据上级指示，为了统一思想统一部署进行部队整风。九连政委花如景和几个正职干部在支队参加整风会议。这期间九连连长杨茂浦家属被伪军抓捕，涧头集伪军头目龙希贞暗地对杨茂浦策反。他们伪造命令，在夜间把部队带到唐庄据点宿营。当时据点的伪军头目李德灿和运河支队友好，运河支队部队也经常在这里驻防，部队对进入唐庄没有戒心。谁知李德灿变了心。九连干部战士对李德灿和杨茂浦暗地勾结并不知晓。随后突发里应外合，大家束手无策，共产党员杜华庭公开反抗，质问杨茂浦，也无济于事，杨茂浦带九连投敌做了汉奸，九连解散。九连政治基础好，班排干部、党员和积极分子多数都陆续跑回部队。运河支队在运南的力量由此削弱。日军指挥官和峄县伪县长王徽文趁机在 10 月底组织韩庄、涧头集、薛庄诸地伪军对黄邱山套进行三路合击。然后分头在黄邱山套里的张庄、大庙、张塘东山三处，设了据点，妄图占领黄邱山套。邳、睢、铜地区的新四军九旅二十七团，奉军分区首长命令，派了一支小部队进入运河以南地区配合运河支队作战。当伪军进入黄邱山套，在三点安设据点的当夜，运河支队与新四军九旅二十七团部队对张庄、大庙、张塘东山诸点进攻。驻防张庄伪军张来勋部约 200 余人，驻大庙和张塘东山两点的伪军为薛庄张元太部近 200 人。经过分析，这两部伪军战斗力都不强，张元太部更弱，只要打下张庄，张元太会不打自撤。部队在半夜发起进攻。天明，张来勋见势不妙，撤到唐庄和侯孟据点。守大庙和张塘东山之伪军，在发起攻击时即撤出大庙村和在山头上的临时据点。这场战斗的胜利保护了运河支队黄邱山套根据地。

11 月初，运河支队刚刚粉碎日伪军对黄邱山套的扫荡，孙业洪部又联合刘毅生部队对黄邱套山区发起进攻。孙业洪部队是自己组织的抗日队伍，受国民党领导。他从来没有进到涧头集以西地区活动。这次他越过薛庄、涧头集、徐楼、泉源等一带伪化地区，无任何后方依托，竟能向我军发动进攻，原因蹊跷不明。晚秋时节，天色微明，赵围子的民兵发现村北羊蹄山东西一带山头有大量的人在活动，有的在挖工事。运河支队得知情况后，立即组织二十七团部队、八连、新九连、龙门大队进入赵围子、丁庄、刘庄、谢庄等村，准备还击敌人。二十七团部队居中，运河支队部队分守两翼。上午9时许，敌人分数路顺山而下，向赵围子、丁庄、李庄、刘庄、谢庄进攻，运河支队就地抵抗。敌人兵力约五六百人，运河支队决心坚决固守阵地，视情况发展再组织反击。敌人在上午进攻了两次，看运河支队早有准备且坚决抵抗，在进攻未成之后退至山根河沿对峙。战斗了近一天时间，运河支队才发现是孙业洪和刘毅生联合发动的进攻。下午3时，运河支队发起猛烈反击，敌人不胜反击，只得撤退，顺山坡撤回北山。战斗中敌人伤亡五六十人，我方以伤亡20多人取得了保卫战的胜利。

至此，形势得到缓和，部队趁此时机，进行整顿训练，准备迎接1944年大发展的新形势。

八　新四军开辟交通线，运河队护送陈军长

1941年8月1日，中共中央发表毛泽东起草的《中共中央关于调查研究的决定》。《决定》指出："我党现在已是一个担负着伟大革命任务的大政党，必须力戒空疏，力戒肤浅，扫除主观主义作风，采取具体办法，加重对于历史，对于环境，对于国内外、省内外、县内外具体情况的调查与研究，方能有效地组织革命力量，推翻日本帝国主义及其走狗的统治。"是年底，新四军四师政治部调查研究室奚原奉命进到徐州周围了解日、伪、顽情况，搜集军事、政治、经济、历史等各方面的资料，并对县团级以上干部写出传记。他在完成对徐州西南、东南地区调查工作之后，由铜山县委书记王子模介绍，来到运河支队调查了解情况。运河支队胡大勋支队长、纪华政委与其多次交谈。一致认为运河支队独立活动在运河两岸，远离抱犊崮山区，中间有多道封锁线，与鲁南军区交通联络存在诸多困难。运河支队与陇海路南新四军之邳、睢、铜地区相隔50里，如能把运河支队划归邳、睢、铜军分区建制，即可南北密切配合，改造战略要

地。这个设想，双方分别向自己的领导机关汇报。鉴于 1942 年 8 月刘少奇同志由山东滨海区经鲁南抱犊崮山区，再过微山湖辗转去延安的情况，运河支队领导提出由华中到华北不如经由运河支队控制地区再经微山湖去延安的建议，并要求奚原同志向领导转达。

奚原同志于 12 月 3 日离开运河支队，途经文峰大队、铁道游击队，过微山湖去湖西地区，继续进行调查研究工作。在他完成任务返回途中，于 1943 年 4 月 27 日又经过运河支队。他经过实践，也认为走此路去延安不仅路途近，而且也比较安全。原来由新四军所处的华中去延安，要走津浦路西彭雪枫部队活动地区，北过陇海路经冀、鲁、豫再去延安。自彭雪枫部队撤出津浦路西，则改为由淮海区北过陇海路，经山东滨海鲁南等地区去延安，有时也从盐（城）阜（宁）区乘木帆船绕过连云港到滨海区的东海岸。这两条路不仅遥远曲折迂回，敌人重兵封锁，尤其海上道路更不安全，新四军三师参谋长彭雄等同志就是乘船在海上遇难的。东段陇海路要过百里的敌占区，敌人封锁严密，困难重重。1942 年开始，大批干部前往延安参加整风学习，来往更加频繁，因而改变运河支队建制，开辟新的交通线已成为迫切的愿望。

奚原同志向新四军四师提出沟通陇海铁路南北的建议后，运河支队与邳、睢、铜军分区也逐步加强了联系。奚原重回运河支队时，恰巧鲁南二地委书记于化琪同志来运河支队、峄县县委考查指导工作。奚原同志与于化琪同志进行了沟通研究，于化琪同志积极支持这个建议。经过于化琪和支队领导同志的认真研究，决定于化琪、邵剑秋两人代表鲁南二地委和运河支队，由一个连护送，于 6 月 9 日夜越过陇海铁路进行南访，10 日中午抵达邳、睢、铜军分区住地。军分区司令赵汇川、政委兼地委书记康志强和分区机关的同志对两位同志表示热烈欢迎，并亲切接待。双方互通情报，对运河支队改变建制和改造徐州以东之华北、华中结合部的设想，进入具体的筹措阶段。7 月初，新四军四师侦察科长罗惠廉同志带两名侦察人员，经过邳、睢、铜地区来到运河支队，又由运河支队护送他经文峰大队，到达铁道游击队活动的微山湖地区。经过罗惠廉科长的再次考察布置，这样一条从华中经运河支队进入华北通往延安的交通线，从当年 9 月中旬便正式使用了。

　　1942年9月初，山东分局书记朱瑞回延安，在微山湖里停留期间，召见了运河支队副政委童邱龙同志，听取了他关于部队和地方党政工作情况的汇报。朱瑞同志对峄县县委和运河支队在条件极为复杂艰苦困难的峄、腾、铜、邳地区独立坚持抗日斗争，战胜困难取得发展的情况非常满意，对今后工作作了指示。特别提出要利用胡大勋支队长和顽军首领韩治隆保持友好关系，以争取时间发展自己。朱瑞同志说，山东分局研究同意峄县县委和运河支队领导同志的建议，把峄县运河以南地区和运河支队划归淮北新四军四师。要求在建制改编以后，县委和部队，要向新的领导认真全面的汇报情况，虚心接受领导，继续发扬艰苦奋斗的精神，改正不足，以求在新四军的支援下各方面有更大的发展。朱瑞同志亲笔给彭雪枫师长、邓子恢政委写了一封长信，在信中详细介绍了峄县县委和运河支队的情况。十月中旬峄县县委和运河支队正式改隶为淮北邳睢铜地委、军分区建制。峄县县委改名为峄、滕、铜、邳县委。县委书记为郑平，副书记刘向一、县长纪华、副县长孙斌全。运河支队改名为峄、滕、铜、邳总队①，总队长胡大勋、政委郑平、副总队长陈景龙、副政委兼主任童邱龙、参谋长阎超。邵剑秋同志因调华中学习未予任命。运北工委改为新的峄县县委，文峰大队改为独立支队第四大队，文峰大队仍然活动战斗在运河北岸。

　　运河支队接受新四军的领导之后，在新形势下接受了新任务。11月中旬，新四军代军长陈毅去延安参加党的第七次代表大会，由邳、睢、铜军分区赵汇川司令带一个连护送，北过陇海路来到运河支队住地北许阳村。军长先后接见纪华、邵剑秋、童邱龙三人。陈毅同志代号为"张处长"。他身穿长皮袍，外罩灰色大褂，头戴绒线套头帽，脚穿黑布棉鞋，俨然学者打扮。他虽经一夜行军，到达北许阳村后，只休息五六个钟头，在召见纪华等同志时仍然精神焕发，在简要询问情况之后，简明扼要地谈了国际国内形势，并勉励县委和总队领导，一定要坚守住这块战略要地，

---

　　① 运河支几经更名，本书习惯还是称作"运河支队"。

保护好这条交通线。陈毅本来打算在北许阳休息一天，因为贾汪据点敌情有变，他改变主意，当夜离开运河南岸北去。黄昏前，由纪华、邵剑秋、童邱龙三人带支队部的警卫班陪陈毅经黄邱山套到达杜安集。杜安集距唐庄据点仅一里，丁瑞庭带的护送分队早已控制这个唯一北出黄邱套再过运河的山外要点，陈毅和随行人员由杜安集北去，童邱龙同志带着护送分队一路护送。从杜安集出发，陈毅一路骑着棕色小驴骡，安全地通过了运河封锁线，途中只在常埠桥作短暂休息。约在深夜两点多钟，安全到达津浦铁路日军据点沙沟车站东七八里的界沟村。在这里接见了鲁南二地委书记于化琪和铁道游击队的负责人。听取工作汇报，询问了运河支队划归新四军领导后的情况。陈毅强调："运河支队坚持这个地区，地位重要，条件艰苦，我将告诉彭雪枫师长、邓子恢政委在军事上、物资上给运河支队以大力的支持，尽求早些改变那里的斗争局面。"运河支队在军长的直接关心、关怀和指导下，1944年年初开始进入了新的局面。

九　八路军扩大根据地，日伪顽退缩占领区

1943年冬到1944年春，世界反法西斯战争取得更大的胜利，希特勒的军队在苏联红军的打击下，纷纷败退，被逐出苏联国境，欧洲反法西斯战争面临总决战，胜利在望。日本军队在太平洋战场连续失败，在中国战场又遭到连续不断的打击，到了走投无路的境地。毛泽东在《学习和时局》的演讲中指出："目前时局有两个特点：一是反法西斯阵线的增强和法西斯阵线的衰弱；二是反法西斯阵线内部，人民势力的增强和反人民势力的衰弱。"日本军队为解救其太平洋战场上的困境，一方面在中国的正面战场上对国民党部队发动新的进攻，企图打通平汉、粤汉两条铁路线，迫使国民党投降；另一方面对敌后八路军、新四军解放区战场则采取重点守备，实行攻势防御。

在山东，日军在其蚕食政策遭到严重打击之后，为了防守其交通线、战略支点及工矿资源区，并便于对八路军实行扫荡，采取了"重点主义"

配备。日军从 1943 年 12 月起，开始收缩兵力。1944 年春，山东只留有第五十九师团（丁种师团），独立第五混成旅团及临时组编的独立第一旅团大部，共 25000 余人，为抗战以来日军在山东兵力最少的时期。日军为了适应其以攻为守的战略需要，则以大量伪军来代替日军，继续执行巩固占领区、对根据地进行扫荡的任务。

1943 年春，进入鲁南的国民党顽固派九十二军的先头部队一四二师，占领了滕、峄边地区，继续北进时遭到了反击，顽军受到挫折之后，于 1943 年 9 月向津浦路西逃窜。李仙洲部主力也在微山西和鲁西地区遭到了反击，实力受到损失，被迫逃回皖北。至此，李仙洲部入鲁的阴谋彻底破产。鲁南军区部队收复了李仙洲部侵占的滕、峄边地区之后，继续对敌伪军发起攻势。1943 年 11 月取得了消灭伪和平救国军第十军第二师刘桂棠匪部的胜利。鲁南抗日根据地的形势从此有了很大的改善，基本改变了过去被敌、伪、顽严重分割封锁的态势，随着山东敌后局部反攻形势的转变，也开始了对敌伪军的局部反攻。

陇海路南的新四军淮北地区，本来就比山东形势好得多，保存有大块的根据地，敌伪军对淮北根据地之清乡、扫荡兵力使用及其次数，与山东相比则完全不同。邳、睢、铜地区自 1943 年 8 月 18 日取得反蚕食斗争的胜利，夺回伪军楔入根据地中心的叶场据点以后，一直处于对敌伪主动出击之势。运河支队划归邳、睢、铜地区，对峄、滕、铜、邳地区带来更为有利的形势。1943 年年底，运河以南地区粉碎伪军、顽军相继进攻黄邱套山区之后，山东峄县方面的日伪军为了应付鲁南抱犊崮山区的攻势，对运河以南地区运河支队的活动已经完全变为守势。属于华中江苏日伪军布防之贾汪、柳泉、利国驿诸据点之日伪军，除注意铁路两侧，维护交通安全外，也很少对运河支队活动区域进行扫荡。日伪军此时对运河支队采取的政策，主要是依靠其主要据点的设置，实行所谓"九分政治一分军事"的策略，加强特务活动，以政治攻势对付运河支队的政治攻势，以小的突击队对付运河支队分散小部队的活动。

国民党顽固派苏鲁战区挺进一纵队张里元所属的九十三支队孙业洪部，自受到运河支队在黄邱山套的打击以后，只能在台儿庄两侧地区活动，不敢再单独越过涧头集、薛庄、扒头山南北一线的伪化地带来运河支队边沿地区活动，但他和伪军之间的合流表现更为明显，好多伪军据点，他的部队可以公开驻防。顽固派苏鲁边游击司令韩治隆部则因运河支队改属新四军建制，而对我军态度有所异变，在不老河东西一线暗地设伏，捕捉运河支队南来北往之交通人员，邳、睢、铜地委副书记刘玉柱及随行人员在过陇海路北来途中，过不老河时，险遭伏击。

韩对部队加紧进行反共教育，甚至在拟定部队口令中有"铲除——黄邱套"、"消灭——土八路"等一般口令和特殊口令，这些反动措施都被运河支队察觉。

在峄县，涧头集周围的龙希贞系统的伪军中，有些原是死硬派的汉奸小头目已经开始通过各种渠道暗地向运河支队传送信息，愿意改变态度，甚至答应可以暗地递送情报。各方形势的异变，预示着活动在峄、滕、铜、邳地区的运河支队可以力争改善自己的处境，向敌、伪、顽主动出击，扩大解放区，缩小敌占区，改善运河支队在这一战略要地的地位，这已成为我党政军各方面的头等大事。当时运河南岸运河支队的活动地区，多属华北地区的峄县，只有贾汪到柳泉、利国驿到柳泉之铁路为日伪军驻防。在黄邱山套、旺庄以北地带，全为峄县伪军，运河支队活动地区之南侧，多为大股顽军韩治隆部的活动地区。依据当时的实力，运河支队只有采取向北逐步发展的策略。在向北发展中，采取对中心据点以外的各个小据点一个一个地切，实行层层剥皮的办法。在运河支队粉碎伪顽发动进攻黄邱山套之后，形势已经趋于缓和，主力二十七团的部队即南过陇海路进行整训，运河支队随即决定部队进行冬训，对连队干部进行必要的调整，调送部分干部到抗日军政大学四分校和军分区干部轮训队学习深造，或参加整风学习。同时加强对日、伪、顽军各部队的调查，进行战斗准备，待机执行主动出击的任务。郑和平和陈景龙两人，在1944年4月初，先后来到运河支队，跟他们一道分配来县委和部队工作的有邵晓平、王建平、杨瑞、贺华民、钦乙俊、陈光（女）、彭爱民等人，淮北区党委书记、新四军四师政委邓子恢在召见郑平时指出：峄、滕、铜、邳地区尽管情况复杂，但各方面的形势对改善运河支队地位极为有利。在主力支援之下，可以尽快打开局面，然后放手发动群众搞减租减息，调动农民群众参加抗日斗争的积极性，做到党、政、军、民齐参战，完成扩大解放区、建设根据地的任务。

十　拔据点王云修起义，惩叛徒李德灿投诚

1944 年春，部队经过了两个月的冬训和整顿，面貌焕然一新。战斗士气旺盛，求战心切。3 月下旬，丁瑞庭、华新乙带领农民大队在新河区张山子村以南的新河地段，采用伏击战法俘虏了唐庄据点的伪军约 30 人，使唐庄伪军首领李德灿受到很大打击。他请杜安集的中医大夫龚效鲁来我支队部说情，只要不杀他的人，什么都可通融。为了争取他们，对所有俘虏经过教育之后全部释放。这次战斗虽然只俘虏了几十个人，但对周围的伪军起到很大的震慑作用。运河支队趁势集中八、九连进入新河地区和农民大队一起，公开进驻张山子村。自张山子起向东北方向六里之间，共有四个孤立的小山头，每座山旁各有一个村庄。张山子以下依次叫平山子、中山子、耿山子。张山子村距平山子仅二里，伪军在平山子的山头上筑有碉堡楼，驻着一个分队。张山子西距万庄据点有七里，到韩庄日伪军据点也只有 12 里。运河支队计划第一步拿下平山子据点。一天夜里，部队进驻平山子村，与该村地下工作人员有关系的小学教员给伪军据点小头目王佑民送信，说明运河支队压境，要他立即投降，不然部队将要强攻，望他三思。运河支队一面等小学教员的回信，一面做伏击战斗的准备。王佑民看了信就慌了手脚，急忙集合伪军偷偷地逃跑了。当夜部队和群众把碉堡楼据点撤除了。运河支队一枪未放，拔掉了平山子据点。两天之后，西距利国驿八里的万庄、马园两个据点的伪军见势不妙，也撤回了韩庄。至此，西至韩庄、东至六里石 25 里之间的敌伪封锁线已全部摧毁，运河以南北游击区连成一片，保证了我运河支队南北交通路线畅通无阻。

5 月中旬，新四军九旅二十七团一部奉命由陇海路南进入峄、滕、

铜、邳地区，配合运河支队开展战斗。在六月初的一天一夜，打下了涧头集东南徐楼、莲花山、多乐山三个据点。徐楼在涧头集东南约四里，莲花山据点约在徐楼正南四里，多乐山约在徐楼东南七里。攻取这些据点，首先要攻下徐楼。把徐楼打下，其他两点迎刃而解。攻打徐楼，关键在打退日伪援军。能够阻止住涧头集伪军增援，保证攻克徐楼的足够时间，即可胜利。在攻徐楼之日，运河支队一、二连进到徐楼正北约二里的村庄，八、九两连进到徐楼西北约二里的地段，共同阻击涧头集来援之伪军。黄邱中队控制库山制高点。副县长孙斌全随同二十七团政治处主任姜林东，带领二十七团部队进到徐楼已是夜10时。徐楼伪军头目高登榜及其部队毫无戒备。二十七团战士登梯进到据点东南炮楼顶时，里面并无敌人，炮楼当即被占领。二十七团向高登榜发起喊话，令其缴械投降，伪军不予理睬。部队用迫击炮改装为平射的火炮射击。高登榜在炮火压制下一面答应投降，一面拖延时间等待援军。运河支队明知是缓兵之计，遂逐墙挖洞，抵近北炮楼。天明不久，涧头集援兵百多人被运河支队阻击部队堵住。二十七团攻击部队发起对北炮楼院的进攻，高登榜随即被打死，伪军全部缴械投降。徐楼拿下。二十七团部队接着包围莲花山据点，莲花山伪军头目王福至，一经喊话就带着约20人的伪军，全部缴械投降，莲花山拿下。下午3时，部队继续派一个排围攻多乐山。敌人眼见徐楼、莲花山据点被攻克，遂在我部队到多乐山脚下时，伪军一个班自动缴械投降，多乐山拿下。运河支队一天一夜，没伤一兵一卒，拔掉了三个据点，战斗取得胜利。小山子的伪乡公所和新庄、孙楼三个据点的伪军，在徐楼等据点被运河支队攻克之后也仓皇逃窜。涧头集南大面积区域已被运河支队控制。

涧头集西侧约十里大单庄据点为王云修部驻防。王云修原任运河支队初建时期的中队长，1940年秋大扫荡期间，队伍垮了，家乡伪化，他和运河支队工作人员马瑞祥联系就地组织自卫团武装，然后被伪峄县第八区区长龙希贞委任伪乡长驻防徐塘。王云修在1941年春运河支队回到运河以南后，就和支队部取得联系，并经常递送日伪秘密情报，保护我地下工作人员。龙希贞察觉王云修与运河支队的关系，即把王的部队撤到大单庄。在拔掉涧头集东南徐楼等六个据点之后，王云修即在 6 月上旬举行起义，把队伍拉到黄邱山套，被编为运河支队新河大队。运河支队趁势集中全力对侯孟以东据点同时开展军事攻势和政治攻势。

唐庄据点的伪军头目李德灿，眼见运河南岸峄县地区伪军一败涂地，运河支队领导向李德灿提出：打死叛徒杨茂浦立功赎罪，而后向我投诚，则既往不咎。在多方面的压力之下李德灿顺风转舵答应运河支队提出的要求。运河支队在打完徐楼后撤到黄邱山套进行休整，此时王云修起义归来，接着李德灿枪杀杨茂浦，率部投诚。李德灿枪杀杨茂浦带有很大戏剧性。当时正值麦收季节，李德灿在自己的家中宴请杨茂浦，酒足饭饱之后，李德灿约杨茂浦到宅后瓜园吃瓜，瓜园距侯孟杨茂浦部设防据点仅有一里，正当杨茂浦欢快吃瓜之际，李德灿的贴身护兵在杨茂浦侧后几步远的地方，向杨茂浦头部扣动了驳壳枪的扳机，杨茂浦一头栽下死去。杨茂浦叛变革命军队为敌效劳罪该万死。运河支队根据当时情况，决定兵分两路出击，一路由一营出唐庄山口围攻侯孟，二路二营出下黄邱围攻徐塘、土山。一营在白天迫近侯孟据点，敌人在当日黑夜雷雨时即突围东去涧头集，一营在迫击战斗中打死打伤伪军多人。徐塘、土山的伪军见部队北出下黄邱山口，当即丢掉据点逃进涧头集。紧接着驻泉源的伪军王云溪部也撤离据点向北逃跑。这次战斗，争取 150 人起义投诚，拔掉了五个据点。

运河支队以破竹之势横扫涧头集以西地区之敌，大大改变了斗争形势。黄邱山套之东西山口，已经和山套北侧的平原地带连成一片，给下一步对敌展开攻势打下了良好的基础。

十一　不老河歼灭韩治隆，涧头集赶走"瓜屋子"

国民党土顽苏鲁边游击司令韩治隆活动在不老河两岸地区，跟运河支队的关系时好时坏。由于国民党特务对他的控制，其反共本质难以改变。在运河支队改编为新四军淮北军区以后，双方的关系更加恶化。为了扫除这个障碍，改善共产党军队在徐州东北地区的局势，于1944年7月20日（农历六月初一）凌晨，由邳、睢、铜军分区司令赵汇川、政治委员康志强统一组织指挥九旅二十七团、军分区独立一团和运河支队，发起讨伐韩治隆的战役。韩的司令部位于不老河南岸的吴台子，其他部队分驻不老河南北两岸的小马头、东西阚山子、上朱家、吴窑、石庄、紫庄等地。讨韩战役的要求，一是消灭韩部的主力，二是定要活捉韩治隆。一举歼灭，不让韩部死灰复燃。其时二十七团位于陇海路南的巴湖，任务是主攻朱湾以西之石庄子、杜台子、吴台子等据点。独立一团位于陇海路南的薛湖，任务是主攻朱家湾、阚山子等地守敌。运河支队的任务是歼灭小马头、高庄、新集之敌，并派一个连进到吴台子北边的不老河北岸，担任堵截吴台子可能北逃之敌。全线打响时间为21日凌晨3时。

南线部队分路越过陇海路，二十七团警卫连在团长赵海峰亲自指挥下，直插韩治隆司令部驻地吴台子，经内线引路，部队很快包围了吴台子，哨兵被俘获。韩治隆听到枪声走出大门，警卫连战士正攻击到大门口活捉了韩治隆。在新四军战士指令下，韩治隆向驻地部队下令停止抵抗，吴台子战斗很快结束。韩部参谋长胡立德带着特务营和机炮连驻在杜台子，战斗打响之后，胡立德和部队仓皇向西逃窜。独立一团部队勇猛突击，攻克朱家湾、阚山子据点。运河支队以一、二、八、九连和黄邱中队投入战斗，二、八连攻小马头。小马头村四周是个土围子，南边没有大门，驻防在小马头的是韩部的胡立章营，名为一个营，实际只有八九十人，装备很差，战士也没受过什么训练。胡立章本人既官迷心窍又抽大烟，运河支队二、八连登梯进攻围子，他就慌了手脚，命令士兵抵抗。他们根本不是运河支队的对手，向南逐屋退却。至天明，胡立章营的几十人退至没有退处，全部缴械投降。攻打高庄子的部队进到村边，敌人闻讯逃窜，被我黄邱中队俘获三人。九连奉命进到贾汪日军据点以南的不老河北岸，担负堵截韩部北逃任务，直到天明战斗结束之时，截获一些零星北逃的士兵。这次战斗除韩部参谋长胡立德率特务营和几支小部队漏网西逃之外，大部被歼灭。

两天后得知胡立德和残部在董庄、紫庄一带活动。当夜二十七团、独立一团从东到西，分路包抄，经过半天战斗，歼灭其特务营，重创机炮连，缴获重机枪两挺，迫击炮一门，胡立德已成惊弓之鸟，不久带着残存的队伍投降徐州日军。

歼灭特务营后，又在蔺家楼歼灭了漏网的一支韩治隆部小武装。讨韩战役，双方兵力大致相当，经过 9 天战斗胜利结束。

讨韩战役结束之后，韩敌控制地区均为共产党的军队控制。共产党立即建立了柳河区、阚山区、王台区三个区的抗日政权，成立了区乡地方武装。运河支队与陇海路南新四军解放区距离更近，主力部队过往陇海路更为方便。

讨伐韩治隆战役结束，二十七团返回陇海路南休整，独立一团由叶道友团长、崔文彬政委率领留在峄、滕、铜、邳地区，继续配合运河支队活动，上级要求趁势彻底改变徐州东北地区的局面。

部队稍作休整，总结讨韩战役的经验教训。在 8 月 3 日夜，对涧头集展开了围攻战。涧头集是峄县敌伪控制运河南岸的核心据点，伪峄县第八区区长兼警备第五大队长龙希贞率 600 余人驻防涧头集。据点分设三处：一处是涧头集围子里，驻有伪军 200 人，李汉英中队驻北门里的耶稣教堂，张建松中队驻西门里居民王学文家；一处是涧头集围北的黄庄据点设在黄庄南侧不远的一个叫"二僧庙"（关帝庙）的院子里，庙里驻有伪军一个中队，实有 50 余人，二僧庙据点与涧头集北门只相隔一个打麦场和小桥；一处是涧头集围子东门外相隔一个打麦场的日军大兵房。1943 年日军撤走以后，龙希贞就带着队伍驻进老百姓称为"大兵房"的据点。据点四周都是石头到顶的围墙，围墙四角都修有两层石头砌的炮楼，围墙外沿都是水壕，壕沟以外还有密密麻麻的竹扦。大兵房据点只有一个南门，南门外设有吊桥出入。为了攻下这个设防坚固的据点群，确定运河支队三个主力连在涧头集正东贾桥、新庄阻击台儿庄来援之敌，另以东区中队由区委书记孙耀南带领在涧头集东南小山子村，监视可能走小路来援的台儿庄敌人。独立一团主攻涧头集，进攻部署是先打下涧头集围子和二僧庙，然后再围攻大兵房。战斗在 8 月 3 日半夜打响，至 8 月 4 日上午 11 时许，涧头集围子的 200 人都已缴械被俘。对二僧庙，围而未打，主要进行政治攻势，要伪军缴械投降。约在 12 时，庙里的伪军趁部队吃午饭换防之际逃出据点，顺着大兵房的围壕逃进没有包围的大兵房。

由于大兵房据点设防坚固，四周又是平地，独立一团决定利用夜色进行土工作业，挖沟迫近碉堡楼，然后采取炸药爆破法，打开据点缺口进行攻击。8 月 4 日黄昏，部队开始挖沟，至 5 日东方渐白，仍距壕沟有十多米，爆破员积极性很高，要求趁天色未明之际实施爆破。第一个爆破员抱着炸药包还没跑到壕沟边，就被敌人射中而牺牲。第二个爆破员照样跑上去又被枪弹射中牺牲。当时爆破能力和条件不足，不能再作无谓牺牲，遂停止爆破。

当日出三竿，涧头集东南小山子方向响起了炮声，随之进攻大兵房的部队撤出战斗，独立一团的部队都行后撤。原来从台儿庄来援的日伪军，没有沿大路向涧头集而来，而是绕道经过小山子来援涧头集。哪知驻守小山子的东区区中队，麻痹大意，放松警戒，反而让鬼子俘去多人。这支部队撤退。然而帮助军队在涧头集拆除碉堡的民夫没有通知撤出，龙希贞父子在独立一团撤去以后，当即带领伪军进到涧头集围子里，遇到民夫就开枪射击，其子龙大旗见到未死的民夫，就用刺刀捅死。被龙氏父子杀死民夫有 21 人之多。台儿庄来援的日伪军来到涧头不久，龙希贞带着队伍随日军撤离了涧头集。从此，日军占领 4 年的涧头集宣告解放。

讨伐韩治隆战役的胜利，使运河支队占领了不老河南岸的大片土地，打下涧头集，又建立了涧头集的区政权，使峄、滕、铜、邳地区转变了被动局面。运河支队进入新的全盛时期。

十二　独立团伏击运水北，
运河队血战柳河南

涧头集据点拔掉之后，共产党占领大面积区域，运河南岸的形势空前大好。独立团继续配合运河支队活动，运河以南北两地已经连成一片。然而运河北岸仍然是敌占优势的游击区。共产党峄县县大队（原文峰游击队）的兵力，比之伪军仍然处于劣势。为帮助运北开展斗争，运河支队派出一小部队配合独立一团，隐蔽至运河北岸，以伏击的形式，给韩庄的伪军一个歼灭性的打击，以此支援运河北岸。

1944年9月3日夜，独立一团一、三两营和运河支队的侦察小分队，分两路悄悄渡过运河，运河支队的侦察兵们和独立团一营，进入距韩庄十里的磨庄，团部和三营进驻沙路口，骑兵隐蔽在几家农民的院子里。在9月4日的上午，韩庄伪军头目张来余的队伍300多人，向磨庄开过来了。走在前边的就是运河支队叛徒孙茂山带的队伍。他们认为不过就是几十个土八路，可以手到擒来。他们到了磨庄跟前，进了独立团一营埋伏阵地。突然受到猛烈攻击，敌人还没弄清哪儿打枪，就倒下一片。这一下把伪军们打懵了，他们还没清醒过来，接着沙路口的枪也响了，敌人顿时四散后逃。隐蔽在沙路口的骑兵队猛然扑向伪军，大刀片向逃跑的伪军猛砍，有些伪军见势不妙下跪举手投降。很短时间结束了战斗。打死伪军一百多人，俘获了近百人，少数跑回韩庄据点。缴获机枪四挺、步枪百多支，给韩庄伪军张来余部一个严重打击。这一仗，不仅使运南新河区减少了日伪的威胁，更重要的是对运河北岸的周营、曹庄地区开展对敌斗争起到了重大作用。战斗结束后，独立一团就返回陇海路南休整，执行另外任务去了。

占领不老河两岸地区以朱家湾为界，东建阚山区，西建柳河区。当时山东峄县日伪对运河支队采取守势，陇海路沿线的敌伪军在运河支队逼近陇海路之后，大许家、八义集、塔山、黄集等地日伪军，不时出动向运河支队占领区域出动扫荡，抢夺群众粮食和财物。保卫不老河南岸新解放区是运河支队当时的重要任务。

11月初，运河支队二、八、九连在柳河南北两岸活动。二、八连驻在距大许家约20里的石庄，支队部和九连驻河北岸的上朱家。战前，运河支队没有得到大许家日伪军出发扫荡抢粮的情报，只是听到从边沿区跑到石庄的老百姓向我部队说，大许家有百多伪军出发扫荡，已经进到距石庄约八九里的团埠，继续北来。得到这情报后，副总队长陈景龙带九连快速进到石庄，决心以三个连的兵力趁机消灭这股伪军。部队跑步前进，刚刚进到张楼，敌人已经占领十里沟村。总队首长当即命令部队分兵三路攻击十里沟。下午1时，二连从东北方向，九连从西北方向，八连从正北方向同时发起攻击。干部战士战斗情绪高涨，攻击行动迅速勇猛。占领十里沟村的伪军先头部队随即撤到村南。三路部队认为伪军已经逃跑，就发起追击。待进到十里沟后，部队还未收拢，敌人突然发起反击，二、八、九连就地利用村边的地埂、坟地、墙根、水沟等有利地形进行抗击。战斗至此，才发现敌情并非原来所料，敌人反击部队兵力多至300人以上，而且多系日军，火力远比我方强盛，小炮轻重机枪猛烈射击，并发起对运河支队阵地的冲锋。战斗中我二连连长单立珍带领部队与日军冲杀，八连的战士也跟鬼子拼起刺刀。看到战斗不利，命令后撤。有的连队组织不严，队形有些混乱，在敌人火力追击之下遭到一些伤亡。运河支队后撤后，日伪也同时后撤，这次战斗打成一场消耗战。日伪军伤亡数十人，而运河支队作战参谋殷延续、八连政委李明和负伤，排长阎世臣、班长张秀文等30多名优秀干部战士英勇牺牲

柳河区是一个东西长20多里、南北宽十余里的平原地区，中间还东西贯穿一条不老河，除东靠阚山区外，三面都是敌人。自占领这个区域到11月上旬，在三个多月的时间内，除了组织区乡政权外，还建立了一支40多人的区武装，名为柳河中队，战士多为农民，有少数曾在杂牌游击队当过兵。这支小队伍建立之后，只在边沿地区和伪军打过几次小仗，队长谢学举曾是运北举义建立文峰游击队的主要成员，勇敢善战。他在新四军受训回来之后，受命任柳河中队长，区委书记张建华兼中队政委。柳河中队的活动地区周围日伪土匪势力是极其强大的，特别是胡立德投敌以后，活动在贾汪以南顽伪双肩挑部队吕家宾等部是他们最大的威胁。

11月上旬，在十里沟战斗之后，柳河中队驻防在距朱家湾西五里的选布台，下午得到塔山伪乡公所地下情报站送来的情报，说第二天有胡立德所属伪军和大许家林德志伪军约近千人，联合对柳河区进行清乡扫荡。他们在夜12时向西转移至距大吴家据点八里仅有一河之隔的后孔家隐蔽宿营。后孔家在不老河东岸，是个仅有60多户人家的小村庄，村庄周围的东、西、南三面都是开阔地，村庄的北面是一片芦苇塘。柳河区委区政

府和柳河中队61人都集中在一家地主的院落里，院子的东南角和西北角各有一座二层楼的炮楼。院子的中间还有一道隔墙，分成南北两个小院。独立防守这个院落具备较好的条件。区委书记张建华就是后孔家南邻后杨家人，他认为这一带群众基础好。其实他们并不了解，后孔家就有胡立德安的坐探。当队伍宿营以后，汉奸暗探宋文治就向河西大吴家的伪军头目胡立德报告了消息。天明之前，胡立德指挥的伪军，吕家宾的部队，邢焕章的部队，陇海沿线的赵朝伦、郑秀权等伪军从四面紧紧包围了后孔家，狡猾的敌人在黑夜没有进入村庄，只是采取围而不打的办法。

天明之后，哨兵发现院落外面的敌情，区委和中队的领导决心死守院落，依情况发展，争取在黄昏后突围。早7时以后，敌人组织第一次进攻，有股敌人在找地方往屋上爬。中队长谢学举令战士向爬屋的敌人射击，用手榴弹摔向靠近院墙旁边的敌人。唯一的一挺机枪也开始射击，敌人在院子外边丢下死尸，慌忙后撤，敌人的第一次进攻被轻易地打垮了。接着谢学举指挥战士挖枪眼，既监视敌人，又当射击孔。敌人组织第二次进攻，攻了一阵，又退了回去。至上午11时许谢学举来回指挥，全体干部、战士，勇敢沉着应战，敌人第三次、第四次进攻又被打回去。在打垮敌人第四次进攻之后，指挥员谢学举被敌人射中头部，不幸牺牲。在这紧要关头，副区长孙耀南同志自告奋勇担当起指挥作战的任务。这61人的部队中，只有他和谢学举两人经过多年枪林弹雨激烈战斗的考验，其他干部多是地下秘密党员，在占领柳河区后出来工作，没有指挥战斗的经验。敌人正要发起第五次进攻之时，孙耀南同志勇敢地站出来号召大家："要当革命的硬骨头，跟敌人战斗到底！""服从命令听指挥，勇敢杀敌，为人民立功，要为谢中队长报仇！""只要大家好好地打，那些汉奸怕死的王八蛋是没办法打进来的。"他宣布命令："谁动摇，谁当逃兵，就地枪毙！"他要张建华、张岐岳，以及吴建民、鹿世华四位负责干部分别指挥南、北、东、西四面战斗。孙耀南同志的行动，赢得了大家的信任，稳定了大家的情绪，增强了战斗胜利的信心。

下午两点多钟，敌人开始第五次攻击，在轻重机枪的掩护下，嗷嗷叫着往前冲。孙耀南叫炮楼上的战士，封锁路口，并要大家注意隐蔽，节省子弹，敌人不到院落跟前不打。敌人无法制服这两个炮楼，无法冲进院落，只得退回去。

战斗间歇一个多钟头，敌人又组织四面进攻。这次进攻更加疯狂，北院三间堂屋顶上已经爬上了敌人，他们居高临下，用机枪向屋里扫射，墙头打豁了，围门打烂了，窗棂子被打断了，手榴弹直在院子里爆炸。接着敌人用更加毒辣的手段，点着的秫秸捆、木柴捆朝院子里、屋里扔，妄想烧死坚守阵地的抗日战士。爬向屋顶的敌人被我战士用火力打退，但房子起了火，坚守东屋的19名同志牺牲了6个，战士们在烟熏火燎中，呛得睁不开眼，有的衣服着了火，还有的脸上烧起了血泡，但勇敢的战士把生死置之度外，一面扑打着火焰，一面还击敌人。尽管情况险恶，大家抱着一个信念，宁可战死，绝不当敌人俘虏，只想着如何消灭敌人。整个下午，孙耀南同志镇定自若，临危不惧，尽管他的衣服被烧着起烟，眉毛也被烧掉，两眼被烟熏得流泪，他一直身先士卒，来回指挥战斗，不断鼓励大家坚持到天黑就是胜利。

敌人看到继续强攻无效，就停止了进攻，向我守军喊话，要战士放下武器投降。战士们痛骂："汉奸小子们，放你们的狗屁，为鬼子卖命不会有好下场！"一阵枪声响过之后，枪声突然停止，并在我视界死角处听到有挖墙的声音，这引起了战士们的警觉，估计敌人企图挖通墙或者推倒院墙冲进来。孙耀南命令八个战士守在挖墙声的两旁，敌人露头就打。刚好敌人挖出一个小洞口，机警的战士立即丢出手榴弹，把几个挖墙的伪军士兵炸得非死即伤，能动的掉头就跑。

下午5点，敌人第七次进攻被打退了。距黄昏的时间很短了，孙耀南和几个干部商量着夜间突围的办法。天完全黑了，周围院落的伪军士兵撤到村子外边去了，但村子四周，仍然围得水泄不通，孙耀南根据大家商议的突围布置，兵分两路，少数人向庄东开火，佯装向东突围，另外四十多人挖开院后的北围墙，在火力掩护下，第一批20多人向庄北突围，遭到阻击，突围未成。又组织第二次突围，敌加强庄北的兵力和火力，在第二次突围时3人牺牲，又未成功。有的战士沉不住气了，主张跟敌人硬拼，孙耀南说服大家不能蛮干，决心向东突围，把全部同志分编为3个组，他亲率16人为第一批作为尖刀队，首先向外突围，准备在冲出包围圈后，再从敌人背后向里打，内外夹击掩护第二组突围，第三组随后。要求大家不惜一切代价，冲出重围，最后在石庄会合。

孙耀南带着队伍，低声下达突围命令，照着庄东喊话的敌人鸣枪三发，喊着"同志们，冲啊！"刹那间，敌人慌乱地散开了。他边冲边喊："运河支队来啦！"敌人听说运河支队来了，没敢再追他们。

片刻之后，坚守在庄里的战士们听到敌人背后枪声大作，就知道孙耀南带第一批人突围成功，紧接着第二批、第三批猛打猛冲突出重围，终于在天明之前在石庄会合了。在突围中张建香同志双眼被打瞎，被敌人俘去，惨遭杀害。此次战斗，敌人伤亡150人，柳河中队牺牲谢学举等19名干部战士，取得胜利。柳河中队在这次战斗中经受了锻炼，得到了新的发展，不久成为柳河大队的主力连队。

11月中旬，运河支队为了发挥地方主力部队的作用，进行了整编，改设营的编制，一、八、九连编为一营，农民大队、新河大队、黄邱中队编为二营，二连改为七连，另组警通连直属支队部。在建营之后，二营主要活动在不老河两岸，担负支援和保卫阚山、柳河两个新区的任务。他们时而分散，时而集中，打击陇海线上袭扰的敌人。11月到12月之间，他们前后打了四次反抢粮的战斗，每次交火的汉奸队少者200人，多者400人，因为敌人战斗力甚弱，又在平原地区，都只是采取先阻击后出击的战斗形式。汉奸队一遇到运河支队，打一下就迅速后撤，运河支队在追击中只能取得小的胜利。12月上旬，二营的战士采取伏击的战法，夜间隐蔽进行军到距集正西偏南约九华里的横棒村和小刘庄。横棒村南有约60米高的无名高地，高地西南坡有个庙，当地人们称为大庙，伪军据点就设在庙里。这里的汉奸队每次逢集时就到集上敲诈勒索，周围群众恨之入骨。这天天明，汉奸队一出据点，二营隐蔽埋伏的部队立即出击。他们一见运河支队的队伍向他们扑来，转头猛跑。二营放了几枪，就把这据点拔掉了。虽缴获不多，但二营能在白天进行拔除据点的战斗，证明了1944年敌我态势已经变为我攻敌守的局部反攻的形势了。

十三　运河队拿下两据点，
联合军攻取汴塘镇

　　1944 年年底，峄、滕、铜、邳地区经过艰苦奋战，已经取得不小的胜利。占领的区域扩大了，跟运河北岸的游击区已经连成一片。山东峄县的敌伪军主要注意力在应付抱犊崮山区和运河北岸八路军的攻势。运河南岸地区的西线八路军活动已接近战略要地徐州不远，从南、北、东三面包围了贾汪地区。依据当时形势，运河支队只有向东南方邳、铜境敌伪占领区进军了。这一带从 1938 年起，就成为敌伪占领区，伪军力量比较强大，又靠近陇海铁路，是敌伪控制比较严密的地区。为扩大解放区，缩小敌占区，开辟邳、铜边境地区的任务已经摆在我们面前。执行这个任务，应该做到有计划有步骤地进行。首先打下不老河北岸靠近我边沿区的据点，然后从北而南，从西而东，向不老河和陇海线之间的耿集地区出击，做到不打则已，打则必胜。邳、铜边境原来地下工委成员，在讨伐韩治隆战役结束之后，一部分已经公开参加阚山区委、区政府的工作，但留有一个地下武装工作队，不时进入地区活动。他们对邳、铜边境地区的敌情非常熟悉，这是开辟邳、铜边境地区的有利条件。当时县委和支队的领导成员中，纪华、邵剑秋、童邱龙等人先后到淮北区党委整风轮训队学习去了，县长由县委副书记刘向一同志代理，淮北军区派来了张启曙同志任政治处副主任。

　　进入邳、铜边境地区的主要障碍是汴塘据点。为了造成攻取汴塘据点的有利态势，决定先攻下汴塘北边外围的扒头山据点。扒头山村位于汴塘东北扒头山的北麓。村子周围筑有一道高两丈的围墙，围墙宽厚坚固，四个角均设有石料结构的高大炮楼，炮楼里日夜都有岗哨把守。围子的 4 个大门，堵了 3 个，平时仅留 1 个北门开放。敌人的兵力除了 30 多个伪军外，还有周脉顶（绰号周歪七）民团集中守炮楼的 20 多条枪，分散在村民中的反共自卫团还有几十人。周脉顶依仗其兄是汴塘区的伪区长，盘踞扒头山，并与地方顽固派孙业洪相勾结，实际成为一个伪顽合流坚决反共的顽固堡垒。

攻取扒头山村的任务落在一营身上。1945年2月6日下午，根据侦查员周长科当天上午进入扒头山侦查情况的报告，据点内部的情况没有异变，跟平时掌握的相同。一营当夜发起战斗，夺取扒头山。一营副营长褚思惠带领三连担任主攻，并组织周长科、邵泽生、肖振海、赵荣胜、王玉山等几名侦查员为尖刀班，他们越过了围墙，捉住了哨兵，开了围门，三连很快突进了围子。部队刚刚进入村内一条街，围子四角炮楼的敌人开了火，街头敌人机枪一串火舌向三连射来，敌人已经封锁了三连的前进道路。根据情况判断，敌情发生了变化，村子里的敌人增多了，原来伪军是没有轻机枪的。既然敌情发生变化，到底增加多少兵力又不清楚，组织强攻未必收到效果，三连决定撤出战斗。第二天得知，孙业洪部顽军的第一大队在当天下午进驻了扒头山。

2月11日，二营六连配合一营再次发起攻打扒头山的战斗。这天是旧历除夕，敌人料想不到八路军又展开进攻。夜二更时分，一连、二连分头从西南角的小便门和围子东头同时发起攻击。一连用一包炸药把小便门炸开，战士们从炸开的缺口冲进了围子。副营长褚思惠带着突击队直扑围子西南角的炮楼，遇到炮楼里的直射火力，他组织部队拐进东西向的巷子。他从机枪手那里抓过机枪，猫着腰蹿过一道矮墙，把机枪架在一个离敌人只有六七十米的地方连续向敌人射击，敌人的火力被压下去了。褚思惠副营长直起腰大声喊道："准备爆破！"这时敌人的子弹射中了他的腹部。一连的爆破手抱着炸药，翻身一跃而起，两个箭步跑到炮楼左边的墙下，把炸药包放在了炮楼的墙上。只听"轰"的一声，炮楼的枪声哑了。战士们猛地冲上去，谁知只是炸开了一堵墙，炮楼并没被炸塌，又伤了两个战士，只好退了回来。紧接着又一个爆破勇士抱起炸药包迅速地冲上去，在先前炸开的缺口前，拉开了导火索，然后把炸药包扔进炮楼，这一下炮楼被炸飞，里面的敌人不死即伤。周脉顶先还在炮楼里大喊："消灭了八路，每人赏大洋十元。"眼看顶不住了，便换了便衣，偷偷逃跑了。

一连的战士，越过炸毁的炮楼，一直向村子中心扑去；这时，二连也冲进了村子，伪军纷纷举手缴械，不到两小时结束了战斗。以解放扒头山迎来了1945年的春节。勇敢善战的一营副营长褚思惠却英勇牺牲在攻打扒头山的战场上。

在柳河南岸伪军据点的西侧有个马家楼据点，这里驻有装备良好的一个伪军小队，约30人。运河支队虽然打下扒头山，但对汴塘镇还未下手，主力部队也还未向耿集方向发展，故而马家楼的敌人非常麻痹，自觉工事坚固，东有耿集作依托，北边还有汴塘镇据点随时可以支援，他们估计八路军小部队不敢动它。

打下扒头山之后，支队就赋予二营夺取马家楼的任务。马家楼设有深宽各约3米的外壕，壕外布设了鹿砦，在外壕里边还有两米高的围墙，围墙的四角和据点中心都修有碉堡，村子四周都是开阔地。据点虽然不大，兵力也不多，但确实易守难攻。

1945年2月下旬，正是农历正月十五日的前夕。二营当时驻防北许阳，二营的领导从四连彩排与驻地群众联欢的节目中得到启发，商定用四连伪装群众，在正月十五日玩龙灯、踩高跷，以搞联欢的形式进入马家楼，以求全部歼灭马家楼的敌人。2月26日下午完成了高跷队跑旱船、龙灯等节目的组织工作，对部队进行了动员。当夜9时许，二营教导员花如景、副营长兼四连连长华新乙带领四连部队从北许阳村出发，11时许抵达马家楼附近的段庄村头。部队在村头草垛旁隐蔽宿营，对段庄进行了封锁。拂晓之时，找到段庄的村长，动员他配合部队到马家楼进行慰问演出。伪村长在部队再三动员之下，激发了爱国心，毅然应允听从八路军的指挥。部队吃罢自带的早饭，60名指战员根据自己所扮演的角色，进行精心的化装，驳壳枪、手榴弹都藏在个人的衣服里边，步枪、大刀有的裹在特制的龙灯里，有的藏在花船的船舱里，露不出一点破绽。

2月27日早8时许，在花如景、华新乙的指挥带领下，60多人组成的特殊慰问队出发了，依次是扮演观众身背褡裢的四连三排长赵怀德、六班长王脉善并段庄村长等人，接着是一人用木轮手推车载着一头褪过毛的大肥猪，锣鼓唢呐队。四连指导员权启厚、副连长郑玉仁带领的高跷队，二排长朱茂先和十几个高高擎着龙灯的彪形大汉，扮演"打渔杀家"中肖恩的一排长张学立和扮演肖桂英的王永廉。花如景、华新乙及其他一二十个"观众"穿插在这支"文艺队"的前后左右。来到马家楼据点的大门前，段庄的伪村长按照事先准备的内容跟伪军门岗对话后，伪军士兵们看到肥猪、名酒香烟等慰问品，便爽利地敞开大门放行了。高跷队、花船等进到了据点里边的小操场。这时，宿舍和中心碉堡的伪军全部徒着手乱七八糟地跑到小操场里来看热闹，连伙夫也从灶房里跑出来了。凶神恶煞的伪军队长也被这热闹场面弄得眼花缭乱。扮演观众的赵怀德、王脉善等人趁此机会把带来的香烟向伪军们频频撒去，伪军们争先恐后地抢着慰问品。高跷队、花船、龙灯的演员们踩着锣鼓点，表演着各种滑稽的动作，在操场上，时而跳跃，时而奔跑，把看热闹的伪军不知不觉地圈在中间，围得严严实实。王兴伦等人也以香烟为诱饵与据点碉堡上站岗的伪军亲热地攀谈着家常。花如景、华新乙眼看时机已到，便向战士们使了个眼色，花船急速地驶到正在看热闹的伪军小队长跟前，装扮肖恩的张学立把手中特制的渔网，往伪小队长头上猛然撒去，把伪队长连头带脖子一起套在网里。他"哎呀"一声说"不好"，扮肖桂英的王永廉从花船里抽出大刀疾步向前，一把将伪军小队长按倒："不许动，我们是八路军运河支队，动一动，要你的狗命！"伪军小队长当场被我生擒。其他战士也都一个个迅速从龙灯里取出步枪和大刀，向伪军高喊："不许动！我们是八路军运河支队！优待俘虏！"有两个伪军企图顽抗，被赵怀德、王脉善、王广锡按倒在地。其余伪军在手持大刀的战士面前，只好举手求饶。王兴伦等人也都把各个碉堡上站岗的伪军全部俘虏。一枪未放，拿下马家楼据点，俘虏伪军30余人，机枪1挺，步枪20余支。

汴塘镇在凤凰山的西南角，是个有几百户人家的集镇，里面盘踞着伪保安团和反共自卫团约300人。3月初，邳、睢、铜军分区独立一团奉命北过陇海路，来峄、滕、铜、邳地区。同时，鲁南二分区副司令邢天仁、副政委李荆山率领一个营由运河北岸南过运河，配合运河支队活动。3月9日夜，发起攻打汴塘镇的战斗。独立一团担任主攻围子的任务。鲁南二分区部队占领汴塘北山担任阻击台儿庄可能增援之敌。运河支队一、二营插到不老河南岸的茶棚以东纪家渡和曹庄一线，其任务主要是南防宿羊山伪军刘裴然部和土顽郭子民部的增援，同时堵截汴塘伪军南渡不老河突围。运河支队二营营部和四连进占柳台子。汴塘镇里的伪军除属徐州伪保安团赵克昌（绰号赵四皮子）部外，主要是反共自卫总团团长杜玉藻带的队伍。原来他们长期跟顽军韩治隆勾结，互不侵犯。韩治隆部被我军消灭以后，还有韩的残部顽铜山县区长郭子民和他们沆瀣一气，相互依靠。杜玉藻等人总觉得有国民党当后台，死心塌地和我军为敌，他们这些队伍并无大战斗力，只是依靠围墙炮楼等防御工事固守，自认为运河支队不过是些土八路，哪敢攻他的围子。独立一团的一个营，在夜12时发起进攻，很快突进围墙，不到天明就把守军大部解决。敌人少数向东突围，跑进宿羊山据点。唯独杜玉藻带着约40人的队伍向南突围，他进到不老河北岸，估计运河支队不会渡过不老河在运河南岸堵截他们。活动在运河南岸灶台子一带全是土顽郭子民的部队，杜玉藻指派士兵杜玉金渡过河南来到柳台子。杜玉金自投罗网，被运河支队二营活捉了，杜玉金为了活命，向河北岸的杜玉藻喊话，谎称国民党郭子民部的队伍在柳台子接应。杜玉藻高兴地带队蹚水过河来到二营营部的院子里。就这样，从1938年起就投敌充当汉奸的杜玉藻，在二营不放一枪的情况下，连他的贴身卫队，一齐被俘虏了。汴塘镇宣告攻破，就此打开了我军从北面、西面两个方向进军邳、铜边境耿集地区的大门。

十四　孙业洪兵败坝子村，
八路军讨伐张里元

打下汴塘镇以后，进军邳、铜边境地区的障碍不大了。运河支队决定以二营配合阚山大队，开始在不老河南岸东向耿集地区活动，担任开辟邳、铜边境的任务。1945年4月，县委考虑趁独立一团在此活动之机，组织进军运河北岸马兰屯地区的行动，打开那里的局面，这样就可使运河东线和运北地区联合起来。按分界线，马兰屯属于在1944年由运北办事处改变为峄县的地区，当时基本上跟新的峄县连起来了，鲁南地区的形势已经大好，峄、滕、铜、邳仍然归还鲁南区只是时间问题。马兰屯东西一线为顽固派孙业洪所控制，孙业洪为了阻止运河支队北进，早在距运河北岸仅有三里的坝子村安设了据点。要进入马兰屯区，就非得先拿下坝子村不可。

坝子村四围有高大的围墙，还有3米多深的外壕，围子四角均有大型的炮楼，村中还有黄姓大地主的砖石结构并有炮楼的院落。孙部主力一大队约300余人盘踞在坝子村，为防范进攻，墙四周大门仅留东门进出，其余全部堵塞。孙顽一大队火力比较强，有6挺轻机枪，绝大部分是老兵，战斗力比较强，弹药、粮食储备也比较充足。4月初，独立一团和运河支队发起攻打坝子的战斗，一团担任主攻，运河支队担任在坝子以东阻击向孙顽增援的敌人。运河支队七连，部署在坝子以东刘庄、新庄、辛庄南北一线担任阻击任务，运河支队前线指挥所跟三连在坝子以东不足两里的横河头村，一连位于横河头东北约二里的刘庄，并在该村东沙河桥头构筑工事，坚决扼守阵地。二连控制横河头北二里的新楼，以少数兵力监视顽乡公所外，主力在村北构筑工事，向北警戒阻击来援之敌。七连位于新楼东、辛庄以西的松林及独立院落，阻击顽敌由东北来援。部队全部于夜半进入阵地。独立团于夜12时包围坝子，发起攻击，先从西南、正南、正东三个方向同时突破，顽敌多次反击均被击退。天明，孙顽一大队大部已被歼灭，残敌一部退守东北角的大院，依靠高楼顽抗，独立团在白天继续组织攻击。

孙业洪亲自率300余人来援，并亲调张里元的二支队东来配合作战，妄图挽救被围在坝子村之残敌。增援部队由黄口进至马兰屯，分三路直奔坝子前进，二连在新楼与顽敌稍有接触，七连阵地被顽敌突破。敌军迂回到二连之右侧，俘去二连战士6人。二、七连撤至横河头北及坝子村东北的大沟内，依靠有利地形作第二线抵抗阵地。此时刘庄一连也已后撤。顽敌孙业洪亲自督战，向坝子冲杀前进。运河支队首长决心在横河头第二线抗击阵地继续阻击，绝不让援敌进入坝子，以保证独立团全歼坝子顽敌，并要求二、三两连布置火力隐蔽不动，待顽敌冲至前面再开始反冲击，以求歼灭其一部。一、七两连在横河头以东配合二、三连反冲击。顽敌只顾向前冲来，待冲到二、三连火力阵地前20多米处时，我二、三连一起开火，猛投手榴弹，顽敌当即溃退。二连英勇出击，舞动大刀冲杀，二连战士姬凤山表现英勇，连用大刀劈倒顽军5人，顽军已混乱溃退。支队长决心以骑兵出动，独立团骑兵排也随之配合，80多个飞骑战士一冲而上，飞舞大刀砍杀，加之部队的追击，孙顽三大队大部分就地被歼，仅少数逃窜。二连排长褚福才带领新兵徒手追击，此次战斗，由于三连冲锋迟缓，未能全歼顽敌。

最后，独立团全歼顽敌，胜利结束战斗。此次战斗全歼孙业洪顽敌主力一大队及三大队共约500余人。运河支队完成打援任务，歼敌200余人。

坝子战斗结束之后，独立团即南返邳、睢、铜地区执行新的任务。峄、滕、铜、邳县于4月底又归入山东鲁南地区编制，属山东鲁南三地委三军分区领导。峄、滕、铜、邳县和峄县合并为运河县，部队仍然恢复运河支队番号。

山东军区在4月12日下达了5月、6月、7月三个月夏季攻势作战命令，赋予鲁南军区部队的主要任务是向津浦路、陇海路三角地带发展，扩大山东与华中两大解放区的联系。5月17日发起讨伐张里元之战役。张里元部自1943年起由莒（县）日（照）山区蹿至峄（县）邳（县）边境，孙业洪部是属张里元所辖之最为反动的武装。在坝子受严重打击之后，仍然盘踞老巢南洛村、北洛村东西一带，不时进驻马兰屯、坝子，向新建运河县的马兰屯区进行袭扰。讨伐张里元部的是军区主力三团、五团和特务营，在台枣铁路以东，自北向南、自东向西；二军分区基干团和运河支队在台枣路以西分别从西北向东南、由西南向东北，进行四面合击。第一步于5月17日起，经过两天两夜的战斗，张部主力大部在台枣路东被歼灭，同时运河支队在鲁南第二军分区首长指挥之下配合二分区基干团合围台枣路西的孙业洪部。运河支队的任务是再攻坝子。坝子仅驻有孙顽部百人，当部队接近坝子时，顽敌即逃到黄口。接着运河支队合围黄口，歼灭顽敌一部。然后部队进抵台枣路，路东军占领邳县县城之后，也转而进攻台枣路东张里元残部。孙业洪残部逃到津浦路韩庄日伪据点投降了敌人，张里元仅率少数残敌蹿进枣庄日军据点。自此，运北由台儿庄至古邵据点之间的地区，均为八路军控制。

十五　阚山区智取耿集镇，
八路军东辟耿集区

耿集以东即邳县县境，这里原来地下邳铜工委在 1944 年 7 月讨韩战役胜利之后就公开了，工委副书记胡友庭当了阚山区委书记，工委书记白良玉参加县委的工作并时而带着武装工作队进出宿羊山以西敌区开展工作。县委在 1945 年年初部署了在陇海路北东西沿线坚持对敌斗争和开辟新区的工作。在西线以王建平领导的武装工作队以王台区的名义依托柳河区，担负向徐州东北三角地区开展工作扩大解放区的任务。在东线虽然日伪军兵力还比较强大，但距敌人战略要地徐州甚远，运河支队可以大刀阔斧地向敌伪占领区突进，一个村、一个乡地挤，在战斗中尽量做到多歼灭伪军，削弱伪军力量，而逐步扩大解放区。打下汴塘镇之后，运河支队二营受命配合新建立之阚山大队，担负在不老河与陇海线之间，向东开辟邳铜边境新地区的任务。

伪军在邳铜边境的核心据点是宿羊山。宿羊山四周到陇海路上八义集的伪军均为淮海省省长郝鹏举所委之剿共司令刘斐然部所盘踞。刘斐然所率部队约有 3000 人，另外还有伪乡公所的汉奸武装。刘斐然又暗地接受了鲁南国民党张里元给予他的纵队司令的委任，实际上刘斐然部是个坚决反共的"双肩挑"的部队。因此，1944 年冬直到 1945 年夏，运河支队进军邳铜边境，成为峄、滕、铜、邳地区最为艰巨的任务。

二营部队在打下太庙（无名高地）据点之后，12 月底又在板桥歼灭伪军 20 余人。部队打下汴塘镇，攻下茶棚据点、大李庄据点的伪军就自动撤走了。阚山区在攻克坝子之后，趁独立一团部队返回陇海路南路过该区之时，扬言部队要攻耿集，故作姿态，动员民兵组织担架，区武装也在绑梯子。驻防耿集的伪军和伪乡公所，在威吓之下，主动撤出了耿集，二营趁机进到耿集一带。在此形势下，又成立了汴塘区、耿集区。伪军屡受打击，步步后退，运河支队组织乡政权和乡武装逼近老淹子。老淹子是刘斐然部副司令耿荣坤的老巢。在运河支队步步向宿羊山逼近之际，刘斐然就住在徐州求救于伪淮海省省长郝鹏举。4月初发动对耿集地区的扫荡。郝鹏举组织部队约2000人，刘斐然部也倾巢出动。从陇海线的大许家、八义集、碾庄和宿羊山等方向出发，企图合击我二营于耿集。各路扫荡部队因无日军的配合，存在恐惧心理，加之没有严格的统一指挥，因此行动迟缓。郝鹏举部队对解放区沿途抢掠，直到上午10时许八义集方向先头部队才与二营四、六连及阚山大队在耿集正西接触。刘斐然出动的部队更不积极，依赖郝鹏举部队进攻。郝鹏举部队多次攻击四连阵地，都被四连打退。阚山大队虽为新建立部队，战斗勇敢，坚守阵地。敌人几次进攻六连阵地，都被阻止在阵地之前。五连单独活动在耿集西约30里的石庄，闻知郝鹏举部队进攻耿集，主动跑步来援。至下午3时许，五连从敌侧翼发起攻击，给敌以重大打击。太阳落山时，敌人轮批撤退。运河支队以三个连的兵力坚守耿集，五连急行军侧翼增援，获得耿集反扫荡战斗的胜利。六连指导员彭爱民在战斗中负重伤。这次战斗，不仅在军事上打退了郝鹏举部队和刘斐然部的联合进攻，更重要的是在政治上产生了巨大的影响，给耿集地区人民极大鼓舞。人民认为伪军不可怕，八路军是他们的救星，完全有能力保护他们，增强了这个地区人民的抗战信心。

运河支队配合独立一团攻克坝子，给予孙业洪顽部严重打击之后，主力迅速转移到耿集以东地区，其任务是协同阚山大队和新建的耿集区向东发展。当时阻碍运河支队前进的有两个较大的据点。一是老淹子，这个村有土围子，是刘斐然部副司令耿荣坤的老家。耿荣坤虽然身居要职，但他带着百十个贴身队伍一直住在老淹子，村子里还有几十支民枪，围子外边挖有壕沟，村里有几个高大的炮楼，壕沟外面都是平地，易守难攻。二是距老淹子西南约三华里的安庄据点，住着刘斐然部队两个伪军中队，不足200人，防御工事坚固。5月下旬，鲁南军区第二军区司令邢天仁带一个营进入运河南岸，协同运河支队开辟耿集地区。在他的统一指挥下，运河支队组织了攻取安庄和老淹子的战斗。这一带地下秘密工作基础好，对敌人各方面的情况调查得一清二楚。根据情况分析，决定先攻取安庄，伪军不一定坚守据点，因为他们军心涣散，自觉无险可守，很可能在我发起攻击之后，向宿羊山方向突围。运河支队一营三个连在天明之前进到老淹子和安庄以东隐蔽埋伏，一是防止安庄敌人突围，二是阻止宿羊山敌人的增援。二营由安庄西面、南面两个方向同时发起进攻，战斗要求天明之前打响。安庄战斗打响之后，果不出所料，安庄守敌见运河支队只有两面进攻，在天明之后即向东突围，突围部队向东北猛跑。二营猛追不放，一营伏兵又迎面杀来，一阵枪声之后我军大喊"抓活的"。安庄敌人受到运河支队两面夹击，两个伪军中队都先后跪下举枪投降。整个战斗只经过一个多小时，运河支队没有任何伤亡即结束战斗。这次战斗成为我运河支队围攻设伏、完全歼敌的模范战例。

运河支队又组织了一次消灭"格楞眼子"的战斗，"格楞眼子"是刘斐然使用的袭扰我耿集边沿区的小股部队，所谓"格楞眼子"，是指睁一只眼闭一只眼迅速瞄准射击的射手。运河支队二连奉命在耿集区的边沿区活动，掩护地方党和政府开展工作。刘斐然见运河支队没有大的军事行动，决定使用小部队骚扰耿集边沿地区。于是就组建了这支小部队。他们诡计多端，有30多名打枪很准的士兵，天天出动，采取游击战法，打了就跑。运河支队边沿区新组织起的乡武装多次受到打击。运河支队二连连长单立珍对"格楞眼子"的活动规律作了仔细的调查。摸清了他们行走路线的规律，决定在他们的必经之路边庄一带设下埋伏。果然不出所料，"格楞眼子"从这里经过，被二连大部歼灭。

鲁南军区第二军分区部队在汴塘东南渡过不老河，攻打南岸仓屋的伪军据点，歼灭守军约七八十人。当日夜发起强攻老淹子的战斗，二军分区部队担任主攻，运河支队六个连的兵力布置在前沟上一线阻击刘斐然部的增援。阚山大队在老淹子以南担任大许家方向的警戒任务。天明前发起进攻，部队迅速突破围墙进入村内。耿荣坤父子带领伪军和村民顽固坚守，因炮楼高大坚固，第一天未能结束战斗。在相持之中，邢天仁单枪射死耿荣坤之子。第二天部队组织强攻，打下耿荣坤据守顽抗的炮楼，耿荣坤也被击毙，战斗即告结束。攻下老淹子，扫除了进攻宿羊山的最大障碍，为我军巩固耿集地区打下了良好的基础。

十六 县大队强攻克宁楼，
严运厚喋血塘湖站

运河以北地区在运河支队划归淮北军区建制之后，即单独改设峄县，县委书记为孙振华。1944 年 4 月，运北办事处改为峄县县政府，原办事处主任孙怡然调出，关百胜任县长。运河支队的文峰大队改编，先编为独立支队的第四大队，并把原属铁道游击大队的一个由刘刚、赵静波率领的长枪队改属四大队。不久，撤销四大队名义，改为峄县县大队，曹杰任大队长兼副政委，政委由孙振华兼任。1944 年年初，运河北岸地区的形势比运河南岸地区更为困难紧张，但比 1942 年、1943 年的最困难时期好一些。过去部队完全在敌占区活动，昼伏夜出，尽量避免暴露自己，在隐蔽斗争中求发展，度过了最艰苦时期。其时，运河北岸的军事力量稍有壮大，加上两年来各方努力，到 1944 年春，运河北岸的部队已经能够在若干小片地区公开活动，如石头楼、老汪崖、二郎庙、老龙潭等村；棠阴据点周围的曹马、大明官庄、李山口、褚庄等村；石门周围的侯庄、许庄、韩庄、逍遥村、王楼等村，白天可以公开驻防、公开活动、公开进行群众工作。但村政权都还是两面的，但都开始真心向共。一是因为运河以北面抗日武装自身壮大了；二是鲁南军区对临（城）枣（庄）铁路沿线派出了武装工作队；三是运河支队在运河附近地区积极活动的影响。

当时运河北岸地区对运河支队活动最大的威胁还是周营、古邵的伪军。峄县县委根据当时的形势，认为争取改善运河北岸地区形势的关键在于能否打下宁楼据点。宁楼距阴平集仅半里，处在运河支队主要活动地区石头楼山套的山口沿上，它是日伪峄城、临城、周营、韩庄、古邵诸据点之间的联系纽带，日伪靠宁楼据点来获取运河支队在运河北岸地区活动的情报。当时伪峄县县政府对八路军的情况调查中，只记录有王子刚部 30 余人。这也说明，八路军在运河北岸敌占区隐蔽工作是成功的。日伪军对运河北岸地区八路军的活动并没有采取更大的措施，仍然采取一般清乡扫荡方针。八路军则依靠精准的情报工作，对日伪扫荡的时间和方向都能准确掌握，应付自如，做到避其锋芒。自沙路口战斗以后，再未有过失利的战斗。4 月，峄县县委审时度势，决心打下宁楼，争取改变运河北岸地区抗日斗争的形势。

宁楼村，仅是 40 多户人家的小村庄，村子四周有土围子，围子里有 5 户孙姓的大地主，5 家大地主的房子都是围墙瓦屋，连成一片，东北、西南两个方向各有一座两层石料建筑的高大炮楼。古邵据点伪军贾中臣中队百余人，配有轻机枪两挺，住在 5 家地主的大院，固守宁楼的据点。据点内并设有孙茂运的乡公所。自 1941 年，八路军在运河北岸地区的地下区委开展对宁楼据点伪军的地下工作，贾中臣伪军中队的官兵不少人是"身在曹营心在汉"，有些则暗地给八路军递送情报。文峰队在其周围秘密活动，也未给他们明显威胁，因此贾中臣对文峰支队也未采取完全的敌对办法，伪乡政权也默许伪村保长向文峰支队缴纳钱粮。当时文峰支队在运河北岸的力量不够强大，他们又不敢真心依靠八路军而起义投诚，峄县县委决定于 4 月中旬发起强攻宁楼的战斗。

峄县县大队参加战斗的兵力主要是一队和三队，在孙振华、曹杰亲自指挥下，三队主攻宁楼西南角，一队佯攻东北面和正北面。夜 10 时发起战斗，刘刚带领三队首先突进土围子，做好强攻西南角炮楼的一切准备。佯攻东北方向的部队发起政治攻势，对伪军喊话，在约半小时的喊话中，贾中臣也回话，但没有表示缴枪投降。三队分队长李超等人奉命组织爆破手，向西南角炮楼送炸药。在一声爆炸的巨响之后，炮楼塌了，砸死了多名伪军。三队趁势冲进地主大院，伪士兵纷纷缴械投降，贾中臣也没抵抗就放下了枪。前后一个多小时结束了战斗，除伪乡长孙茂运脱逃外，其余伪军全部被俘虏。峄县县大队无一伤亡，取得了拔掉宁楼伪军据点的胜利。这次战斗的胜利，对改变运河北岸地区对敌斗争形势具有重大意义。除掉宁楼据点，使八路军运河北岸地区武装所控制的几个隐蔽游击区连成一片。依托石头楼山套，建成公开活动的游击根据地。从此，部队在这一片地区开始建立乡村抗日民主政权，使运河北岸地区的对敌斗争取得了一定的主动权。

　　峄县县大队在攻克宁楼据点之后，依靠运河支队南岸部队的配合，打胜了多个小型战斗，而使运河北岸地区的斗争取得了更大发展。部队的活动范围扩大了，东可直抵峄县城郊，北达临枣铁路线，南已与运河以南陇海铁路线连成一片。5 个行政区都建立了自己的区武装。

　　峄县县委决定县大队在 1944 年 9 月中旬出击塘湖车站据点。地下工作人员褚衍晋进入塘湖车站据点，摸清了敌人的具体情况。15 日拂晓前，一队队长严运厚、指导员张建民带领精干战士 20 人，进到距车站约一里的小园屋隐蔽。早 7 时许，伪装修理火车便道的民夫进入车站，日伪军正在吃早饭。严运厚、张建民和身揣短枪的战士冲入屋内，前后约 5 分钟，把日军分队长谷口和其他日伪十余人并日寇站长全部击毙，缴获轻机枪 1 挺、步枪 10 余支。队长严运厚同志在此次战斗中英勇牺牲。

　　1944 年夏，运河北岸进入新的发展时期，县政府推行征收公粮税款政策，部队供应大有改善。趁着青纱帐之际，发起对周营据点一天一夜的包围，开展政治攻势，要伪军认清形势，改恶从善，为个人留条后路。这次攻势，对伪军内部影响很大。这是运河北岸地区进入良好发展时期的重要标志。

　　1945 年春，曹杰带领三队升入鲁南军区第二军分区基干团，刘友三继任峄县县大队长，褚衍佩担任县大队副政委。在运河以南北两县合并之后，县大队归属运河支队建制。

十七　八路军改编运河队，
　　　共产党展开大反攻

　　1945 年 4 月 1 日，美国军队在日本冲绳岛开始登陆。4 月 5 日，苏联宣布通告，废除日苏中立条约。5 月 8 日，德国法西斯宣布无条件投降，欧洲战争胜利结束。苏、美、英等同盟国家的主要任务是把一部分军队调到亚洲和太平洋地区，最后打败日本帝国主义。日军为了对付美苏可能的联合进攻，主要兵力用在华中和山东半岛以应付美军登陆，在山东内地缩小作战范围，把有限的兵力用在城市、交通线和资源产地，其他无力顾及。山东各战略地区抗日形势越来越好，战略战术进行了调整，变防守战、游击战为进攻战。

峄、滕、铜、邳地区，在结束讨伐国民党顽固派张里元战役之后，大股顽军都不复存在，运河地区与沂河地区基本上已经连成一片。峄、滕、铜、邳地区回归鲁南地区管理，运河以南北地区完成党、政机关合并，军队由运河支队统一领导指挥。鲁南军分区第二军分区副司令邢天仁同志在打完老淹子战斗之后，派到运河支队任职，陈景龙同志调回淮北军区。运河支队的任务是整顿部队巩固新的抗战区，准备迎接对日大反攻。

7月初，部队进行了整编。运河支队扩建为三个主力营。原一营一、二、三连建制和营职干部都保持不动。原二营和峄县县大队合编为第二、第三两营。原四连和县大队的一、二中队编入二营的四、五、六连。丁瑞庭为二营营长，褚衍佩为二营政治教导员，克古为副教导员。原七连和二营的五、六连合编为三营，依次编为七、八、九连。刘友三为三营营长，花如景为政治教导员，周振东为副营长。另编支队直属警卫连、侦通连。打入贾汪地区伪和平建国军工作的薛明银、郭德志等同志带回起义部队300人，分别编入三个营。阚山大队和柳河中队合编为柳河大队，下辖三个中队，华新乙为大队长，贺华民为副大队长。柳河大队的主要任务是坚持不老河南岸东西一线的对敌斗争 。以马兰屯区中队为基础，扩编为台枣大队，孙承惠为大队长，钦乙俊为政委。其任务是坚持台枣线东侧的对敌斗争。这时的运河支队已超过2000人（区、乡武装除外），是运河支队的全盛时期。

峄、滕、铜、邳地区回归鲁南地区之后，四周除陇海东线宿羊山和八义集的伪军自恃力量比较强，又有郝鹏举伪军的支援，时而出扰耿集解放区之外，其他各线的敌人都对运河支队采取保守政策。因之，当时部队主要在耿集地区进行多次反抢粮的战斗。其中，6月8日，在耿集地区打垮了大许家、八义集、碾庄诸点到耿集地区抢粮的伪军千余人，打死打伤伪军100余人，俘虏300人。运河支队牺牲两人，负伤不足十人，取得了反抢粮战斗的重大胜利。

6月18日夜，运河支队组织了一次夜袭黉学兵营的战斗。黉学是峄县城东关的一个学堂，过去曾是儒家讲学的地方，日伪将之改成了兵营，伪警备大队长龙希贞带着不足200人的队伍住在黉学。在战斗中，我军主要发挥了大刀的作用。战士们利用我军对敌拼杀的32套刀法，砍死大部分伪军，制服了敌人。除龙希贞当晚离开兵营和少数逃脱外，活捉官兵近80名，共缴获轻机枪2挺，步枪80余支，运河支队牺牲排长张学立和副班长王曰厚两人，副指导员王树桂和战士4人负伤。

7月，柳河大队的一中队，在逼近陇海路的活动中，又在李集子和袭扰耿集地区的伪军进行战斗。这次虽取得胜利，但优秀的指导员董运龙同志却不幸牺牲了。

8月初，除柳河大队、台枣大队分别在陇海路北和台枣路西边沿地区活动以外，运河支队三个主力营集结于涧头集周围进行整顿，此时远东战局发生急剧变化。1945年8月6日，美国空军投放原子弹轰炸广岛，9日投放原子弹轰炸长崎。8月8日苏联对日宣战，百万红军兵分四路于9日出兵我国东北，同日毛泽东主席发表了《对日寇的最后一战》的声明，声明指出："由于苏联的行动，对日战争的时间，将大大缩短。对日战争已处在最后阶段，最后地战胜日本侵略者及其一切走狗的时间已经到来了。"[①] 8月10日，日本政府发出乞降照会。8月10日和11日，朱总司令连续发出了七道反攻进军命令，命令解放区所属抗日武装部队向其附近各城镇及交通要道的敌人军队、机关送出通牒，迫令日伪军投降。山东分局和山东军分区决定编组野战军，执行大反攻的进军任务。运河支队被编为山东警备第九旅第十八团。自此十八团归属野战军序列。峄、滕、铜、邳地区的地方武装，统归鲁南军区第三军分区管辖。

大反攻形势的到来使浴血奋战8年的峄、滕、铜、邳地区军民激动不已，十八团干部战士更加斗志昂扬。8月14日，日本被迫宣布无条件投降。8月15日，运河县委、县政府讨论配合部队进行大反攻，布置了支

---

① 《毛泽东选集》，人民出版社1953年版，第1143页。

援前线和维持后方治安等工作。山东共产党军队一面向敌伪发出通牒，令其投降，一面兵分五路向敌占城市和交通要道大进军。各个解放区军民展开对日军全面的大反攻。

8月21日，十八团配属第八师，兵分两路向徐州进军，接受日伪军投降。十八团的任务是进入津浦路茅村以西地区，首先肃清日伪顽合流之国民党龙虎团游击队，然后进入留武湖南的前后留武村，与上下洪里的二十二团会合。

"龙虎团"为河南夏邑一带的国民党游击队，部队约五六百人，日军宣布投降后，奉命和其他几个团进到徐州以西，驻防陇海路之南北地带。十八团于8月21日下午5时由杜安集出发，经过青山泉过贾柳铁路支线，再由茅村以南过津浦路直插东镇口。部队刚过茅村，侦查员报告龙虎团的设防部署，部队当即决定第一营二、三两连担负围歼驻东镇口的顽敌团部和两个连；第三营七、八两连担负围歼驻张家圩之顽敌两个连；一连和九连围歼西桥之顽敌两个连；二营为预备队，夜11时开战。经过4个多小时的战斗，全部歼灭敌龙虎团近600人，毙伤顽敌团长以下160余人，生俘顽敌380余人，缴获轻机枪6挺，步枪300余支。

8月26日，部队住防涧头集，鲁南军分区公布了十八团领导人的任命：团长胡大勋、政治委员童邱龙、副团长邢天仁、参谋长曹富贵、政治处主任张启曙。部队在涧头集，一面总结进军津浦路西的战斗经验，一面进行短期的休整，对部队进行思想教育，保持旺盛的战斗士气，防止干部战士由于胜利而产生享乐情绪和松懈意识。

8月20日，驻台儿庄日军小首领派人到涧头集送来致运河支队首长的信函，诡称："奉皇军命令投降，准备向贵军交枪，请派员来台儿庄接收为荷！"然而他当天竟偷偷地撤出台儿庄，逃进峄县城。我军于8月24日解放台儿庄。

10月3日，十八团奉命配合八师二十三团及师特务营，执行强攻宿羊山据点的任务。二十三团三营主攻宿羊山围寨，二营和师特务营为二梯队，二十三团一营两个连夺取宿羊山围西北角三个小山头，另两个连在宿羊山西南阻击八义集可能来援之敌。十八团以二营、三营夺取宿羊山正北东北之大小山头。一营位于耿埠东西线，阻击可能从碾庄、赵墩两个方向的来援之敌。三营七连在宿羊山担任警戒。

战斗打响之后，敌人已经发觉，十八团偷爆不成，进行强攻。因山头小，部队难以展开，遂采取围而不攻的办法。时到天明，对守敌进行政治攻势，让他们缴械投降。因整个围内战斗都已结束，守敌因孤守无援全部无条件缴械投降。我十八团三营营长刘友三和二十三团三营政治教导员杨柏在战斗中英勇牺牲。宿羊山解放后，运河县建立了碾庄区区政府。

11月26日，十八团配合新四军四旅进攻韩庄据点，四旅在运河北岸担负围歼韩庄守敌，十八团在运河南岸的垮庄担任阻止顽敌增援任务。顽敌一个营占领铁路，越过封锁沟，向垮庄扑来。二营副教导员克古带领五连先和敌人接火，集中火力利用战壕、坟地还击敌人，打退两次进攻。接着顽敌一一七师，用装甲车运来千人，蜂涌向五连扑来。战斗从清晨到黄昏，共进行了十几个小时，四连、五连机智灵活，英勇无畏，击退顽敌一个正规团的进攻，毙伤顽敌近300人，死死守住了垮庄。韩庄战斗结束，全歼守敌700人。垮庄成了一个打不垮的钢铁阵地，为了保证四旅夺取韩庄的胜利，十八团四、五两连的28位英雄战士献出了宝贵的生命。

10月28日，十八团接到警备九旅旅长胡大荣、政治委员李青传来的山东野战军和鲁南军区的命令，要十八团担负破袭津浦路柳泉站至韩庄站的铁路，并保证炸毁韩庄运河铁路大桥、公路大桥，和兄弟部队一起，坚守山东的大门，保证我野战军夺取中心城市，迫使日伪军投降。11月2日起，十八团和运河县党政负责人带领支援前线的民工2000人，开始破袭南起三张茂、北至韩庄的铁路任务。一营二连在11月2日和14日，两次完成炸毁运河大铁桥的任务，使津浦路中断。为了阻止顽敌修复铁路和运河铁路大桥，十八团在运河南岸的铁路东侧和国民党一一七师进行了多次战斗。

日本投降后，形成了日、伪、顽合流的形势。12月7日，国民党陈大庆、冯治安两集团军和被编为六路军的郝鹏举部伪军，集结于贾汪、柳泉一线，开始北犯，妄图打通至临城的铁路，并占领枣庄、峄县城等军事要地。1946年1月初，顽敌先头部队到达临城、阴平、古邵、马兰屯一线。共产党军队坚决反击，重新占领津浦路临城以南至韩庄段以及运河北岸地区，十八团重占运河以南的黄邱山套和杜安山口。1月上旬，陇海路南北的共产党军队配合作战，切断陇海线，占领大许家至白塔埠段，山东、华东两大解放区连成一片。在战斗中十八团二连指导员胡林牺牲于后八丁村。

国共双方于1946年1月签订停战协定，停战协定于1月13日生效。共产党中央号召全党全军应为进一步争取和平民主而努力，同时要保持头脑清醒，严重警惕内战再起的危险。从此，十八团根据上级的部署，仍驻防于运河南岸地区，为保卫山东南大门和建设山东解放区展开了新的斗争。

参考文献

1. 童邱龙主编：《运河支队抗日史略》，山东新闻出版局发行，山东新华印刷厂临沂厂印刷，1988 年版。

2. 中共枣庄市委党史办公室、枣庄市出版办公室编：《鲁南峰影·运河支队专辑》，山东文艺出版社 1990 年版。

3. 政协薛城区委员会、薛城区人民政府民政局编：《抗战楷模·孙伯龙烈士专辑》，1991 年版。

4. 胡大贵主编：《八路军——五师运河支队抗日纪念馆布展文本》。